HEINZ
ZAHRNT

DAS
LEBEN
GOTTES

HEINZ ZAHRNT

DAS LEBEN GOTTES

Aus einer unendlichen Geschichte

Piper
München Zürich

ISBN 3-492-03831-X
© Piper Verlag GmbH, München 1997
Satzherstellung: Gerber Satz GmbH, München
Druck und Bindung: Mohndruck, Gütersloh
Printed in Germany

FÜR DOROTHEE
UND
MEINE SÖHNE

„Ohne den Menschen wäre das Sein stumm;
es wäre da, aber es wäre nicht das *Wahre*."

Alexandre Kojew

„Wir sehen jetzt durch einen Spiegel ein dunkles Bild; dann aber von Angesicht zu Angesicht. Jetzt erkenne ich stückweise, dann aber werde ich erkennen, wie ich erkannt bin."

Paulus

„An Gott muß nicht nur geglaubt, es muß auch an ihm gearbeitet werden."

Wolfdietrich Schnurre

„Gott ist keine Aufgabe, die man hinter sich bringen kann."

Eberhard Jüngel

Inhalt

»Ich bin« – Gottes Lebenslauf 11

Abraham – Urbild des Glaubens
Am Anfang war das Wort bei Gott
und bei den Menschen der Glaube 15

Jakob – Zwischen Bethel und Jabbok
Die Grenze ist der eigentlich fruchtbare Ort
der Erkenntnis 33

Mose – Israels Befreier und Zuchtmeister
Ich bin Jahwe, dein Gott, der dich aus Ägypten
herausgeführt hat. 47

Jahwe Zebaoth – Der Gott der Schlachtreihen
Der Herr ist mein Feldzeichen 61

David – Der Traum vom Reich
Ein König tanzt vor Gott 73

Elia – Prophet einer Gotteswende
    Nach dem Sturm aber kam ein leises Wehen 85

Amos – Bahnbrecher des sittlichen Monotheismus
    Gerechtigkeit ist besser als Brandopfer 97

**Jeremia – In der Weite der Welt und in den
Herzen der Menschen**
    Ein Brief nach Babylon 109

Deuterojesaja – Der Evangelist unter den Propheten
    Fürwahr, ein verborgener Gott, der Heiland 121

Der Psalter – Lobgesänge in der Nacht
    Die Welt wird ins Gebet genommen................ 137

**Die Entdeckung der Macht und Schönheit Gottes
in der Schöpfung**
    Die Ehrfurcht vor Gott ist der Anfang der Weisheit 149

Ein Prediger zwischen Bibel und Stoa
    Der Mensch kann nicht ergründen das Werk,
    das Gott tut, weder Anfang noch Ende 163

Hiob – Rebell gegen Gott
    Der Allmächtige gebe mir Antwort! 175

Nehemia und Esra – Der Weg Israels in das Judentum
    Kein Prophet ist mehr da – und niemand weiß,
    wie lange noch 191

Jona – Ein Prophet wider Willen
  Gott ist größer – Gnade geht vor Recht 203

Jesus aus Nazareth – Anfänger und Vollender des Glaubens
  Ich bin gekommen, ein Feuer auf Erden
  anzuzünden 213

Leiden an dem ohnmächtigen Gott
  Wir sind Petrus: Glauben zwischen Bekennen
  und Verleugnen 235

Der Weg des Christentums in die Völkerwelt
  Der Apostel Paulus führt die Christen
  in die Freiheit 247

Gott in allem – alles in Gott
  Am Ende bin ich noch immer bei dir 261

Nachweis der Bibelstellen 271

»Ich bin« – Gottes Lebenslauf

Das Leben Gottes ereignet sich in der Lebensgeschichte von Menschen. Es gibt keine Gotteserkenntnis ohne ein erkennendes Subjekt – allein vom Menschen ist Gott in der Welt erfahrbar. Wie in einem Kraftfeld sind Schöpfer und Geschöpf im Glauben zusammengeschlossen, und die Veränderung des einen Punktes zieht stets die des anderen nach sich. Wie jemand sich zu Gott stellt, so findet er ihn. Martin Luther hat für die Gotteserkenntnis des Menschen daher als Regel aufgestellt: »Glaubst du, so hast du; glaubst du nicht, so hast du nicht.« Jeder Mensch hat immer so viel von Gott, wie er glaubt.

Dem entspricht der biblische Befund. Die sogenannte »Heilige Schrift« ist stets beides ineins: sowohl ein Dokument göttlicher Selbstoffenbarung als auch ein Zeugnis für die Art und Weise, wie Menschen die Offenbarung angenommen haben. Es geht dabei stets »gemäß dem Menschen« zu – das heißt, hineingebunden in die jeweilige geschichtliche und biographische Situation, geprägt vom Geist der Zeit und eingefärbt in menschliche Vorstellungen, Bilder und Begriffe.

»Ich bin« – Gottes Lebenslauf

So vollzieht sich im Fortgang der Geschichte, unter dem Eindruck der erfahrenen Enttäuschungen und Erfüllungen und im kritischen Disput zwischen Tradition und Situation, ein ständiger Prozeß religiöser Produktion und Progression. Aus diesem Grund ist dieselbe Bibel, die das strengste Bilderverbot enthält, zugleich randvoll von menschenförmigen Bildern: Gott wird Vater und Mutter, Hirte und Richter, Retter und Rächer genannt; sein Auge schaut nach den Menschenkindern auf Erden; er führt in die Tiefe und wieder herauf; sein Mund spricht Worte des Zorns und der Liebe; Licht ist das Kleid, das er anhat, und das Blut der Gerichteten besudelt sein Gewand. Sinnlicher und vielfarbiger, ja widersprüchlicher, als die Bibel es tut, kann man von Gott nicht sprechen. Es gibt in ihr keinen durchgehenden einheitlichen »Gottesgedanken«: Wir haben Gott immer nur in Bildern, und in den Bildern haben wir ihn wirklich – aber in keinem Bild geht er ganz auf.

Hinter allem Nachdenken über Gott und entsprechendem Bildermachen von ihm wirkt ein einheitlicher Impuls: das »Theodizeeproblem« im weitesten Sinn des theologischen Begriffs. Es entzündet sich an dem offenbaren Widerspruch zwischen Glaubensbekenntnis und Welterkenntnis. Die Rede von Gott trifft auf die Wirklichkeit der Welt und zerbricht an ihr. Zwischen dem Glauben an den unsichtbaren Gott und der Erfahrung der sichtbaren Wirklichkeit klafft »augenscheinlich« ein Widerspruch. Aus ihm ergibt sich die immer von neuem an Gott gerichtete Frage: »Wo bist du, Gott?« – »Warum verstößt du mich?« – »Warum, Gott, bist du so fern, verbirgst dich zur Zeit der Not?« – »Warum hast du mich vergessen?« Schließlich: »Mein Gott,

»Ich bin« – Gottes Lebenslauf

mein Gott, warum hast du mich verlassen?« Das Fragen nach dem »Wo« und »Warum« ist es, das Hiob und Jesus miteinander verbindet. Sie leben beide im Kraftfeld desselben Glaubens an Gott.

Aber die Theodizeefrage ist zu eng gefaßt, wenn man sie einzig auf das Leid der Welt bezieht. Sie betrifft alles Reden von Gott – im Rahmen des Weltganzen ebenso wie im individuellen Lebenskreis. Jede gewandelte geschichtliche und biographische Situation bedeutet eine Herausforderung an den Glauben. Er muß sich im Angesicht Gottes und angesichts der Welt rechtfertigen, ob seine bisherige Rede von Gott die veränderte Wirklichkeit wahrnimmt und noch eine Antwort auf sie gibt.

Eine fällige Revision des bis dahin geltenden Gottesbildes bedeutet nicht nur eine intellektuell-theologische Anstrengung, sondern verlangt eine Umbesinnung, die die Person betrifft und deshalb an den Grund der Existenz rührt. Nicht Gott hat sich vor dem Menschen und der Welt zu rechtfertigen, sondern der Mensch sich sowohl vor Gott wie vor der Welt. Immer aufs neue will der Glaube angesichts der widersprüchlichen Wirklichkeit der Welt bewahrheitet sein. Darum kann man mit Recht behaupten, daß die Bibel insgesamt den fortlaufenden Versuch einer universalen Theodizee darstellt.

Die Notwendigkeit dauernder Rechtfertigung ist der Impuls, der den religiösen Überlieferungsprozeß in der Bibel theologisch in Gang hält, der den Anstoß zum immer neuen Nachdenken über Gott und entsprechendem Bildermachen von ihm gibt.

»Ich bin« – Gottes Lebenslauf

Nicht, daß der Gott der Bibel, wie etwa Odysseus, Hamlet oder Faust, eine erdichtete Figur wäre oder sich erst allmählich entfaltete – Gott ist von Ewigkeit her seiner selbst voll bewußt da. Aber er »zwingt« den Menschen nicht, sondern »zieht« ihn, so daß eine wechselseitige Beziehung entsteht und Gott sich für den Menschen wandelt.

Auf diese Weise ergibt sich, in einer unauflöslichen Verflechtung von göttlicher Reflektion und menschlicher Projektion, der *Lebenslauf Gottes* in der Weltgeschichte – und dies keineswegs nur in einem ständigen Aufstieg zu immer höherer Vollkommenheit, sondern in stetem Auf und Ab und mit immer offenem Ausgang.

Dieses wechselseitige gott-menschliche Drama in seinem Fortschritt und Stillstand und gewiß auch Rückfall nachzuzeichnen und für die heutige Zeit zu deuten, ist die Absicht des Buches. Zu diesem Zweck habe ich charakteristische Markierungspunkte der biblischen Geschichte – Personen, Dokumente, Gebete und Ereignisse – vom Erzvater Abraham bis zum Apostel Paulus ausgewählt.

Weil Gott den Menschen zu seinem Bilde geschaffen hat, kann der Mensch sich von ihm Bilder machen. Darum laßt uns neue Bilder von Gott machen – aber ein Bild, das ihm gleich sei!

Unbeabsichtigt ist zugleich eine Art Leitfaden entstanden, der Lesern, die sich in der umfangreichen Bibel verständlicherweise nur schwer zurechtfinden, eine theologische Orientierung bei ihrer Lektüre bieten kann.

Abraham – Urbild des Glaubens

Am Anfang war das Wort bei Gott – und bei den Menschen der Glaube

Erst allmählich und immer wieder neu hat die israelitische Religion sich aus der heidnischen Umwelt herausgearbeitet. Drei große Themenkreise enthält ihre Frühgeschichte: die Zeit der Erzväter, der Auszug aus Ägypten und der Bundesschluß samt Gesetzgebung am Gottesberg in der Wüste.

Die »Vätergeschichten« handeln von Israels vormosaischen Ahnen; sie spielen in einer Zeit, als es noch keinen gemeinsamen Jahweglauben gab und entsprechend auch noch kein »Volk Israel« existierte. Es sind keine historischen Berichte, sondern Sagen, die jedoch einen historischen Kern enthalten.

Die Erzväter begegnen als Individuen; sie haben leibhaft gelebt, man kennt auch ihre Namen. Über Ort, Zeit und Umstände ihres Lebens aber läßt sich nichts Genaueres mehr ausmachen. Sicher ist nur, daß sie als Kleinviehnomaden am Rand des palästinischen Kulturlands lebten. Wann sie nach Kanaan gelangt sind, ist ungewiß – vielleicht schon im neunzehnten bis achtzehnten Jahrhundert vor Christus.

Die Erzählungen sind in einem jahrhundertelangen

Abraham – Urbild des Glaubens

Überlieferungsprozeß, zunächst mündlich, bald aber auch schriftlich, geformt und ausgeweitet worden. Manche Stoffe reichen bis in die Zeit der Väter selbst zurück. Das entscheidende Konzept stammt aus der davidisch-salomonischen Ära, etwa aus der Zeit zwischen 1000 und 900 vor Christus.

In den Erzvätern hat Israel sich seine eigene Existenz vor Augen gestellt und seine religiöse Identität gefunden. Es war vor allem sein Gottesglaube, der die Sagenstoffe durchdrungen und geformt hat. Dabei wurden die verschiedenen Götter, denen die Erzväter gedient hatten, zu dem *einen* Gott Jahwe zusammengefügt, so daß dieser von Anfang an als Israels einziger Gott erschien. Die Nachkommen haben in die Vergangenheit zurückübertragen, was sie zu ihrer Zeit im Glauben erfuhren, und umgekehrt haben sie das Vergangene wieder aufgesucht, damit es ihnen zur Stärkung ihres Glaubens in der Gegenwart diente.

Das Leitmotiv, das die vielfältigen Väterüberlieferungen zusammenbindet, ist die immer wiederholte Doppelverheißung Jahwes: Israel soll das Kulturland Kanaan in Besitz nehmen und durch eine zahlreiche Nachkommenschaft zu einem großen Volk auf der Erde werden, allen anderen Völkern zum Segen.

»Geh aus deinem Vaterland in ein Land, das ich dir zeigen werde« – damit fing für Abraham alles an. Ring um Ring seines bisherigen Lebens – die Vertrautheit der Heimat, den Schutz der Sippe, die Geborgenheit in der Familie – alles, was einem Menschenleben Ordnung und Halt gewährt, soll er hinter sich lassen und in ein fremdes Land ziehen, dessen Name ihm noch nicht einmal genannt wird. Mehr als für

Von Gott das Wort – bei den Menschen der Glaube

uns heute, die wir auf unserer kleiner gewordenen Erde überall schon auf einigermaßen Bekanntes treffen, galt dem antiken Menschen die Fremde als das schlechthin Unvertraute, das ihm angst machte.

Abraham war kein Israelit. Er kam aus der Fremde, von weither. Aus Ur in Chaldäa stammte er und ist aus Haran in Mesopotamien nach Kanaan ausgewandert. Von dort hat er auch seinen Gott mitgebracht. Wenn er später von einem Höchsten Gott spricht, der Himmel und Erde geschaffen hat, oder wenn der Sternenhimmel ihm zum Gleichnis für die ihm verheißene zahlreiche Nachkommenschaft wird, dann mag dies in den religiösen Raum zurückweisen, aus dem er herkam.

Abraham war Halbnomade. Beruf und Religion spiegeln sich in seinem Leben wechselseitig. Unterwegs nach neuen Weideplätzen und raren Wasserstellen, zog er mit seinen Kleinviehherden umher und wohnte am Rand des Kulturlands in Zelten, mit den Einwohnern in den Städten durch Handel und Heirat locker verbunden und so das nomadische Dasein zeitweilig mit fester Seßhaftigkeit tauschend. Insgesamt bestimmte der Wechsel die Gangart seines Lebens. Seine Biographie gleicht daher einem Itinerar. Ständig auf Zukunft aus und darum in der Gegenwart herausgefordert, kommt er immer gerade von irgendwoher oder zieht gerade irgendwohin.

Dieser Mobilität entsprach seine Religion. Gott ruht für ihn nicht genügsam in sich selbst, sondern ist ein unruhiger Treiber, der sich Menschen erwählt, sie auf die Wanderschaft schickt und in die Zukunft geleitet – alles in allem eher ein Gott der Geschichte als der Natur. Und so wird es allzeit bleiben. Der Gott der Bibel offenbart sich nicht –

Abraham – Urbild des Glaubens

griechisch und metaphysisch – im »Sein«, sondern – hebräisch und geschichtlich – im »Werden«, genauer im »Kommen«. Es ist ein handelnder und wandelnder Gott. Die Pointe alles Handelns und Wandelns aber besteht in seiner Zuwendung zu den Menschen.

So hat auch Abraham seinen Aufbruch aus Haran als Antwort auf einen Ruf seines Gottes verstanden, mitten in die in Bewegung befindliche Völkerwelt hinein. Inhalt des göttlichen Rufs war die Doppelverheißung der Landgabe in Kanaan und einer zahlreichen Nachkommenschaft über die ganze Erde hin – in einer feierlichen Bundschließung wird sie später noch einmal für alle Zeiten festgemacht und mit dem Bundeszeichen der Beschneidung besiegelt. Für einen Wanderhirten wie Abraham war das alles eine willkommene Aussicht – aber wie sollte gerade ihm dies widerfahren, einem alten Mann, der längst über die Jahre hinaus ist und überdies eine Frau hat, deren Unfruchtbarkeit sie von aller Mutterschaft ausschließt?

Darum kann Abraham über die Verheißungen nur lachen. Trotzdem folgt er dem Ruf und macht sich auf den Weg, zusammen mit seiner Frau Sara, seinem Neffen Lot und allem, was er an Gesinde und Vieh besaß. Wohin der Weg ihn führte, wußte er nicht, aber er verließ sich auf Gottes Führung und Geleit. Dabei schien die Schere zwischen göttlicher Verheißung und menschlicher Möglichkeit immer weiter auseinanderzugehen. Und so spannt Abrahams Glaube sich zwischen Vertrauen und Zweifel, Gehorsam und Versagen, Hoffnung und Resignation zu einem lebenslangen Weg, der erst im Grabe zur Ruhe kommt.

Von Gott das Wort – bei den Menschen der Glaube

Schon bald nach seinem Aufbruch aus Haran erlebt Abraham die erste Enttäuschung. Von Norden nach Süden wandernd, gelangt er nach Kanaan – aber von einer Erfüllung der göttlichen Verheißung entdeckt er dort keine Spur. Die Gegend war besiedelt, und die Bewohner hatten für die fremden Wanderhirten keinen Lebensraum übrig.

Aber da erscheint Gott dem enttäuschten Patriarchen und präzisiert seine Zusage: Der Boden, auf dem er jetzt zeltet, ist das verheißene Land, das seine Nachkommen einst besitzen werden! Da glaubte Abraham Gott und baute ihm einen Altar. So wird es im Fortgang seiner Wanderschaft noch oftmals geschehen.

Weiter nach Süden wandernd, erwartet ihn im Negeb der nächste Fehlschlag – im Land herrscht eine Hungersnot. Um ihr zu entrinnen, weicht Abraham mit seinem Clan – wie auch andere Nomadenstämme oftmals – ins fruchtbare Ägypten aus. Dort aber sollte er durch sein eigenes Versagen die Verheißung Gottes gefährden.

Aus Furcht, der Pharao könnte sich seine Frau aneignen und sich des Ehemanns entledigen, nimmt Abraham Zuflucht zu einer List. Er bittet Sara, sich als seine Schwester auszugeben – und verrät damit nicht nur seine eigene Ehefrau, sondern auch die von Gott ausersehene Ahnfrau. Tatsächlich landet Sara im Harem des Pharaos, während ihr Mann eine großzügige Entschädigung erhält – alles, was ein Nomadenherz erfreut: Vieh die Menge, dazu Knechte und Mägde. Aber der Betrug kommt auf. Die unerquickliche Geschichte endet damit, daß der Patriarch samt seiner Frau und mit aller neuerworbenen Habe unter militärischer Bedeckung über die Grenze abgeschoben wird. Die Verheißung war gerettet, der Träger aber blamiert, während der

Abraham – Urbild des Glaubens

Pharao in der ganzen Angelegenheit eine gute Figur macht. Die Bibel schont ihre Helden nicht.

Wenig später aber erweist Abraham sich wieder als glaubensstarker Patriarch. Weil durch die peinlichen Liebesgaben des Pharaos die Herden gewachsen waren, reichten die Weideplätze nicht mehr aus, und so kommt es zum Streit zwischen den Hirten Abrahams und seines Neffen Lot. Da macht Abraham diesem einen Vermittlungsvorschlag. »Wir sind doch Brüder«, erinnert er ihn und läßt ihm großmütig den Vortritt: »Gehst du nach rechts, so gehe ich nach links – oder gehst du nach links, so gehe ich nach rechts.« Im Nu erfaßt Lot seinen Vorteil und entscheidet sich für den Jordangau – wasserreich und fruchtbar, gleich einem Gottesgarten. Daß in der von ihm gewählten Richtung auch die Städte Sodom und Gomorrha lagen, bedachte er nicht. Abraham aber erklärt sich mit Lots Wahl einverstanden – ein Mensch kann nichts nehmen, es werde ihm denn vom Himmel gegeben –, und so gehen beide in Frieden auseinander.

Lange Jahre sind seit dem Aufbruch in Haran vergangen, und noch immer ist Abraham im Zelt unterwegs, besitzt immer noch kein eigenes Land, nicht eine Ackerkrume, und hat vor allem noch keinen Sohn. Nur älter ist er inzwischen geworden und durch die Enttäuschungen auch müder. Hätte sein gehorsamer Glaube nicht Besseres von Gott verdient?

Und so sitzt Abraham in seinem Zelt und hadert mit Gott. Angesichts von so viel göttlicher Verborgenheit scheint ihm nichts anderes übrigzubleiben, als die Erfüllung der Verheißung selbst in die Hand zu nehmen und auf einen

Von Gott das Wort – bei den Menschen der Glaube

Ausweg zu sinnen. Er verfällt auf den Gedanken, seinen leibeigenen Knecht Elieser zu adoptieren und ihn als Erben einzusetzen.

Aber da zieht es ihn aus dem Zelt hinaus ins Freie. Draußen sieht er die Sterne über sich – und der Nachthimmel wird ihm zum Nachtgesicht: Weißt du, wieviel Sterne stehen? So zahlreich wie die Sterne droben am Himmel soll seine Nachkommenschaft auf Erden sein. Da machte Abraham sein Herz neu an Gott fest.

Also keine Adoption eines Ersatzmanns, sondern weiterhin nur Gottes Verheißung. Ihre Erfüllung aber schien in immer weitere Ferne zu rücken. Vor allem Saras Kinderlosigkeit stand nach wie vor dagegen. Darum ergriff sie jetzt auch die Initiative und suchte die Einlösung der göttlichen Zusage kraft menschlichen Rechts zu erzwingen.

Nach damaligem Brauch konnte eine kinderlose Ehefrau ihre Leibmagd dem Manne zur Verfügung stellen und dieser mit ihr ein Kind zeugen, welches dann als rechtmäßiger Nachkomme und Erbe galt. Und so gab Sara ihrem Mann Hagar zur Nebenfrau – und diese wurde schwanger. Aber bald schon zeigte sich, daß die Schwangerschaft wohl ein erlaubter menschlicher Ausweg sein mochte – an dem von Gott geplanten Heilsweg führte er vorbei.

Zwischen beiden Frauen entbrannte eine beinahe tödliche Rivalität, Hagar kostete den Triumph der werdenden Mutter gegen ihre kinderlose Herrin aus und rebellierte damit zugleich gegen ihre Rolle als Leibeigene. Sara plagte zuerst die Eifersucht und später die Sorge um die Erbschaft ihres eigenen Sohnes. Abraham ergriff für seine Ehefrau Partei, schien sich aber, als Hagar Ismael gebar, mit ihm als Sohn und Erben zufriedenzugeben. Am Ende jedoch –

Abraham – Urbild des Glaubens

nachdem auch Sara ihren Sohn geboren hat – wird er nach anfänglichem Sträuben selbst das Bündel für Hagar schnüren, gerade nur Brot und einen Schlauch mit Wasser, dazu ihr den Sohn auf die Schulter legen und beide ins Nirgendwo verstoßen. Nur durch ein Wunder wird Hagar mit ihrem Kind im allerletzten Augenblick vor dem Verschmachten in der Wüste gerettet.

Endlich sollte das scheinbar Unmögliche, immer wieder Verzögerte und kaum noch Erhoffte wider alles Erwarten geschehen. Drei Besucher künden es an. Ihr Erscheinen bezeugt die auch sonst aus der Antike bekannte Erfahrung: Gast im Haus heißt Gott im Haus.

Unverhofft, schläfrig während der Mittagsruhe, sieht Abraham drei Männer draußen am Eingang seines Zeltes stehen. Höflich bittet er sie herein und läßt für die fremden Gäste flugs eine Mahlzeit bereiten, vom Besten, was Herden und Küche bieten – ein Festmahl nach Nomadenart. Aber sehr bald schon kommen die Fremdlinge auf den Grund ihres Besuchs zu sprechen, wobei sich eine Gestalt aus den anderen herauslöst und zum Sprecher wird. Dieser aber fragt überraschend nach Sara und kündet an, daß sie, wenn er übers Jahr wiederkomme, einen Sohn haben werde. Da erkennt Abraham, mit wem er es zu tun hat: Gott besucht ihn, verhüllt in Menschengestalt, und bringt, gleichsam als Gastgeschenk, das genaue Datum der Erfüllung seiner Verheißung mit: Schon übers Jahr!
Sara hat hinter der Zeltwand gelauscht und kann sich des Lachens nicht erwehren: Ihr Leib verwelkt und Abraham ein Greis – ist es nicht in der Tat lächerlich, da noch von Liebeslust und Leibesfrucht zu sprechen? Aber gibt es ir-

Von Gott das Wort – bei den Menschen der Glaube

gend etwas in der Welt, was für Gott zu wunderbar wäre? Sara erschrickt über ihren Unglauben und, zur Rede gestellt, streitet sie ängstlich ab, gelacht zu haben. Noch übers Jahr, wenn sie ihren Sohn geboren hat, wird sie daran zurückdenken und ihn auf Abrahams Vorschlag Isaak (das heißt der zum Lachen bringt) nennen. Der Name sollte an das zwiespältige Lachen erinnern, das dieses Ereignis hervorrief: an das freudige Lachen über Gottes Wundertat und an das spöttische Gelächter der Umwelt über so späte Leibesfrucht.

An den Besuch der drei Männer bei Abraham schließt sich in der alttestamentlichen Erzählung, wie ein Zwischenspiel, ein kurzes theologisches Lehrstück an, das – über den Glauben der Vätergeschichte hinaus – Neues über Gott in Aussicht stellt.

Es ist ein Zwiegespräch zwischen Gott und Abraham. Sie stehen dabei auf einer Anhöhe, von der aus man in der Ferne Sodom und Gomorrha im Tal liegen sieht. Beider Namen sind für alle Zeiten zum Symbol totaler Verderbtheit geworden.

Die Schlechtigkeit der Sodomiter ist längst vor Gott und aller Welt offenbar, das Strafgericht über sie deshalb schon so gut wie beschlossen. Aber Gott möchte, daß Abraham sein Handeln versteht, und diesem liegt gleichfalls daran. So kommt es zwischen ihnen zu einem Glaubensgespräch, das zwar das Sodom und Gomorrha drohende Schicksal zum Anlaß, aber die Frage nach der Gerechtigkeit Gottes zum Thema hat.

Abraham – Urbild des Glaubens

Daß Sodom schuldig ist und das Strafgericht verdient, darüber bedarf es keines Disputs mehr. Was Abraham bedrängt, ist die Frage nach dem Maßstab des göttlichen Gerichts: Wovon läßt der Richter der Welt sein Urteil bestimmt sein – von der Schuld der Vielen oder von der Unschuld der Wenigen in der Stadt? Daß das Gericht nicht unterschiedslos den Schuldigen mit dem Unschuldigen treffe und der Gerechte zusammen mit dem Frevler umkomme, ist Abrahams Anliegen. Aber es genügte ihm nicht, wenn nur die Unschuldigen evakuiert würden und das Gros dem Untergang überlassen bliebe. Ihm geht es um die Rettung der ganzen Stadt: Sollte Gottes Gerechtigkeit sich nicht gerade darin erweisen, daß er die Stadt um der Unschuldigen willen, die in ihr wohnen, verschont?

Auch wenn Abraham Gott vertraut, so zögert er doch nicht, ihn bei seiner Gerechtigkeit zu behaften, zwar in Demut, aber frei heraus. Dabei wagt er sich weit vor; er fällt Gott gleichsam in den schon erhobenen Arm.

Wenn nur fünfzig Gerechte in Sodom wohnten – würde er dann die Stadt vernichten oder sie verschonen, beginnt Abraham mit Gott zu handeln. Nein, nicht vernichten, sondern verschonen um der fünfzig Gerechten willen, die in der Stadt wohnen, antwortet Gott ihm – und so geht es weiter. Immer kühner fordert Abraham Gottes Gnade heraus. Wie ein hartnäckiger Kaufmann treibt er Stufe um Stufe die Zahl der Gerechten herunter und entsprechend den Preis der göttlichen Gnade hinauf: Und wenn es nur fünfundvierzig Gerechte wären oder nur vierzig, ja dreißig oder gar zwanzig? Jedesmal antwortet Gott gleich: Nein, nicht vernichten, sondern vergeben und verschonen um der Wenigen willen.

Von Gott das Wort – bei den Menschen der Glaube

So geht es herab bis auf zehn. Damit endet das Gespräch. Gott wendet sich ab, und Abraham kehrt nach Hebron zurück.

Der Dialog zwischen Gott und Abraham kündet eine neue Stufe der Gotteserkenntnis an. Bis dahin galt in der Religion wie in der Gesellschaft das Gesetz der »kollektiven Gerechtigkeit«. Der Einzelne war hineingebunden in die Einheit der Familie, des Stamms, des Volks, des Kultverbands. Er hatte für die Schuld aller mitzuhaften und ihr Schicksal mitzutragen: »Mitgefangen – mitgehangen!« Niemand konnte ausbrechen. In gleicher Weise trafen Gottes Strafen unterschiedslos die Schuldigen und die Unschuldigen – die Gerechten zusammen mit den Frevlern, die Kinder mit den Vätern, die Väter mit den Großvätern, bis hin zu Blutrache und Sippenhaft.

Jetzt aber bahnt sich eine neue Auffassung von der Gerechtigkeit Gottes an, gewiß noch nicht auf breiter Front, wohl aber in einem ersten einsamen Vorstoß. Da geht Gottes Gericht nicht mehr wie eine Walze gleichermaßen über Gerechte und Ungerechte hinweg; es funktioniert auch nicht streng distributiv nach dem Schema von Lohn und Strafe, sondern zerbricht jede juridische Symmetrie. Gottes Wille, zu retten überwiegt weit den, zu strafen. Darum kann es geschehen, daß sich sein Urteil nicht an der Bosheit der Vielen, sondern an der Gerechtigkeit der Wenigen orientiert und er um ihretwillen der Gesamtheit Strafaufschub gewährt. Die Schuldlosen müssen nicht mehr unbedingt die Schuld der Schuldigen mitbüßen, und die Schuldigen können um der Unschuld der Schuldlosen willen verschont werden. Damit tritt neben die bisherige einseitige Schuldübertragung die Möglichkeit auch einer Übereignung der Unschuld.

Die neue Auffassung von der Gerechtigkeit Gottes hat wiederum Folgen für das Zusammenleben in der Gemeinschaft. Bisher wurzelte die Solidarität im kollektiven Dasein: Das Schicksal aller war das Schicksal eines jeden. Jetzt entsteht eine neue Art von Solidarität. Durch die Möglichkeit der Stellvertretung beginnt sich das Verhältnis zwischen dem Einzelnen und der Gemeinschaft umzukehren: Wie die Sünde eines Frevlers eine ganze Gemeinschaft beladen kann, so kann ihr umgekehrt auch die Tat eines Gerechten zugute kommen. Schon die Anwesenheit einer kleinen Zahl von Gerechten in einer Gesellschaft – wenn es auch nur einer unter zehn ist – vermag ein drohendes Unheil von der Gesamtheit abzuwenden. Und so kann unter Umständen eine Minorität das Schicksal der Majorität bestimmen.

Wenn Abraham mit seiner Fürbitte für die Bewohner von Sodom und Gomorrha bei der Zahl von zehn Unschuldigen aufhört, so zeigt dies die Grenze des Menschenmöglichen an, weist aber zugleich auch über sie hinaus. Viele Generationen später, während Israels Gefangenschaft in Babylon, wird bei Deuterojesaja prophetisch-geheimnisvoll von dem »Gottesknecht« die Rede sein, der als der Eine allein die Strafe für die Vielen auf sich nehmen wird, damit sie geheilt werden und Frieden haben.

Ein Weg der Prüfungen war Abrahams ganze Wanderschaft gewesen. Jetzt aber stand er am Ziel. Was von ihm jahrzehntelang ersehnt, erfleht, auch bezweifelt und wieder neu erhofft worden war, hatte sich endlich erfüllt. Doch just in dem Augenblick, als Gottes Antlitz ihm so hell wie kaum je

Von Gott das Wort – bei den Menschen der Glaube

leuchtete, begann es sich für ihn so wie noch nie zu verdunkeln. Als ob sich sein Glaubensgehorsam in sich selbst überschlüge, überfällt ihn, alle bisherigen Anfechtungen übersteigend, der absurde Gedanke, daß Gott von ihm den geliebten einzigen Sohn als Brandopfer zurückfordere.

Dies bedeutete die Rücknahme der göttlichen Verheißung durch Gott selbst. Mit dem Verlust seines Sohnes wäre für Abraham alles zerstört, was den Sinn seines Lebens ausgemacht hatte, die lange Erwartung ebenso wie die kurze Erfüllung, dazu das einzige Unterpfand seiner Zukunft. Er schien umsonst gelebt und gelitten zu haben.

Abraham versuchte nicht, Gottes Befehl zu verstehen – er glaubte blind und gehorchte ohne Widerspruch, aber sein Glaubensgehorsam ließ ihn verstummen. Schweigend trifft er die Vorbereitungen zur Reise – auch zu Sara kein Wort. Dann bricht der kleine Troß auf. Als er am dritten Tag in der Ferne den Berg liegen sieht, auf dem er seinen Sohn opfern soll, läßt er die Knechte mit den Eseln zurück, lädt Isaak die Holzscheite auf und nimmt selbst das Messer und die im Tonkrug mitgenommene Glut. Dann macht er sich allein mit seinem Sohn auf den Weg. Nach einer Weile fragt der seinen Vater arglos, wo denn das Schaf zum Opfer sei. Das Schaf werde Gott sich ersehen, antwortet Abraham, und das klang eher nach einer frommen Vermutung als nach einer billigen Vertröstung. Dann steigen beide schweigend den Berg hinan – Opferpriester und Opfer nebeneinander.

An der von Gott bestimmten Stätte angelangt, baut Abraham einen Altar und beginnt mit der Opferhandlung, wie es der Ritus gebot. Er bindet seinen Sohn Isaak, legt ihn auf die Scheite, nimmt das Messer in die Hand und reckt den Arm empor – da hört er, wie eine Stimme ihm Einhalt

Abraham – Urbild des Glaubens

gebietet und seine Gottesfurcht bestätigt. Im gleichen Augenblick erblickt er einen Widder, der sich mit seinen Hörnern im Gesträuch verfangen hat, und opfert ihn an seines Sohnes Statt.

Abraham hat die letzte, furchtbarste Glaubensprüfung bestanden. Aber von ihm kommt kein Wort mehr – ihn hat sein Glaubensgehorsam, wie es scheint, zutiefst erschöpft.

Wer so in die Tiefe geführt worden ist wie Abraham, ist auf eine Höhe gelangt, über die nichts mehr hinausreicht. Und so schlug er für den Rest seines Lebens sein Zelt wieder in Hebron auf. Dort starb zuerst Sara, und Abraham suchte für sie einen Grabplatz. Da er in Kanaan immer noch als Fremdling ohne eigenen Grund und Boden lebte, bedurfte er dazu der Zustimmung der eingesessenen Bevölkerung. Nach einem langwierigen Handel erwarb er schließlich für einen viel zu hohen Kaufpreis die Höhle Makpela. Dort begrub er Sara, und dort werden auch er selbst und seine Nachkommen begraben werden.

Das eigene Grab auf kanaanäischem Boden war ein symbolisches Unterpfand für beides: für die künftige Landnahme und eine zahlreiche Nachkommenschaft. Abraham selbst aber ist im Glauben gestorben, ohne die Erfüllung der Verheißung Gottes noch mit eigenen Augen gesehen zu haben. Weiter als bis zum Glauben hat er es sein Leben lang nicht gebracht.

An Abrahams Lebensweg ist abzulesen, was es heißt, an Gott zu glauben. Der Apostel Paulus hat seine gesamte Existenz deshalb in den kurzen Satz gefaßt: »Er glaubte an Gott, und das rechnete dieser ihm zur Gerechtigkeit an«,

Von Gott das Wort – bei den Menschen der Glaube

das heißt: daß es ein Leben in Gottes Sinn war. Den Christen gilt Abraham daher als der »Vater des Glaubens«. Er hat für alle Zeiten ein Exempel statuiert. Mit seinem Lebensbild beginnt für die Menschen das Leben Gottes in der Bibel. Am Anfang war das Wort bei Gott – und bei den Menschen der Glaube.

Abraham war kein Glaubensheld, kein »Ritter des Glaubens«, wie Søren Kierkegaard ihn genannt hat. In seinem Auftreten ein geachteter Patriarch – ein »Gottesfürst«, wie ihn die Leute bisweilen titulierten –, besaß er eine ängstliche Seele und zeigte peinliche menschliche Schwächen. Aber er hat sich an Gott gehalten und ist in allen Wechselfällen des Lebens seiner gewiß geblieben. Sein Wanderdasein wäre bodenlos gewesen, hätte nicht das Vertrauen auf Gott ihm Grund und Boden gegeben.

Alles Leben und Leiden Abrahams ballt sich noch einmal in seiner letzten Glaubensprobe zusammen – in Isaaks Opferung, die aber ebenso ein Selbstopfer Abrahams war.

Wer auf diese Geschichte nicht empört reagiert, sondern von vornherein Ja und Amen zu ihr sagt, hat ihren furchtbaren Ernst nicht erkannt. Mitleid mit dem Sohn wird ihr ebensowenig gerecht wie Entrüstung über das Verhalten des Vaters. Hier geht es um mehr: Gottes Gottheit steht auf dem Spiel!

Die religionsgeschichtliche Deutung, daß in Isaaks Opferung das hergebrachte Menschenopfer durch das Opfer von Tieren abgelöst werde, erklärt und entschuldigt nichts. Stünde die Geschichte nicht in der Bibel, sondern fände sich in einer sogenannten »heidnischen« Urkunde, die christliche Empörung wäre allgemein.

Abraham – Urbild des Glaubens

Die biblische Erzählung von Isaaks Opferung erinnert drastisch daran, daß Gottes Wille – trotz allen Offenbarens – sich immer wieder auch verbirgt. Aber eben diese bleibende Verborgenheit verbietet es, so eindeutig von geplanten »Versuchungen« durch Gott zu sprechen: Woher will man das denn wissen? Wohl können negative Lebenssituationen dem Glauben eines Menschen zur Anfechtung geraten, als ob Gott sich selbst zu widersprechen scheint, so daß Gott gegen Gott zu stehen kommt und ein Mensch am Ende nicht mehr weiß, wer, wo und wie »Gott« eigentlich ist. Aber daß Gott einen Menschen vorsätzlich in Versuchung führt, um seinen Glauben auf die Probe zu stellen und ihn nach bestandenem Glaubensexamen sozusagen in die nächsthöhere Klasse zu versetzen, ist, wenigstens für mich, eine unerschwingliche Vorstellung. Was wäre übrigens geschehen, wenn Abraham nicht gehorcht hätte – wie hätte sein »Sitzenbleiben« dann ausgesehen?

Verborgenheit und Offenbarsein Gottes folgen nicht wie zwei Phasen aufeinander: Zuerst ist es dunkel, dann wird es hell; erst herrscht Gottes Zorn, danach waltet seine Liebe. Schon gar nicht handelt es sich um die Existenz zweier verschiedener Götter. Vielmehr geht es um zwei unterschiedliche Erscheinungsweisen eines und desselben Gottes. Der offenbare Gott bleibt immer auch der verborgene. Hier gilt der Grundsatz aller Gotteserfahrung: Wie einer sich zu Gott stellt, so findet er ihn. Der Glaube durchdringt die Maske Gottes und erkennt dahinter sein wahres Gesicht; der Unglaube dagegen starrt nur in das Dunkel und hält die Verborgenheit für Gottes endgültige Gestalt.

Das macht: Der Unglaube läßt sich vom »augenblicklichen« Eindruck bestimmen; er blickt auf das, was vor

Von Gott das Wort – bei den Menschen der Glaube

Augen liegt, und trifft daher an Gott vorbei. Der Glaube hingegen läßt sich nicht durch den sichtbaren Eindruck beirren, sondern hält sich an Gottes Verheißung und richtet seinen Blick daher in die Zukunft, aber nicht aus Sorge wie der Unglaube, sondern in Hoffnung.

An Gott glauben heißt, auf einen vertrauen, dessen Gesicht man nie gesehen, dessen Stimme man nie gehört hat und dessen Existenz man dennoch gewiß ist, manchmal mehr als seiner eigenen. So hat Abraham geglaubt, als er mit seinem Sohn Isaak auf den Berg Moria stieg, um ihn dort auf Gottes Geheiß zu opfern. Dabei hat er zu keiner Stunde seines Lebens gefragt, ob alles nicht vielleicht nur seine eigene Einbildung sei.

Am überzeugendsten hat für mich Thomas Mann in dem Roman »Joseph und seine Brüder« das zwischen Gott und Abraham waltende Verhältnis als ein unauflösliches Ineinander von göttlicher Reflektion und menschlicher Projektion beschrieben:

»Gott war da, und Abraham wandelte vor ihm. Sie waren Zwei, ein Ich und ein Du, das ebenfalls ›Ich‹ sagte und zum anderen ›Du‹. Schon richtig, daß Abraham die Eigenschaften Gottes mit Hilfe der eigenen Seelengröße ausmachte – ohne diese hätte er sie nicht auszumachen und zu benennen gewußt, und sie wären im Dunkel geblieben. Darum blieb Gott aber doch ein gewaltig Ich sagendes Du außer Abraham und außer der Welt. . . . Aber Abraham hielt sich sehr wacker und klar Ihm gegenüber aufrecht – in ungeheurem Abstand von Ihm, gewiß, denn Abraham war nur ein Mensch, ein Erdenkloß, aber verbunden mit ihm durch die Erkenntnis und geheiligt durch Gottes erhabenes Du- und

Da-sein. Auf solcher Grundlage hatte Gott den ewigen Bund mit Abraham geschlossen. . . .

Gott aber hatte seine Fingerspitzen geküßt und zum heimlichen Ärger der Engel gerufen: ›Es ist unglaublich, wie weitgehend dieser Erdenkloß mich erkennt! Fange ich nicht an, mir durch ihn einen Namen zu machen? Wahrhaftig, ich muß ihn salben!‹«

Jakob – Zwischen Bethel und Jabbok

Die Grenze ist der eigentlich fruchtbare Ort der Erkenntnis

Das Volk Israel hat sich als die Nachkommenschaft der zwölf Söhne des Erzvaters Jakob und so als eine durch Blutsbande zusammengehaltene Gesamtheit verstanden. Wenn es auch kein Zentralheiligtum gab, so haben die zahlreichen einzelnen Kultorte, an denen Jahwe verehrt wurde, doch zur Entstehung eines israelitischen Gemeinschaftsbewußtseins beigetragen. Auch hier wurde, was später geschah, in die Frühzeit zurückdatiert. Dabei handelt, nach Abraham, der größte Teil der Väterüberlieferung von dem Erzvater Jakob.

Es sind teilweise sehr weltliche Erzählungen – Hirten- und Viehzüchtergeschichten –, streckenweise ohne jeden Hinweis auf ein Wollen und Wirken Gottes, als ob die Menschen es nur untereinander mit sich selbst zu tun hätten. Ihr Licht empfangen sie von den zwei entscheidenden Gotteserlebnissen in Jakobs Leben, seinem Traum vom offenen Himmel in Bethel und seinem nächtlichen Kampf mit Gott am Jabbok. Zusammengenommen bieten beide Erlebnisse das Urbild aller menschlichen Gotteserfahrung. Wie auch sonst in der Bibel wird der innere Vorgang in einem

Jakob – Zwischen Bethel und Jabbok

Menschen in der Form einer äußeren Handlung beschrieben.

Die Bibel kennt keine Helden und Heldenverehrung. Sie nennt die Menschen und Dinge beim Namen. So heißt sie den Erzvater Jakob zugleich einen »Betrüger« und einen »Gottesstreiter« und beschreibt damit zutreffend seinen Charakter. Jakob war ein frommer Betrüger. Er glaubte ehrlich an Gott, nahm sein Leben aber zugleich doch lieber in die eigene Hand. Denn Jakob wollte leben, leben um jeden Preis, koste es, was es wolle. Daß dieser Wunsch sich mit dem verborgenen Heilsplan Gottes deckte, wußte er nicht.

Sein unbändiger Lebenswille machte ihm seinen Bruder Esau zum Feind. Die beiden Brüder waren Zwillinge, Jakob der jüngere von beiden – die »späte Geburt« war sein Handicap. Weil Esau vor ihm aus dem Mutterleib hervorgegangen war, besaß er das Erstgeburtsrecht. Damit aber wollte Jakob sich nicht abfinden. Schon im Mutterleib, witzelte man, habe er mit seinem Bruder gerangelt und bei der Geburt nach seiner Ferse gegriffen, als wollte er ihm zuvorkommen und unbedingt der erste sein.

Da bot sich ihm unverhofft eine Gelegenheit, sein Schicksal zu korrigieren. Eines Abends, als Esau erschöpft von der Jagd heimkommt und heißhungrig zu essen begehrt, was sein Bruder gerade gekocht hat, nutzt dieser seine Chance und schlägt listig einen Tausch vor: das Essen im Topf gegen das Recht der Erstgeburt! Und Esau, der vor Hunger schier umzukommen meint, läßt sich auf den Handel ein, schwört sogar noch, daß der Tausch endgültig sei. So verkaufte Esau seinem Bruder leichtfertig sein Erstgeburtsrecht für ein Linsengericht.

Die Grenze ist der eigentlich fruchtbare Ort der Erkenntnis

Zur vollen neuen Identität fehlte Jakob jetzt nur noch der Segen seines Vaters Isaak. Aber auch diesen weiß er sich mit einer List zu verschaffen. Als der Vater, blind und dem Tod nahe, seinen Lieblingssohn Esau segnen will, gelingt es Jakob – mit Hilfe seiner gleichfalls listenreichen Mutter als Esau verkleidet –, sich auch den väterlichen Segen zu erschleichen. Und einmal erteilt, ist ein Segen nach antiker Anschauung nicht rückgängig zu machen. So ertrotzte Jakob sich zweifach den Lebensvorsprung vor Esau.

Als dieser den Betrug seines Bruders gewahr wird, droht er, ihn umzubringen, und Jakob muß untertauchen, bis sich Esaus Zorn gelegt hat. Damit der Gedanke nicht zur Tat werde und Esau seinen Bruder womöglich ermordet wie Kain einst Abel, schickt die Mutter ihn vorsorglich zu ihren Verwandten nach Haran – auf einige Zeit, wie sie meint. Zwanzig Jahre sollten daraus werden, und sie selbst wird ihren Sohn nicht wiedersehen.

Den Bruder überlistet, am Vater gefrevelt und in all dem Gott gelästert – mit dieser Schuld beladen, bricht Jakob in die Fremde auf –, seinen Verfolger auf den Fersen.

Jakob hatte Angst – die Angst im Nacken war der Lohn seiner Schuld. Aber da widerfährt ihm auf seinem Weg in die Fremde Unerwartetes. Als er sich am ersten Abend zum Schlafen niederlegt, zu Häupten ein Stein, hat er einen Traum. Doch er träumt nicht ängstlich von seinem Bruder Esau – Jakob träumt in dieser Nacht Gott. Er sieht, wie eine Treppe von der Erde bis zum Himmel reicht und Engel daran auf- und niedersteigen – oben im Tor zum Himmel aber steht Gott und verspricht ihm, daß er in der Fremde mit ihm sein und ihn am Ende heil wieder heimbringen werde.

Jakob – Zwischen Bethel und Jabbok

Es ist für Jakob wie eine Himmelfahrt: Himmel und Erde, Gott und Welt miteinander vereint. Der Himmel steht über der Erde offen: Gott ist das Geheimnis der Welt.

Als Jakob aus dem Schlaf erwacht, wird er sich jäh der Gegenwart Gottes bewußt – und erschrickt: Wie schauerlich ist diese Stätte! Gleichzeitig aber fühlt er sich von Gottes Nähe freundlich angezogen und antwortet darauf mit einem Gelübde: Wenn Gott mit ihm sei, ihn auf seinem Weg behüten, auch mit Speise und Kleidung versorgen und schließlich wohlbehalten heimkehren lassen werde – dann wolle er sich für alle Zeit an ihn binden und ihm zum Zeichen dessen von seiner Habe getreulich den Zehnten geben. So läßt Jakob sich auf Gott ein, vorsichtig freilich noch, unter Vorbehalt. Und er wäre nicht Jakob, wenn er dabei nicht auch seinen Vorteil bedächte und in einer Art Vertragsverhältnis nach Soll und Haben rechnete: Do, ut des – Wie ich dir, so du mir.

Zum ewigen Gedenken an seine nächtliche Gottesbegegnung richtete Jakob am Morgen den Stein, der ihm nächtens zu Häupten gelegen hatte, zu einem Steinmal auf, salbte ihn mit Öl und nannte die Stätte Bethel, das heißt Gottes Haus.

Alle Engel fahren wieder in den Himmel. Die großen Augenblicke vergehen, die Ergriffenheit weicht, auf den Aufschwung folgt der Niedergang, auf die Erhebung der Seele der Abfall der Biokurve. Auch in der Geschichte der Kirche ist dies so: Auf das Wehen des heiligen Geistes folgt die Windstille der kirchlichen Bürokratie, auf das »Sursum corda« das »Ad leones«. Vom Altar führt der Weg in die Arena. Nachdem Jakob den Himmel über sich offen und

Die Grenze ist der eigentlich fruchtbare Ort der Erkenntnis

die Engel herab- und heraufsteigen gesehen hat, muß er weiterwandern in eine ungewisse Fremde hinein.

In Haran wird er im Hause seines Onkels als Rebekkas Sohn zunächst herzlich willkommen geheißen und sogleich in die Familie aufgenommen. Aber nicht lange sollte es so freundlich und friedlich bleiben. Insgesamt wurden es zwanzig Jahre gegenseitiger Überlistung zwischen Laban und Jakob und eines ständigen Wettstreits zwischen den Frauen um ihren Mann und die Kinder – alles in allem ein unerquickliches familiäres Dickicht von Leidenschaften, Intrigen und Schikanen.

Laban beutete die Arbeitskraft und Fähigkeiten seines Neffen gründlich aus. Als Lohn bot er ihm zuerst für sieben Jahre Dienst die Ehe mit seiner schönen Tochter Rahel an, und da Jakob das Mädchen liebte, war es ihm recht. Als aber die sieben Jahre herum waren, führte Laban ihm in der Hochzeitsnacht statt der schönen Rahel tiefverschleiert seine unansehnliche Tochter Lea zu – und Jakob erkannte den Tausch nicht. Der Betrüger hatte seinen Meister gefunden! So mußte er noch einmal sieben Jahre um Rahel dienen. Vierzehn Jahre insgesamt – ein stattlicher Brautpreis!

Als Jakob meinte, nun sei seit seiner Tat genügend Zeit verstrichen, zog es ihn in die Heimat zurück. Bis zum endgültigen Aufbruch aber sollten noch einmal sechs Jahre ins Land gehen. Jakob nutzte sie zur Revanche für alle ihm widerfahrene Unbill. Er überlistete seinen Schwiegervater fast elegant. Durch trickreiche Manipulationen sorgte er dafür, daß seiner eigenen Herde die kräftigen, Labans hingegen die schwächlichen Tiere zufielen. Schließlich brach er mit seiner Karawane auf, nachdem Rahel ihrem Vater noch flink seinen Hausgott gestohlen hatte.

Jakob – Zwischen Bethel und Jabbok

So befand Jakob sich wieder auf der Flucht. Sein getäuschter Schwiegervater setzte ihm mit seinen Leuten nach, ließ ihn am Ende aber doch mit allem, was er erworben hat, in Frieden ziehen.

Zwanzig Jahre seines Lebens hat Jakob in der Fremde zugebracht. Er ist durchgekommen, wie man im Leben so durchkommt. Er hat gearbeitet, und wo Arbeiten nicht reichte, hat er nachgeholfen. Er hat getrickst, manipuliert und am Ende das große Ding gedreht. Bei all dem wußte er sich auch in der Fremde von Gott geleitet und gesegnet. Fürwahr, Jakob war ein frommer Betrüger.

Nur mit einem Wanderstab in der Hand war er ausgezogen, mit einer großen Karawane kehrte er heim. Er ist in der Fremde hochgekommen – aber er ist noch nicht davongekommen. Obwohl von Gott gesegnet, ist er anderen nicht zum Segen geworden.

Schon ist er an den Grenzfluß, den Jabbok, gelangt, da holt ihn seine Vergangenheit ein. Sein Reichtum wirft den Schatten der Schuld. Sie taucht in Gestalt seines Bruders Esau auf. Vorausgesandte Kundschafter sind mit der Nachricht zurückgekehrt, daß Esau seinem Bruder mit vierhundert bewaffneten Knechten entgegenziehe. Sinnt er immer noch auf Rache? Will er ihm die Ernte seines Lebens abjagen oder gar das Leben selbst nehmen? Angst überfällt ihn. Jakob ist kein Held. Aber er ist listig – und er ist fromm. Er organisiert und betet.

Vorsichtig teilt er seine Karawane in zwei Abteilungen, um notfalls wenigstens die Hälfte zu retten. Dann wählt er aus seiner Herde über fünfhundert Tiere aus und schickt sie Esau, als eine Art vertrauensbildende Maßnahme, entgegen

Die Grenze ist der eigentlich fruchtbare Ort der Erkenntnis

– aber wohlbedacht nicht alle auf einmal, sondern nacheinander gestaffelt in drei Schüben, damit der Eindruck sich steigere und den Bruder von Mal zu Mal gnädiger stimme.

Zugleich aber betet Jakob in der Angst seines Herzens: Rette mich! Mit diesem elementaren Hilferuf nimmt er Gott beim Wort. Vor zwanzig Jahren, als er in Bethel im Traum den Himmel über sich offen sah, hat Gott ihm sein Geleit zugesagt: daß er ihn heil heimbringen werde. Daran erinnert er ihn jetzt.

Noch in der Nacht bringt er seine Karawane mit den Frauen, Mägden und Kindern – Rahel mit ihrem Jüngsten vorsorglich hinten bei den Lasttieren versteckt – über die Furt des in der Tiefe fließenden Jabbok. Nur er selbst bleibt am diesseitigen Ufer zurück, allein im Dunkel der Nacht, alle Gedanken unruhig auf die morgige Begegnung mit dem Bruder gerichtet. Da überfällt ihn, wie aus der Nacht geboren, ein Mann und fordert ihn zum Kampf heraus. Jakob kann nicht erkennen, wer es ist – auf jeden Fall etwas Unheimliches, Ungeheuerliches, das ihn zu vernichten droht. Und darum wehrt er sich mit aller Macht.

Es wird ein langer, atemloser Kampf. Doch es gelingt dem unbekannten Gegner nicht, Jakob heil in seine Gewalt zu bringen. Schon steigt im Osten die Morgenröte auf, da holt der Fremde zu einem gewaltigen Schlag aus und trifft Jakob mit übermenschlicher Kraft auf die Hüfte, so daß das Gelenk aus der Pfanne springt. Der Schlag macht Jakob kampfunfähig – er kann nicht mehr auf eigenen Füßen stehen.

Wann Jakob erkannt hat, daß Gott es ist, der mit ihm in der Dunkelheit der Nacht ringt, bleibt ungesagt. Er hat zwar in seiner Angst zu Gott gerufen, daß er kommen möchte und ihn retten – aber daß Gott in dieser Gestalt kommen würde, darauf war er nicht gefaßt. Wer weiß denn schon, wann er es in seinem Leben mit Gott zu tun hat?

Aber als Jakob dies erkennt, gibt er erst recht nicht auf. Er klammert sich an Gott und, an ihm hängend, hält er ihn fest. Der warnt, verweist auf die anbrechende Morgenröte – kein Mensch kann, nach antiker Auffassung, den Anblick der Gottheit am hellichten Tag ertragen. Aber Jakob läßt nicht los. Im letzten Augenblick noch sucht er herauszuschlagen, was sich herausschlagen läßt: »Ich lasse dich nicht, du segnest mich denn.«

Da fragt Gott ihn nach seinem Namen – und stellt ihn damit bloß. Denn »Jakob« heißt übersetzt »er hat überlistet«. Indem Jakob sich zu seinem Namen bekennt, nimmt er seine schuldhafte Vergangenheit an. Und Gott antwortet darauf mit einem Namenswechsel. Künftig soll Jakob »Israel«, das ist »Gottesstreiter« heißen, denn er habe mit Gott und Menschen gestritten – und gesiegt. Der neue Name markiert einen neuen Lebensanfang.

Aber kaum weiß Jakob sich von Gott angenommen, da wird er schon wieder dreist. Nun will er Gottes Namen wissen. Schon wieder möchte er verfügen, diesmal auf allerhöchster Ebene. Es ist der Ansturm der Metaphysik auf das Absolute, auf den Grund des Seins, und bedeutet allzuleicht doch den Sturz in den Abgrund des eigenen Daseins. Gott weist Jakob ab, tut aber statt dessen etwas anderes: Er segnet ihn und legitimiert so nachträglich den vom Vater erschlichenen Segen.

Der Kampf ist beendet. Jakob ist wieder allein. Er versucht zu gehen – er hinkt, aber er lebt. Mit Staunen, mit Verwunderung sieht er sich atmen, leben, sein: »Ich habe

Die Grenze ist der eigentlich fruchtbare Ort der Erkenntnis

Gott von Angesicht zu Angesicht gesehen – und bin am Leben geblieben.« Und als er weiterwandert, geht ihm die Sonne auf. Die Schatten der Schuld vergangener Tage und das Dunkel der Sorge um die Zukunft sind gewichen. Er ist über die Grenze, den Jabbok, hinweg, der Weg ist frei. Er darf zurück in die Heimat. Da hinkt er los, geradewegs in die junge Morgensonne hinein.

Die Vergebung seiner Schuld hat für Jakob den Weg zur Versöhnung mit dem Bruder freigemacht. Aber als die beiden Brüder einander endlich begegnen, verhalten sie sich höchst verschieden, Jakob zeremoniell, reserviert, Esau dagegen überschwenglich, impulsiv. Während Esau »mein Bruder« sagt, spricht Jakob von »Herr« und »Knecht«. Siebenmal wirft er sich vor dem Bruder auf die Erde – wie ein Vasall vor seinem Oberherrn, und seine Frau und Kinder tun es ihm an unterwürfiger Gebärde gleich. Esau dagegen stürmt, von Wiedersehensfreude überwältigt, auf seinen Bruder zu, fällt ihm um den Hals und küßt ihn – das wortlose Zeichen der Vergebung. Da weinen beide Brüder. Dann gehen sie versöhnt auseinander, jeder seinen eigenen Weg.

Jakobs »Biographie« hat zwei Höhepunkte; sie spannt sich zwischen den beiden Offenbarungsgeschichten, dem Gottestraum in Bethel und dem Gotteskampf am Jabbok. Was ihm beide Male nächtens widerfährt, entspricht genau dem Doppelcharakter des Heiligen, des »Numinosen« (Rudolf Otto). Es bildet die treibende Kraft in allen Religionen; es ist ihr Innerstes – vom Kult der Primitiven bis hin zur steilsten Theologie. In ihm wurzeln Götter und Dämonen. Sein charakteristischer Gehalt besteht in der Kontrastharmonie zweier gleichzeitiger Erfahrungen. Einmal ist es das

»mysterium tremendum«. Dazu gehört alles, was den Menschen erschauern und erschrecken läßt: das Unheimlich-Furchtbare, die Majestät, der Zorn, die Energie Gottes, kurzum das »ganz Andere«, das keinem irdisch-menschlichen Wesen vergleichbar ist. Zugleich aber ist das Numinose etwas eigentümlich Anziehendes, Bestrickendes, Beseligendes, kurzum Faszinierendes. Beide Seiten, das »tremendum« und das »fascinosum«, gehören unauflöslich zusammen; miteinander machen sie den Inhalt des Heiligen aus. Immer ruft das Numinose eine doppelte Bewegung im Menschen hervor. Er fühlt sich von ihm zugleich geheimnisvoll abgedrängt und angezogen: »Vor dem mir graut, zu dem mich's drängt.« Beide Momente zusammen erzeugen im Menschen das Gefühl einer schlechthinnigen Abhängigkeit – es ist das Grundgefühl auch der christlichen Religion.

Geradeso rufen Gottes Offenbarungen in Jakob eine »Kontrastharmonie« hervor. Er fühlt sich zugleich geheimnisvoll abgedrängt: »Wie schauerlich ist diese Stätte!« – und wunderbar angezogen: »Dies ist das Tor des Himmels!« – »Ich lasse dich nicht, du segnest mich denn.« Seine Antwort darauf ist, daß er einen Malstein aufrichtet, ihn mit Öl salbt und ein Gelübde tut – Kult als Ausdruck des Dankes und der Anbetung.

So erfährt Jakob in der Einsamkeit der Nacht, auf der Grenze zwischen gestern und morgen, die Unterbrechung seines Lebens durch Gott. Es geht in seinem Leben ganz und gar menschlich und weltlich zu. Da wird geliebt und gehaßt, geplant und getan, gearbeitet und betrogen, gesorgt und gebetet. Und all dies scheint allein im Eigenwillen des Menschen begründet zu sein – von einem Wollen Gottes ist darin nichts zu erkennen. Dann aber gibt es auf einmal so etwas wie einen »Lichtblick«. Die beiden nächtlichen Of-

Die Grenze ist der eigentlich fruchtbare Ort der Erkenntnis

fenbarungen erhellen den heimlichen Sinn und Zusammenhang in Jakobs gewundenem Lebensweg. In allem, was scheinbar so weltlich und menschlich geschieht, wirkt verborgen Gott und treibt seinen Geschichtsplan voran.

Die Grenze erweist sich für Jakob als »der eigentlich fruchtbare Ort der Erkenntnis« (Paul Tillich). Grenzerfahrung verheißt Sinnerfahrung. Da wird der Mensch sich des Seins im Ganzen und damit zugleich der Unverfügbarkeit seines eigenen Daseins bewußt. Diese Erfahrung hat zwei Seiten: Es ist einmal das dunkle, feindliche Widerfahrnis der Bedrohung und Begrenzung – da entzieht sich uns das Leben wie das Wasser bei der Ebbe, und zum anderen das helle, freundliche Erlebnis der Gewährung und Fülle – da strömt uns das Leben entgegen wie das Wasser bei der Flut. Wo der Übergang gelingt und die Grenze aufgeht, dort eröffnet sich ein neues Stück Lebenssinn.

Irgendwann steht jeder Mensch, sofern er wachen Sinnes ist und nicht nur halbwach dahindämmert, in seinem Leben an der Grenze. Unversehens – mitten unter der Arbeit, nach einem beruflichen Erfolg oder Bankrott, angesichts einer neuen Aufgabe, während einer schweren Krankheit, nach einer leidenschaftlichen Umarmung, einem schmerzhaften Abschied, aber auch vor einer neuen, erregenden Begegnung – sind wir allein, im Dunkel. Da begegnen wir uns selbst, unserer eigenen Vergangenheit und Zukunft. Was habe ich getan, was vertan? Und was kommt auf mich zu? Wer ist mein Esau – oder auch mein Engel? Da gerät auf einmal, inmitten aller bürgerlichen Wohlgeordnetheit, unser Leben in die Schwebe, und wir wissen nicht, wie es weitergeht, ob es überhaupt weitergeht.

Jakob – Zwischen Bethel und Jabbok

Wenn unser Leben auf dem Spiel steht, dann fragen wir als erstes, was wir zum Überleben brauchen. Und wir haben recht, so zu fragen – immerhin steht im Vaterunser die Bitte um das tägliche Brot. Aber irgendwann wird die Frage nach dem, was wir zum Überleben brauchen, eingeholt und überholt von der anderen, ob wir denn selber überhaupt noch brauchbar sind.

Ohne Sinnesänderung gibt es keine Antwort auf die Sinnfrage – das meint das Bild vom Ringkampf zwischen Gott und Jakob. Da steht Jakob mitten im Leben auf der Grenze zwischen Diesseits und Jenseits. Er wollte nichts so sehr wie leben – leben um jeden Preis. Jetzt erkennt er, daß sein natürlicher Lebensimpuls, der élan vital, allein zum Überleben nicht ausreicht.

Am Leben sein, mag es auch noch so voll und rund und reich und mächtig sein, bedeutet noch nicht wahrhaft leben. Aus der Erfahrung dieser qualitativen Differenz entspringt die »Lebensangst« des Menschen und mit ihr sein Fragen nach dem Grund und Sinn seines Lebens in der Welt. »Überleben« wird am Ende nur, wer sich »aufs Leben versteht«: daß es zu einem gelingenden Leben mehr braucht, als wir aufzubringen vermögen, und wir unser Leben deshalb verfehlen können.

Damit vertieft die Sinnfrage sich zur Schuldfrage. Zukunft hat nur, wer seine Vergangenheit annimmt und so von ihr frei wird. Über die Grenze, den Jabbok, gelangt nur, wem die Schuld vergeben ist.

Vor Gott sind die Besiegten Sieger. »Du hast mit Gott und mit Menschen gekämpft und hast gewonnen«, erklärt Gott Jakob. Dabei macht dieser so gar nicht den Eindruck eines Siegers. Im Gegenteil, er ist geschlagen und entlarvt.

Die Grenze ist der eigentlich fruchtbare Ort der Erkenntnis

Aber ausgerechnet in diesem Augenblick seiner schlechthinnigen Abhängigkeit erklärt ihn Gott zum Sieger. Aus der Niederlage entspringt ein neuer Zustrom der Gnade. Gott führt wohl schmerzhaft in die Tiefe, aber er führt auch herrlich wieder heraus.

Vielleicht gibt es im Ringen zwischen Gott und Mensch am Ende überhaupt keine Sieger und Besiegten – beide kommen nicht voneinander los. Gott scheint mit den Menschen sein Spiel zu treiben, er schlägt ihnen Wunden und drängt sie in die Enge – aber er kann nur siegen, indem ein Mensch sich ihm freiwillig ergibt. Darum endet auch Jakobs Kampf mit Gott nicht mit Sieg oder Niederlage, auch nicht mit einem Happy End, sondern mit Gottes Segen.

Was Jakob mit Gott erfahren hat, das hat Dag Hammarskjöld, wenige Monate vor seinem Tod, in seinem Tagebuch von sich so erzählt: »Ich weiß nicht, wer – oder was – die Frage stellte. Ich weiß nicht, wann sie gestellt wurde. Ich weiß nicht, ob ich antwortete. Aber einmal antwortete ich *ja* zu jemandem – oder zu etwas. Von dieser Stunde an rührt die Gewißheit, daß das Dasein sinnvoll ist und daß darum mein Leben, in Unterwerfung, ein Ziel hat.«

Jakobs Traum in Bethel und sein Kampf am Jabbok – darin finde ich mich mit meiner Gotteserfahrung wieder: von Gott zugleich verneint und bejaht. Denn das gibt es nicht: ein Prozessionsweg, der geradewegs empor zu Gott führte, Theologie als Himmelsleiter und Reigentanz, wohl aber dies: Ringen mit dem unsichtbaren Gott und seiner gewiß sein, ohne ihn je zu Gesicht zu bekommen; staunen darüber, noch einmal davongekommen und am Leben geblieben zu sein; die Welt durchschauen und dennoch wei-

Jakob – Zwischen Bethel und Jabbok

terleben; nichts wissen und doch gewiß sein; Glaube als Licht im Dunkel und Theologie als Hinketanz.

Alles in allem: Das Nichts nicht als Leere, sondern als Gottes Geheimnis erkennen – das heißt, mitten im Leben auf der Grenze vom Diesseits zum Jenseits zu stehen. Darum ist die Grenze der eigentlich fruchtbare Ort der Erkenntnis.

»Wie ist das klein, womit wir ringen,
was mit uns ringt, wie ist das groß;
ließen wir, ähnlicher den Dingen,
uns *so* vom großen Sturm bezwingen,
wir würden weit und namenlos.

Was wir besiegen, ist das Kleine,
und der Erfolg selbst macht uns klein.
Das Ewige und Ungemeine
will nicht von uns gebogen sein.
Das ist der Engel, der den Ringern
des Alten Testaments erschien . . .

Wen dieser Engel überwand,
welcher so oft auf Kampf verzichtet,
der geht gerecht und aufgerichtet
und groß aus jener harten Hand,
die sich, wie formend, an ihn schmiegte.
Die Siege laden ihn nicht ein.
Sein Wachstum ist: der Tiefbesiegte
von immer Größerem zu sein.«

Rainer Maria Rilke

Mose – Israels Befreier und Zuchtmeister

Ich bin Jahwe, dein Gott, der dich aus Ägypten herausgeführt hat

Die »Herausführung aus Ägypten« gilt im Alten Testament als das theologisch bedeutendste Ereignis – es bildet das Urdatum und den bleibenden Grund der israelitisch-jüdischen Religionsgeschichte. Die Hauptereignisse, die die göttliche Befreiungstat konstituieren, sind das Schilfmeerwunder, die Kundmachung des Gottesnamens, die Offenbarung am Sinai und die Wüstenwanderung.

Entsprechend lautete das religiöse Grundbekenntnis Israels zum Beispiel so: »Mein Vater war ein umherirrender Aramäer; er zog mit wenig Leuten hinab nach Ägypten, blieb dort als ein Fremdling und wurde zu einem großen, starken Volk. Aber die Ägypter mißhandelten und bedrückten uns und legten uns harte Arbeit auf. Da schrien wir zu Jahwe, dem Gott unserer Väter, und Jahwe erhörte uns und sah unser Elend, unsere Mühsal und Not. Und Jahwe führte uns heraus aus Ägypten mit mächtiger Hand und ausgerecktem Arm unter großen Schrecknissen, unter Zeichen und Wundern und brachte uns an diesen Ort und gab uns dieses Land, das von Milch und Honig fließt.«

So und ähnlich lautete das Urbekenntnis Israels, wie es

Mose – Israels Befreier und Zuchtmeister

alljährlich bei der Darbringung der Erstlingsfrüchte am Heiligtum gesprochen wurde.

In Wirklichkeit geschah die Herausführung aus Ägypten unter weit gewöhnlicheren Umständen. Es war nicht das »Volk Israel«, sondern nur eine zahlenmäßig kleine Gruppe von »Hebräern«, die, wie auch andere Halbnomaden in Hungerzeiten, aus Selbsterhaltungstrieb über die Grenze in das fruchtbare Ägypten ausgewichen war und sich im Nildelta niedergelassen hatte. Dort mußten sie Frondienst leisten, wahrscheinlich beim Bau der beiden »Vorratsstädte« Pithon und Ramses unter Pharao Ramses II. (1290–1223 v. Chr.). Aber schon bald sind sie gegen den Willen ihrer ägyptischen Machthaber wieder aufgebrochen. Dabei konnten sie einer nachsetzenden Streitwagenabteilung entkommen, während diese im Wasser versank. Schließlich sind sie nach einem langen Marsch durch die Wüste in das palästinische Kulturland gelangt, wo die Landnahme vereinzelter Nomadenstämme bereits im Gange war.

Aber mochte sich alles auch bangloser, als in der Bibel erzählt, zugetragen haben, geschichtlich wirksam geworden ist die mit vielen wunderbaren Begebenheiten ausgestattete heilsgeschichtliche Deutung der profanhistorischen Ereignisse durch den Glauben. Und diese ist unauflöslich mit dem Namen Mose verbunden. Wieviel oder wie wenig historisch seine Gestalt auch sein mag, in der Bibel steht sie im Mittelpunkt allen Geschehens und verbindet die verschiedenen Überlieferungsstücke aus der Frühzeit Israels zu einem einheitlichen Ganzen – vom Aufbruch in Ägypten bis an die Grenze Kanaans. Die Erzählungen von den Erzvätern sind der Mosetradition erst später vorgeschaltet worden.

Ich bin Jahwe, dein Gott, der dich aus Ägypten herausgeführt hat

Moses erste Tat war ein unbesonnener Mord. Als er sah, wie ein ägyptischer Aufseher einen hebräischen Volksgenossen prügelte, erschlug er ihn kurzerhand und verscharrte die Leiche im Sand. Der Mord aber wurde alsbald ruchbar, und Mose mußte außer Landes fliehen. Er fand Zuflucht in Midian, im Hause des Priesters Jethro. Bei ihm wurde er Hirte, heiratete auch eine seiner Töchter, nicht ahnend, daß er dort sogar seinen Gott finden sollte.

Als er eines Tages seine Herde über die Steppe hinaus in Richtung auf den Gottesberg treibt, hat er eine Vision. Er sieht, wie ein Dornbusch im Feuer lodert, von den Flammen aber nicht verzehrt wird. Neugierig will er hinzutreten, um die seltsame Erscheinung genauer zu betrachten, da hört er aus dem Dornbusch zweimal seinen Namen rufen. Er meint Gottes Stimme zu vernehmen und antwortet sogleich: Hier bin ich. Darauf gebietet Gott ihm, stehen zu bleiben und seine Sandalen von den Füßen zu ziehen – denn wo Gott sich offenbart, ist heiliges Land, darum nur in scheuer Ehrfurcht zu betreten. Dann stellt er sich Mose als den »Gott seiner Väter« vor, und dieser verhüllt in heiligem Schauer sein Gesicht.

Und nun entdeckt Gott ihm seine Absicht, warum er ihm hier am Gottesberg erschienen ist: Er hat das Elend Israels in Ägypten gesehen und sein Schreien gehört und beschlossen, es aus der Knechtschaft herauszuführen und in ein gutes Land zu bringen, das schön ist und reich an Nahrung. Mit der Vollstreckung dieses Ratschlusses gedenkt er Mose zu betrauen. Er soll zum Pharao hingehen und von ihm die Freilassung seiner Volksgenossen fordern: Laß mein Volk ziehen!

Mose – Israels Befreier und Zuchtmeister

Mose schreckt vor dem Auftrag zurück – die Aufgabe dünkt ihn zu groß. Überdies muß ein Volksführer des Wortes mächtig sein – er aber habe eine schwere Zunge. Da sagt Gott ihm seinen Beistand zu, und als Zeichen seines Geleits versichert er ihm, daß das Volk Israel, wenn er es aus Ägypten herausgeführt hat, hier auf diesem Gottesberg opfern werde.

Aber um sich vor seinen Volksgenossen zu legitimieren, muß Mose den Namen des ihm erschienenen Gottes nennen können – sonst könnte jeder kommen und behaupten, daß er eine göttliche Botschaft zu bringen habe. Ein Name ist nicht nur Schall und Rauch – er bestätigt die Existenz eines Menschen, ja drückt das Wesen seines Trägers aus. Was also soll Mose seinen Leuten sagen?

Was sich hier ankündigt, ist eine Wende in der Gotteserfahrung Israels. Es ist kein neuer Gott, der sich Mose offenbart; es ist der Gott der Väter, der Gott Abrahams, Isaaks und Jakobs. Aber er stellt sich unter einem neuen Namen vor und erschließt damit eine tiefere, bislang unerkannte Seite seines Wesens.

Gott gibt Mose zur Antwort: »Ich bin, der ich bin«, auch zu übersetzen: »Ich bin, der ich sein werde.« Das ist eine dunkle, in der Schwebe gehaltene Antwort, eher eine Namensverweigerung als eine Namensnennung. Aber die grammatikalische Unbestimmtheit zwischen Präsens und Futur, Gegenwart und Zukunft, gibt theologisch Sinn. Aus ihr klingt beides zugleich: Abweisung und Zusage.

Den Ursprung aller Erfahrung Gottes bildet seine Selbstoffenbarung. Es ist Gottes Ehre, daß er auch nach außen wird, was er in sich selbst ist. Darum ist sein Sein im steten Werden; seine Wirklichkeit ist seine Wirksamkeit. Er er-

Ich bin Jahwe, dein Gott, der dich aus Ägypten herausgeführt hat

schließt sein Wesen im Strom der Zeit. Wer er ist und wie er ist, wird sich an seinen Taten erweisen. Durch sein Handeln zeigt er an, um wen es sich handelt. In allem Wandel aber bleibt er mit sich selbst identisch – auf seine Treue ist Verlaß. Und das eröffnet die Möglichkeit zu immer neuen Gotteserfahrungen: »Ich bin, der ich sein werde.«

Über Gott weiß man nicht ein für allemal Bescheid. Auch wenn er seinen Namen nennt, wird er für den Menschen damit nicht zuhanden. Gott hält sich alles offen. Er bewahrt seine Freiheit vor allem Begreifen, seine Unverfügbarkeit gegenüber aller Inspruchnahme. Aller Glaube, mag er auch noch so sehr auf Erfahrung und Erweis bedacht sein, beginnt und endet darum mit immer neuem Erschrekken über seine Verborgenheit. »Ich bin, der ich bin« – was geht's dich an?

Vergangenheit, Gegenwart und Zukunft sind in Gottes Sein gleichzeitig. Vergangenheit heißt: Ich bin der Gott deiner Väter; Gegenwart: Ich bin mit dir; Zukunft: Ich werde mich dir erweisen. Ich war, ich bin, ich werde sein: Gott ist ein Gott zu allen Zeiten – das macht ihn allzeit gegenwärtig. Die Gleichzeitigkeit allen Seins in ihm bedeutet seine Ewigkeit.

Alle Offenbarung geschieht zum Heil der Menschen: »Ich habe das Elend meines Volkes in Ägypten gesehen und bin herniedergefahren, daß ich sie errette aus der Hand der Ägypter und sie herausführe in ein gutes, weites Land.« Damit ist ein Grundmodell göttlichen Handelns und zugleich ein Verständnishorizont für alle späteren Gotteserfahrungen gegeben. Der Gott der Bibel ist einer, der das Schreien der Unterdrückten auf der Erde hört und sie aus ihrem Elend erlösen will. Sein Offenbarungswille zielt auf

Mose – Israels Befreier und Zuchtmeister

die Befreiung der Menschen, nicht auf ihre Unterwerfung. Darum hat der biblische Glaube an Gott emanzipatorischen Charakter.

Entsprechend wurde der Auszug Israels aus Ägypten als göttliche Heilstat im Hymnus gepriesen: »Da nahm die Prophetin Mirjam eine Pauke in die Hand, und alle Frauen folgten ihr nach im Reigen. Und Mirjam sang ihnen vor: ›Laßt uns dem Herrn singen, denn er hat eine herrliche Tat getan, Roß und Mann hat er ins Meer gestürzt.‹«

Nach der Befreiung aus Ägypten hält Israel auf seiner Wanderung durch die Wüste die erste große Rast im Gebiet von Midian, am Fuß desselben Berges, an dem Gott zuerst Mose erschienen ist. Jetzt findet dort die Offenbarung vor dem ganzen Volk statt. Zunächst wird auf göttliches Geheiß eine strenge Grenze gezogen. Niemand darf den Berg betreten oder auch nur seinen Fuß berühren. Das Volk muß unten bleiben, allein Mose wird es erlaubt, bis zum Gipfel emporzusteigen. Nachdem Gott sich dann in seiner ganzen Herrlichkeit – mit lautem Posaunenschall, unter Blitz und Donner, in Feuer und Rauch – auf dem Berg niedergelassen hat, bescheidet er Mose zu sich und übergibt ihm sein Gesetz. Danach steigt dieser wieder hinab und verkündet es dem Volk.

Wenn Israel von Gott spricht, dann erzählt es seine Geschichte – und aus den göttlichen Taten ergeben sich auch wieder die Weisungen für das eigene Tun. Entsprechend beginnen die Zehn Gebote mit der Selbstvorstellung Gottes: »Ich bin Jahwe, dein Gott, der ich dich aus dem Knechthaus in Ägypten geführt habe«.– woraus von selbst das Gebot folgt: »– du sollst keine anderen Götter haben

Ich bin Jahwe, dein Gott, der dich aus Ägypten herausgeführt hat

neben mir.« Im Grunde sind alle Zehn Gebote nur die Entfaltung des Ersten – es ist das Gebot in allen Geboten. Entsprechend lautet das Sch^ema, das Gottesgedächtnis, das der fromme Jude zweimal täglich spricht: »Höre Israel, Jahwe ist unser Gott, Jahwe allein. Und du sollst Jahwe, deinen Gott, lieben von ganzem Herzen, von ganzer Seele und mit aller deiner Kraft.«

Die Einzigkeit Gottes macht die Einzigartigkeit der israelitischen Religion aus. Sie bildet den einheitlichen Grundton in der Mehrstimmigkeit des Alten Testaments. Zu diesem schroffen Ausschließlichkeitsanspruch gab es in der Welt des Alten Orients keine Analogien. Die Religionen ringsum kannten wohl den Vorrang einer einzelnen Gottheit, ließen neben dieser aber auch andere Götter zu. Man konnte ungehindert an mehreren Kulten teilnehmen – je größer die Zahl, desto sicherer das Heil.

Bei der rigorosen Intoleranz Israels gegen alle fremden Götter handelt es sich zunächst um einen praktischen, nicht um einen theoretischen Monotheismus. Man leugnete nicht die Existenz anderer Götter, hielt sie aber für unwirksam und bedeutungslos; erst die Prophetie erklärte sie später für nichtexistent. Ähnlich verhält es sich mit der Rede von Gottes »Eifersucht«. Sie richtete sich gleichfalls nicht gegen die fremden Götter aus Angst vor ihrer Konkurrenz, sondern gegen Israel, aus Sorge um seinen Glaubensgehorsam. Jahwe duldete keine halben Herzen.

Das Erste Gebot bildet das Herzstück der israelitischen Religion. Sein strenger Zuchtmeister heißt Mose. Er hat den Jahweglauben wahrscheinlich bei den Midianitern, vielleicht sogar durch Vermittlung seines priesterlichen Schwie-

Mose – Israels Befreier und Zuchtmeister

gervaters Jethro, kennengelernt und ihn von dort den in Ägypten zwangsverpflichteten Israeliten gebracht.

Mose paßt in kein Amtsschema. Seine Gestalt zeigt in der Bibel viele Facetten: Religionsstifter, Gesetzgeber, Prophet, Priester, Wundertäter – in allen diesen Rollen aber ist er vor allem Offenbarungsempfänger, der Mittler, der Gott bei Israel und Israel vor Gott vertritt. Manchmal fühlte er die Last seines Volkes auf sich gelegt, als sollte er es wie eine Amme auf den Armen tragen.

Mose war ein einsamer, zugleich leidenschaftlicher und leidender Mittler, der vom Volk oft angefeindet wurde, statt seiner Gottes Zorn auf sich ziehen mußte, auch selbst bisweilen gegen Gott aufbegehrte, einmal sich sogar am liebsten das Leben genommen hätte, jedoch von Gott immer neu in seinem Auftrag bestätigt wird. Niemals ist aus Mose ein Nationalheld gemacht worden – dafür war sein Bild von allem Anfang an zu stark durch sein exklusives Gottesverhältnis geprägt. Dringt man durch alle einzelnen Rollen hindurch auf den gemeinsamen Ursprung, so trifft man auf einen inspirierten Hirten, der den Willen Gottes verkündet – und man erinnert sich der Worte des Hirtenmädchens aus Domrémy in Schillers »Jungfrau von Orleans«: »Gott habe stets den Hirten gnädig sich erwiesen«.

So steht Mose, von Gottes Geist ergriffen, ähnlich als Urcharismatiker am Anfang des Judentums wie Jesus aus Nazareth am Beginn des Christentums. Zwar redet Gott mit ihm nicht wie mit einem Sohn, aber immerhin wie mit einem Freund. Und in dem Maße, in dem er auf die Seite Gottes hinübergezogen wird und schließlich nur allein noch sein Ansprechpartner ist, wird auch er den Menschen entrückt. Am Ende darf er um des Ungehorsams seines Volkes

Ich bin Jahwe, dein Gott, der dich aus Ägypten herausgeführt hat

willen das verheißene Land Kanaan selbst nicht betreten, sondern nur vom Berg Nebo aus seine Weite und Schönheit in der Ferne liegen sehen. Aber Gott selbst begräbt ihn, und sein Grab ist, wie es heißt, nirgendwo gefunden worden.

Das Buch, das in der Bibel vornehmlich von Mose handelt, trägt den Namen »Exodus«, das heißt Auszug. Er entspricht dem Befreiungscharakter der göttlichen Offenbarung und bildet zugleich eine Grundstruktur geschichtlicher Existenz. Was sich vor mehr als dreitausend Jahren ereignet hat, wiederholt sich in wechselnder Gestalt bis in unsere Gegenwart.

Zunächst in der Geschichte des Volkes Israel selbst. Von ihr gewinnt man den Eindruck einer ständigen Ruhelosigkeit, fast einer aufenthaltslosen Wanderschaft, von Aufbruch zu Aufbruch in immer veränderte Situationen und entsprechend neue Gottesvorstellungen: der Bund mit den Erzvätern – die Offenbarung des Gottesnamens an Mose – die Befreiung aus dem Knechthaus Ägypten – das Schilfmeerwunder – der Bundesschluß am Sinai – die Seßhaftwerdung im Kulturland – die Entstehung des Königtums – der Beginn der Prophetie – die Erhebung Jerusalems zur Stadt Davids – die josianische Reform – das babylonische Exil – die Rückkehr von dort – die deuteronomische Restauration unter Nehemia und Esra und schließlich die Entstehung des Judentums.

Dabei waren viele Umbrüche leibhaftige »Auszüge«, so Abrahams Aufbruch aus Haran – der Zug der Stämme von Ägypten durch die Wüste nach Kanaan – die Wegführung in die babylonische Gefangenschaft – von dort die Rückkehr nach Jerusalem – schließlich, nach der Zerstörung des

Mose – Israels Befreier und Zuchtmeister

Tempels, die Zerstreuung des jüdischen Volkes in alle Welt, bis es sich in unseren Tagen wieder neu in Palästina zu sammeln begonnen hat.

Mit der Rezeption des Alten Testaments durch die Kirche wurde der Exodus auch zu einem Grundschema christlichen Existenz- und Geschichtsverständnisses. Der Apostel Paulus deutet den Übergang vom alten zum neuen Äon in Analogie zum Exodus Israels aus Ägypten, und Abraham wird um seines gehorsamen Auszugs willen zum Vater und Vorbild des Glaubens. Entsprechend hat die Christenheit sich, wann immer sie ihrem Ursprung und Auftrag treu geblieben ist, als das »wandernde Gottesvolk« in der Welt verstanden.

In unserer Zeit geschieht »Exodus« biographisch in Pubertät, Eheschließung und Ehescheidung, Pensionierung, Krankheit und Tod; soziologisch in dem ständigen Wandel der gesellschaftlichen Strukturen, in dem die Veränderlichkeit selbst nur noch das einzig Unveränderliche zu sein scheint: in Mobilität, Berufswechsel, Umschulung, Arbeitslosigkeit, Telekommunikation, Abzug vom Hof; geistesgeschichtlich in der Aufklärung als einem immerwährenden Lernprozeß, von Kant einst wortwörtlich als »Ausgang des Menschen aus seiner selbstverschuldeten Unmündigkeit« bezeichnet; politisch schließlich als Umsturz, Vertreibung, Wanderung und Flucht, die zum festen Bestandteil der Weltgeschichte im zwanzigsten Jahrhundert gehören.

In allen diesen Situationen vollzieht sich der Auszug als Übergang aus einem alten, zu Ende gehenden Lebensstadium in ein möglicherweise neues. Es ist stets ein »kritischer Moment«, in dem es sich entscheidet, ob das Ende zu einer Wende wird und so der Auszug gelingt. Der Abschied vom

Ich bin Jahwe, dein Gott, der dich aus Ägypten herausgeführt hat

Alten, Gewohnten fällt schwer. Auch wenn die Vergangenheit keineswegs herrlich war, sehnt man sich nach ihr zurück und droht sie nostalgisch zu vergolden. Zum stehenden Bild dafür ist Lots Frau geworden, die es nicht lassen kann, sich nach dem untergehenden Sodom umzublicken, weil sie sich ein anderes Leben als dort nicht vorstellen kann, und darüber zur leblosen Salzsäule erstarrt.

Die gleiche gebannte »Rückschau« begegnet immer wieder in der Erzählung von Israels Wüstenwanderung. Wie ein roter Faden zieht sich das »Murren« des Volkes hindurch. Statt auf die empfangene Verheißung zu vertrauen, beginnt man über die gegenwärtige Misere zu klagen und Mose dafür anzuklagen: »Ist Gott nun unter uns oder nicht?« Im Licht der mühseligen Gegenwart droht die Vergangenheit sich zu verklären: »Wollte Gott, wir wären in Ägypten gestorben durch Jahwes Hand, als wir bei den Fleischtöpfen saßen und Brot in Fülle zu essen hatten.« Vergessen scheint, daß der wohlorganisierte Staat ein Sklavenstaat war. Lieber aber will man jetzt dorthin zurück als den ungewissen Marsch in das verheißene Land fortsetzen. So hoch hat man sich den Preis und so groß das Risiko der Freiheit nicht vorgestellt!

Um den Druck der Gegenwart auszuhalten oder ihm zu entkommen, gibt es zweierlei »Ausflüchte«: Man kann in die Zukunft abheben und sich ein Goldenes Zeitalter ausmalen – oder man kann in die Vergangenheit zurücksinken und vom Verlorenen Paradies träumen. Es gibt viele goldene Zeitalter und viele verlorene Paradiese. Die Stunden der Not sind die Geburtsstunden der Apokalypsen und Utopien.

Mose – Israels Befreier und Zuchtmeister

Die Durchhalteparole trotzigen Weitermachens nach dem Motto: »Die Zeiten ändern sich – wir bleiben dieselben« hilft nicht weiter: Wer sich an die Gegenwart klammert, den bestraft das Leben. Und ebenso gefährlich ist es, sich bunte Bilder an den Horizont zu malen: Wer in die Zukunft hinausträumt, verliert den Boden unter den Füßen.

Soll der Auszug gelingen, so bedarf es einer Umbesinnung. Dem fälligen Wandel der Verhältnisse muß eine Wandlung im Verhalten zu den Verhältnissen entsprechen. Das aber erfordert jenen »Mut zum Sein«, den die Bibel »Glaube« nennt. Hier wird das Bild des brennenden Dornbuschs zum Gleichnis: Wie das Feuer den Dornbusch entflammt, ihn aber nicht verzehrt, so ist auch der Glaube wie ein Feuer, das einen Menschen ergreift, ihn aber nicht zerstört, sondern verwandelt.

Das entscheidende Handeln Gottes geschieht in der Bibel meistens »draußen vor«, das heißt, nicht im Binnenraum des Tempels, sondern im Außenraum der Welt: Draußen vor dem Lager hat Israel von Mose das Gesetz empfangen; draußen vor dem Hause erwartet der Vater den heimkehrenden Sohn; draußen auf der Straße nach Jericho erfüllt der barmherzige Samariter das Liebesgebot gegenüber dem unter die Räuber Gefallenen; draußen vor den Toren der Stadt Jerusalem ist Jesus aus Nazareth gekreuzigt worden. Das letzte Buch der Bibel schließlich, die Offenbarung des Johannes, beschreibt die Weltvollendung nicht im Bild eines Tempels – vom Tempel heißt es ausdrücklich, daß es ihn nicht mehr geben werde –, sondern im Bild einer Stadt.

Ich bin Jahwe, dein Gott, der dich aus Ägypten herausgeführt hat

Aus dem weltlichen »Draußen« der göttlichen Offenbarung zieht der Hebräerbrief die Konsequenz: »So laßt uns nun hinausgehen aus dem Lager ..., denn wir haben hier keine bleibende Stadt, sondern suchen die zukünftige.« Damit wird die Wüstenwanderung des Volkes Israel zum Gleichnis für die Existenz der Christenheit in der Welt. Wie Israel seine Zelte von Rastplatz zu Rastplatz immer wieder abbrechen und neu aufbauen mußte, so sollte auch die Christenheit als das wandernde Gottesvolk im Gang der Zeiten ihre Zelte, das heißt die Instrumente, Fixierungen und Formen ihres Glaubens, Denkens, Lebens und Handelns, immer wieder hinter sich lassen und neu entwerfen.

Dies gilt heute selbst für unsere Erfahrungen mit Gott und unser Reden davon. Wir erleben keine unmittelbaren Gotteserscheinungen mehr wie Mose bei seiner Berufung. Für uns brennt kein Dornbusch und ertönt keine Stimme vom Himmel. Wir leben in einer profanen, gottleeren Welt. Darum sehnen wir uns nach den vollen geistlichen Fleischtöpfen unserer Väter zurück wie die Israeliten nach ihren leiblichen in Ägypten. Aber mag uns unsere Welt auch gottleer erscheinen – sie ist darum nicht gottlos. Der Gott unserer Väter ist nicht tot. Er spricht auch zu uns: »Ich werde sein, der ich sein werde.« Wenn wir darauf hören, kann es geschehen, daß er uns, wie einst Israel, durch die Wüste der Gottleere hindurch in die Freiheit führt und wir seine Gegenwart, verborgen unter der Decke der weltlich gewordenen Welt, neu entdecken.

Dies allein kann die Antwort der Christen auf das sich mehrende »Murren« rings um sie her sein, auf die eigenwillige Vorwegnahme der Zukunft ebenso wie auf die bloße Verlängerung des Vergangenen. Was hülfe es der Christenheit, wenn sie ihre Kirchlichkeit bewahrte, Welt und Zukunft aber darüber verlöre?

Im Exodus bewähren sich Glaube, Hoffnung und Liebe – der Glaube als Erfahrung der Geborgenheit im Unterwegssein, die Hoffnung als Erwartung einer verheißenen, aber nicht garantierten Zukunft, die Liebe als gegenseitige Hilfe auf dem Weg dorthin.

Jahwe Zebaoth – der Gott der Schlachtreihen

Der Herr ist mein Feldzeichen!

Es gibt Bilder, die über das erzählte Ereignis hinaus Symbolkraft gewinnen. Dazu gehört die Gestalt des Mose in der Amalekiterschlacht. Die Amalekiter waren ein Nomadenverband, der seine Kriegszüge aus der Wüste Sinai bis in das palästinische Kulturland hinein führte.

Mit dem Stab Gottes in der Hand steht Mose auf einem Hügel, neben sich Aaron und Hur, und lenkt so die Schlacht, Gottesmann und Volksführer in einer Person. Solange Mose seine Hände hochhält, siegen die Israeliten; läßt er sie sinken, unterliegen sie. Als ihm die Hände auf die Dauer müde werden, setzen die Gefährten ihn auf einen Felsbrocken und stützen, jeder an einer Seite, seine Arme. Und so sitzt Mose da mit erhobenen Händen, bis die Sonne untergegangen ist und die Amalekiter geschlagen sind.

Nach der gewonnenen Schlacht beauftragt Jahwe Mose, den Sieg für die nachkommenden Geschlechter aufzuzeichnen und ihnen die Austilgung der Amalekiter für alle Zeiten zur Pflicht zu machen. Daraufhin baut er einen Altar mit der Aufschrift: »Der Herr ist mein Feldzeichen!«, und es hört sich wie die Liturgie eines Feldgottesdienstes an, wenn

Jahwe Zebaoth – der Gott der Schlachtreihen

Mose ruft: »Die Hand an das Panier Jahwes! Jahwe führt Krieg gegen Amalek von Kind zu Kindeskind!«

Dies alles wirkt wie eine Vorausschau auf die späteren »Kriege Jahwes«. Von ihnen erzählt im Alten Testament vor allem das Buch der »Richter«, das die vorstaatliche Zeit Israels zwischen Josua, dem Nachfolger Moses, und Saul, dem ersten König, umfaßt. Sie setzen sich aber auch noch über die Richterzeit hinaus fort, bis in die Zeit Sauls, ja sogar Davids hinein.

Die »heiligen Kriege« Israels wurden von Jahwe selbst geführt – darum auch der Name »Jahwe Zebaoth«, der »Gott der Schlachtreihen«. Weil er Israel den Besitz Kanaans zugesprochen hatte, kämpfte er gewissermaßen in eigener Sache, wenn er das erworbene Land gegen Israels Feinde verteidigte.

In den Erzählungen davon – man könnte sie »Heldensagen« nennen – kehren bestimmte Elemente immer wieder. Den Ausgangspunkt bildet jedesmal eine Notsituation, von den Israeliten selbst verschuldet durch ihren Abfall von Gott. Auf ihr Wehgeschrei hin aber erbarmt sich dieser und sendet ihnen einen Retter, der, vom Geist gepackt, den Heerbann aufruft und zum raschen Siege führt.

Die Initiative liegt ganz und gar bei Jahwe. Er plant die Kriege, schafft gelegentlich sogar den Kriegsgrund, weist die Kämpfer an und greift notfalls mit Hagelsteinen vom Himmel ein. Die Menschen dienen ihm dabei nur als Werkzeuge. Ihre Zahl ist nicht ausschlaggebend. Die Berichte halten sie im Gegenteil bewußt niedrig, denn: Je weniger Soldaten, desto größer die göttliche Wundertat – der »Gottesschrecken«!

Der Herr ist mein Feldzeichen!

Der Sieg kommt allein von Gott. Dem Menschen obliegt es deshalb, ihm die Kriegführung zu überlassen. Als Folge solcher »Kriegstheologie« wird die Beute am Ende jeder Schlacht »gebannt«, das heißt, alles Lebendige – Mensch wie Vieh – wird Gott geopfert und darum »mit der Schärfe des Schwertes« getötet.

Ein besonders altes und glaubwürdiges Zeugnis für die Kriegführung im Namen und Auftrag Jahwes ist das Deboralied, aus dem 12. oder 13. Jahrhundert vor Christus.

Eine Koalition von kanaanäischen Königen, unter ihnen der Feldherr Sisera, versuchte den in Kanaan eingewanderten israelitischen Stämmen ihre Verbindungswege abzuschneiden. Da ergreift Debora, eine mit prophetischen Gaben ausgestattete Richterin – »eine Mutter Israels«, wie es von ihr heißt – die Initiative. Auf göttliche Eingebung hin bestimmt sie Barak, gleichfalls Richter in Israel, zum charismatischen Heerführer. Er ist bereit, das Amt zu übernehmen, wird von Debora aber von vornherein in seine Grenzen verwiesen: »Der Ruhm in diesem Kriegszug wird dir nicht gehören, sondern in eines Weibes Hand wird Jahwe Sisera geben.«

Es gelingt beiden, eine achtbare Streitmacht unter den israelitischen Stämmen aufzubieten, und so ziehen sie zusammen in den Kampf. Die Entscheidungsschlacht entbrennt in der weiten Ebene von Megiddo. Jahwe selbst eilt vom Gottesberg im Gewittersturm herbei, um seinem erwählten Volk in der Schlacht beizustehen, und sogar die Sterne kämpfen vom Himmel her mit. Obwohl die Kanaanäer mit ihren Streitwagen hoch überlegen sind, werden sie von den Israeliten vernichtend geschlagen.

Jahwe Zebaoth – der Gott der Schlachtreihen

Sisera flieht vom Schlachtfeld. Er findet Zuflucht in einem Zelt und wird dort von einer Nomadenfrau, mit Namen Jael, im Schlaf hinterlistig auf scheußliche Weise ermordet.

Für all dies preisen Debora und Barak Jahwe in einem Siegeslied. Es endet:

>»Gepriesen sei unter den Frauen Jael,
>gepriesen unter den Frauen im Zelt.
>Milch gab sie, als er um Wasser bat,
>Sahne reichte sie ihm in einer herrlichen Schale.
>Sie ergriff mit einer Hand den Pflock
>und mit der anderen den Schmiedehammer
>und zerschlug Siseras Haupt,
>zermalmte und durchbohrte seine Schläfe . . .
>So sollen umkommen, Jahwe, all deine Feinde!
>Die ihn aber liebhaben,
>sollen sein, wie die Sonne aufgeht in ihrer Pracht!«

So ziehen die »Kriege Jahwes« eine blutige Spur durch die Geschichte Israels. Man braucht sich nur einmal die in den biblischen Texten vorkommenden Tätigkeitswörter zu vergegenwärtigen: Da wird erschlagen und ermordet, geblendet und erstochen, erobert und zerstört, erbeutet und gedemütigt, gefangen und geschändet, vertrieben und geflohen, gebannt und verbrannt.

Diese Blutspur setzt sich fort in den Verteidigungskriegen Sauls und auch noch in den Eroberungszügen Davids.

Saul ist zunächst nur eine der großen Rettergestalten wie andere vor ihm in der Richterzeit, ihre letzte. Darum spielen sich auch die äußeren Ereignisse ganz ähnlich ab: Die israelitischen Stämme befinden sich an allen Fronten in

Der Herr ist mein Feldzeichen!

schwerer Bedrängnis, vor allem durch die kampfstarken Philister. Sie schreien deshalb wieder zu Gott, und dieser erwählt ihnen durch den Mund des Propheten Samuel einen Retter. Es ist Saul, der Sohn Kischs, aus dem Stamm Benjamin.

Von Jahwes Geist gepackt, zerstückt Saul ein Rindergespann und sendet die Stücke als eine Art Mobilmachungsbefehl an die Stämme Israels; denn um die kampfstarken Philister zu besiegen, genügten nicht mehr die gelegentlichen Bündnisse auf Zeit, dazu bedurfte es eines gesamtisraelitischen Heerbanns unter einheitlicher Führung.

Zum charismatischen Hintergrund paßt es, daß Saul, als er einer geisterfüllten Prophetenschar begegnet, alsbald auch selbst in Verzückung gerät und sich tanzend und singend unter sie mischt, so daß die Leute verwundert fragen: »Ist auch Saul unter die Propheten gegangen?«

So ist das Königtum in Israel aus der Philisternot geboren. Von Gott erwählt, von Samuel berufen und im Heiligtum zu Gilgal von den Repräsentanten des Volkes akklamiert, wird Saul der erste König in Israel: ein Charismatiker und Heerkönig in Notzeit.

Damit war das Königtum in Israel begründet, aber auch eine grundsätzliche Auseinandersetzung entfacht: Es ist der Konflikt zwischen der alten Ordnung des Stämmeverbandes und der neuen Institution des Königtums, zwischen Jahwegesetzgebung und Königsrecht. Er zieht sich durch die Geschichte Israels – Saul wird am Ende daran scheitern.

Den Streitpunkt bildet das theokratische Prinzip. Man muß sich vorstellen: Gott hat Israel aus der Knechtschaft in Ägypten herausgeführt, hat es auf dem langen Marsch durch die Wüste in das verheißene Land geleitet, hat höchstper-

Jahwe Zebaoth – der Gott der Schlachtreihen

sönlich gegen seine Feinde Krieg geführt – und jetzt auf einmal will Israel einen König haben wie andere Völker auch! Dieser Nachahmungstrieb bedeutete einen Abfall von Jahwe und einen Abschied von der bisherigen Geschichte.

Die widersprüchliche Haltung gegenüber dem Königtum manifestiert sich im komplizierten Gegenüber von Saul und Samuel. Der Prophet ist aus Prinzip gegen die Monarchie und weiß Gott dabei auf seiner Seite. Trotzdem erhält er die Weisung, dem Wunsch des Volkes zu willfahren. Das Königtum also nur eine geduldige Konzession Gottes, fast eine Strafe? Man wird ja sehen, was daraus folgt! Für Saul jedenfalls nur eine kurze Regierungszeit im ständigen Auf und Ab, mit rasch aufeinanderfolgenden Siegen und Niederlagen bis zum gänzlichen Scheitern am Ende.

Weil die Königsfrage im Grunde ungelöst war, wurde Israels erster König fast notwendig eine tragische Figur. Eigentlich war es noch gar kein Königreich, über das Saul gebot, sondern nur ein nationales Heerkönigtum, ohne ein stabiles innenpolitisches Fundament. Seine Basis bildete das Heerbannaufgebot der Stämme. Damit hing alles zuletzt an der Person des Königs. Der König war der Staat – es war nur noch kein Staat.

Und schon kündete sich in der Person des jungen David die Heraufkunft eines neuen Abschnitts in Israels Geschichte an. Durch seinen Aufstieg wurde Saul zum »Vorläufer« degradiert. Mochte sich David auch noch so loyal verhalten, seine wachsende Beliebtheit beim Volk und im Heer machte ihn unweigerlich zum Rivalen. Schon sangen die Mädchen im Reigen auf der Straße: »Saul hat tausend erschlagen, David aber zehntausend.« Das hört kein König gern, zumal wenn seine Macht noch ungefestigt ist oder gar

Der Herr ist mein Feldzeichen!

schon bröckelt. Und so wurde Saul immer unsicherer in seinem Verhalten gegen David und trachtete ihm schließlich nach dem Leben.

Wie immer Sauls Scheitern sich historisch erklären läßt – die Bibel nennt dafür einen theologischen Grund: Gott selbst hat den von ihm erwählten und vom Propheten gesalbten König verworfen.

Die biblischen Verfasser nennen einzelne religiöse Verfehlungen Sauls als Ursache seiner Verwerfung. Dabei spielte das gespannte Verhältnis zwischen König und Prophet mit hinein. Es ist ein frühes Beispiel für die grundsätzliche Spannung zwischen weltlicher und geistlicher Macht. Mit der Einführung des Königtums war Israel nicht über Nacht ein säkularer Staat geworden; die sakralen Ordnungen des Stämmeverbandes galten auch weiterhin, und so konnten Konflikte zwischen den weltlichen Pflichten des Königtums und den sakralen Bräuchen Israels, zwischen Staatsraison und Gottesgesetz nicht ausbleiben.

Der ärgste Zwist entzündete sich, wie so häufig, an der Verletzung der leidigen Bannpflicht. Nach dem Sieg über die Amalekiter hatte Saul das ganze Volk mit der Schärfe des Schwertes getötet, wie Jahwe es einst Mose befohlen hatte. Allein Agag, den König, hatte er am Leben gelassen, dazu die besten Stücke vom Vieh und auch was sonst noch aus der Beute wertvoll schien. Darauf mußte Samuel ihm auf Jahwes Geheiß die endgültige Verwerfung ankündigen: Das Königtum werde von ihm genommen und einem anderen gegeben, der würdiger sei als er. Saul bekennt sich schuldig und bereut – jedoch vergebens. Die Verwerfung des Königs bleibt in Kraft, Agag wird von Samuel eigenhändig in

Jahwe Zebaoth – der Gott der Schlachtreihen

Stücke geschlagen und David von ihm heimlich zum König Israels gesalbt. Fortan existierte Saul für Jahwe nicht mehr.

Von Gott verworfen, von den Philistern bedrängt, vom Propheten gedemütigt, vom Heer verdächtigt, die eigene Seele verdüstert und in Raserei getrieben – die Diagnose der Bibel für diesen gänzlichen Verfall lautet: »Der Geist Jahwes wich von Saul, und ein böser Geist, von Jahwe gesandt, ängstigte ihn.« Und so treibt Saul, von Gott verlassen, in seinen endgültigen Untergang hinein.

Die letzte große Entscheidungsschlacht mit den Philistern steht unmittelbar bevor. Der Anblick ihrer Übermacht läßt Saul verzagen. In seiner Angst versucht er noch einmal Gott anzurufen, aber der antwortet ihm nicht mehr, weder durch Träume noch durchs Los. Da sucht er im Dunkel der Nacht eine Totenbeschwörerin in Endor auf und verlangt von ihr, Samuel erscheinen zu lassen. Aber auch dieser hat, als er aus dem Totenreich aufsteigt, keinen Rat und Trost, sondern wiederholt nur die alten Vorwürfe gegen den König und sagt ihm für den nächsten Tag die totale Niederlage Israels und den eigenen Tod wie den seiner Söhne voraus.

Da bricht Saul zusammen.

Am nächsten Tag geschieht alles so, wie Samuel es vorausgesagt hat. Als sein Waffenträger sich weigert, ihn zu töten, stürzt Saul sich selbst ins Schwert.

Sauls Schicksal ergreift mich: Ein Erwählter, von dem Gott seine Hand abzieht, so daß er scheitern muß – ein Vorläufer und darum notwendig ein Verlierer zwischen den Zeiten. Schicksal und Schuld laufen in Sauls Aufstieg und Fall wie in einem Ring ineinander. Darum Tragik und

Der Herr ist mein Feldzeichen!

Würde in eins – das verbietet Tadel und Mitleid und erheischt scheuen Respekt.

Ich bin immer aufs neue überrascht, mit welchem theologischen Gleichmut die meisten Exegeten und Kommentatoren die biblischen Berichte von den »Kriegen Jahwes« hinnehmen. Da wird festgestellt, daß es sich nicht um imperialistische Eroberungskriege, sondern nur um die Sicherung des Israel von Gott gewährten Lebensraums handle; daß die biblische Glaubensforderung ihren eigentlichen Ursprungsort höchstwahrscheinlich im heiligen Krieg des alten Israel habe; daß die Bannpflicht als ein Akt des Bekenntnisses zu Jahwe und seiner Hilfe verstanden werden müsse.

Nach meiner Überzeugung kann man die biblischen Texte vom »heiligen Krieg« heute nur so auslegen, daß man ihnen heftig widerspricht – da gibt es nichts mehr zu entschuldigen und zum Besten zu kehren. Wenn Gott zu Mose sagt, er wolle Israels »Erzfeind«, die Amalekiter, unter dem Himmel austilgen, so daß man ihrer nicht mehr gedenke, so nennen wir dies heute »Völkermord«. Daß dieser ausdrücklich auf einen Befehl Gottes geschehen soll, dünkt mich um so befremdlicher, als die Landnahme Israels in Kanaan sich keineswegs so blutig und brutal vollzogen hat, wie das Alte Testament den Anschein gibt. Aber es ist, als genügten den Menschen die von ihnen vollbrachten Taten alleine nicht – sie müssen sie immer auch noch religiös zu Machttaten Gottes überhöhen. Die Idee oder Institution des »heiligen Krieges« bildet nur die höchste Spitze solcher religiösen Ideologisierung der Politik.

Hüten wir uns daher, das Bündnis zwischen Religion und Politik samt der daraus sich ergebenden religiösen

Jahwe Zebaoth – der Gott der Schlachtreihen

Weihe des Krieges allein Israel und dem Alten Testament anzulasten! Seitdem ist es fortgegangen durch die Jahrhunderte, in Judentum, Christentum und Islam, bis in die Gegenwart hinein: Kreuzzüge, Glaubenskriege, Eroberungskriege, Verteidigungskriege, Bürgerkriege, Freiheitskriege – und immer im Namen Gottes, »Gott mit uns« auf dem Koppelschloß, das Gebet um Sieg auf den Lippen und das Kreuz auf der Brust statt auf dem Rücken: »In diesem Zeichen wirst du siegen« – »Der Gott, der Eisen wachsen ließ, der wollte keine Knechte, drum gab er Säbel, Schwert und Spieß dem Mann in seine Rechte« – »Forwards, Christian Soldiers!« – »Großer Zapfenstreich, Still gestanden, Helm ab zum Gebet: ›Ich bete an die Macht der Liebe, die sich in Jesus offenbart.‹« Und selbst das gotteslästerliche Gebet, mit dem der amerikanische Feldgeistliche das Flugzeug mit der Atombombe für Hiroshima auf seinen todbringenden Flug schickte, bedeutet noch kein Ende.

Das konnte nicht gutgehen – und ist auch nicht gutgegangen. Schließlich hat der gemeinsame Mißbrauch des Namens Gottes durch den Staat und die Kirche dahin geführt, daß sein Name vielen Zeitgenossen verdächtig geworden ist und sie ihn nun überhaupt nicht mehr gebrauchen. Sollten wir darum den Namen Gottes nicht endlich aus dem politischen Spiel lassen und statt auf die religiöse Magie auf die menschliche Vernunft bauen und die Beschwörung Gottes durch die eigene Verantwortung ersetzen?

Hinter dem Bild des Mose in der Amalekiterschlacht taucht für mich eine andere Gestalt auf, gleichfalls auf einem Hügel mit ausgebreiteten Armen. Ich sehe Jesus aus Nazareth, aber nicht auf einem Stein sitzen, sondern am Kreuz hängen, und ihn stützen nicht zwei treue Gefährten,

Der Herr ist mein Feldzeichen!

seine Gefährten haben ihn verlassen, und er ist allein, um ihn herum nicht die eigenen, sondern fremde Soldaten. Als einer von ihnen ihn sterben sieht, ruft er aus: »Dieser ist wahrlich Gottes Sohn gewesen!« Über sein Grab wird kein Gras mehr wachsen.

Bedeutet dies nun das Ende aller Politik? Oder wie läßt dieser Glaube sich auf neue Weise politikfähig machen? Wie steht es mit der Macht der Liebe, wenn die Liebe an die Macht kommt – wenn auf dem Richtstuhl des Pilatus ein Christ sitzt, dieser aber nicht mehr »Kaiser Konstantin« heißt?

David – Der Traum vom Reich

Ein König tanzt vor Gott

David steht am Ziel seines Aufstiegs vom Hirten zum König über ganz Israel. Begonnen hat sein Weg mit Harfe und Schwert, als er, fast noch ein Knabe, als Spielmann an den Hof König Sauls gerufen wurde und dort durch sein Saitenspiel so rasch das Herz des schwermütigen Königs gewann, daß dieser ihn zu seinem Waffengefährten erkor. Und auch beim Volk machte ihn, fast mehr noch als sein Ruhm als Soldat, sein persönlicher Charme bald beliebter als den König.

Um sich der gefährlich wachsenden Rivalität zu entziehen, verließ David den Hof und kehrte in seine Heimat Judäa zurück. Dort scharte er eine ihm persönlich ergebene Söldnertruppe um sich, meist gescheiterte Existenzen. Mit ihr unternahm er rabiate Beutezüge und scheute sich nicht, selbst bei den Philistern, Israels Erbfeind, Söldnerdienste zu nehmen und sich dafür mit Land belehnen zu lassen. Gleichzeitig aber unterhielt er weiter Beziehungen zu den judäischen Südstämmen und trieb so ein riskantes politisches Doppelspiel.

Es waren dunkle Jahre für Israel: das Land geteilt und

David – Der Traum vom Reich

vom Feind beherrscht, Saul tot, das Königtum scheinbar nur eine vorübergehende Episode. Aber die Zeit arbeitete für David. In diesem Augenblick tritt er bewußt den Weg zur Macht an, dabei immer wieder, wenn auch gewiß nicht ohne eigene Nachhilfe, merkwürdig begünstigt durch glückvolle Umstände und überraschende Wendungen.

Zunächst gelingt es ihm, obwohl Lehnsmann der Philister, König über Juda zu werden. Er siedelt mit seinen Leuten aus dem philistäischen Exil in den Raum um Hebron über und läßt sich mit seiner ganzen Hausmacht mitten in Judäa nieder. Angesichts der so geschaffenen Machtkonstellation ergab sich seine Wahl zum König fast von selbst. Im Hofbericht über Davids Weg zum Thron aber liest es sich so: »Bald darauf befragte David Jahwe: Soll ich hinauf in eine der Städte Judas ziehen? Und Jahwe sprach zu ihm: Zieh hinauf! ... David sprach: Wohin? Er sprach: Nach Hebron. So zog David dorthin ... Und die Männer Judas kamen und salbten David zum König über Juda.«

Nachdem er König über Juda geworden ist, setzt David mit Geschick und Geduld den eingeschlagenen Weg fort. Mehr durch günstige Umstände als mit Absicht gelingt es ihm, die Nachkommen Sauls, also die nächsten Thronanwärter, auszuschalten und durch seine Heirat mit Sauls Tochter Michal zugleich sich selbst der Anwartschaft auf den Thron näherzubringen. Schließlich wählen ihn auch die Nordstämme zu ihrem König, so daß nun der Norden und der Süden des Landes durch Personalunion in seiner Hand geeint sind. Mit dem gleichzeitigen militärischen Sieg über die Philister war auch der Streit um die Vorherrschaft in Palästina zugunsten Israels entschieden.

Ein König tanzt vor Gott

So gelang es David, die zwölf Stämme Israels für kurze Zeit zu einem Großstaat zusammenzuschließen. Zum Symbol der Einheit und Macht wurde die neue Hauptstadt Jerusalem. Mit seiner eigenen Söldnertruppe hatte David die kanaanäische Jebusiterstadt für sich erobert und zu seiner Residenz gemacht. Fortan gilt Jerusalem als die »Stadt Davids«.

Aber das politische Zentrum allein genügte nicht. Um die zwölf Stämme zusammenzuhalten, bedurfte es eines stärkeren Bandes, und dies konnte nur eine gemeinsame religiöse Mitte sein. Zum Thron fehlte noch der Altar.

Da kommt David ein geradezu genialer Einfall. Um dem Reich ein dauerhaftes Fundament zu schaffen, greift er auf eine alte religiöse Tradition aus Israels Wüstenzeit zurück. Er erinnert sich an die Bundeslade, das Kultsymbol der Gegenwart Gottes auf dem langen Marsch durch die Wüste vom Sinai in das verheißene Land. Später verblaßte diese Tradition, und die Lade wurde nach einer abenteuerlichen Irrfahrt durch vielerlei Stätten irgendwo untergestellt und war fast schon vergessen. Von dort holt David sie jetzt heim in seine Stadt.

Ein großes Fest wird gefeiert: Parade mit Feldgottesdienst. Die Elite der wehrhaften Mannschaft marschiert auf, das ganze Volk ist auf den Beinen. Gemeinsam zieht man nach Baala in Juda, wo die Lade im Hause Abinadabs jahrelang vergessen gestanden hat. Dort lädt man sie auf einen neuen Wagen, den man eigens dazu angefertigt hat, um sie in feierlichem Zug in die Hauptstadt zu geleiten. Der König läßt es sich nicht nehmen, in der Prozession mitzugehen.

David – Der Traum vom Reich

Es ist ein großer Tag für Israel: Jahwe ist unter seinem Volk. Aber da geschieht etwas Unvorhergesehenes. Plötzlich beginnen die Rinder, die den Wagen ziehen, zu scheuen. Hilfsbereit springt der junge Usa hinzu, um die Lade zu halten. Aber vom Schlag getroffen, sinkt er zu Boden und stirbt bei der Lade Gottes.

Als der König Usa tot am Boden liegen sieht, packt ihn der Schrecken. »Wie soll die Lade Jahwes zu mir kommen?«, fragt er verzagt und gibt seinen Plan auf. Er läßt sie im Hause Obed-Edoms unterstellen, wahrscheinlich, weil der Zug gerade bis dorthin gelangt war – Obed-Edom war, wie sein Name besagt, kein Israelit, sondern ein Heide.

Da aber geschieht es, daß ausgerechnet über das Haus des Heiden von der Bundeslade heimlich ein Segen ausgeht. Für Israel bestand der »Segen« Gottes vornehmlich in leiblichen Gaben wie Wohlstand, Wachstum, Gedeihen, Kinderreichtum, Sieg und Glück – für den König wird dies zum Zeichen, daß er die Lade jetzt in die neue Hauptstadt seines Reiches einholen darf: »Da ging David hin und holte die Lade Gottes mit Freuden aus dem Hause Obed-Edoms in die Stadt Davids hinauf.«

Der Einzug geschieht unter großem Jubel, mit lauter Musik und vielen Opferhandlungen. Der König selbst führt die Prozession an und tanzt, umgürtet mit dem kurzen leinenen Priesterschurz, selbstvergessen »vor Jahwe, dem Herrn, her«. Die Freude an Gottes Gegenwart ist David in die Glieder gefahren und läßt ihn aus der Rolle fallen.

Michal aber, Sauls Tochter und Davids Frau, hat aus dem Fenster geguckt und von oben verächtlich auf den König herabgeschaut, wie er vor Jahwe, dem Herrn, so tanzte und sprang. Als David von der Prozession heimkommt, stellt sie

Ein König tanzt vor Gott

ihn zur Rede: »Wie würdig hat sich heute der König Israels aufgeführt, als er sich vor den Mägden seiner Untertanen bloßgestellt hat, wie sich sonst nur Gesindel entblößt!« David aber antwortet auf Michals Spott mit einem Lobpreis Gottes: »Ich will vor Jahwe, dem Herrn, tanzen, der mich statt deines Vaters und seines ganzen Hauses zum König über Israel gewählt hat . . . Für ihn will ich mich gern noch niedriger machen. Bei den Mägden aber, von denen du sprichst, bleibe ich in Ehren.« Wer sich selbst vergißt, ist wahrhaft frei; er ist ein Herr aller Dinge und niemandem untertan.

Jahre später veranstaltet David eine Volkszählung in Israel. Den Gedanken dazu hat Gott ihm eingegeben, um ihn zu versuchen, und David ist der Versuchung erlegen. Daß Gott einen Menschen zum Bösen reizt, empfand der spätere »Chronist« als so unerträglich, daß er seinen Bericht über Davids Volkszählung mit dem Satz einleitet: »Der Satan trat wider Israel auf und reizte David, Israel zu zählen.« Um das Gottesbild vom Verdacht der Tücke und Willkür zu reinigen, korrigiert er die Theologie in Dämonologie um – und gewinnt damit nichts. Durch diese Umschuldung wird Gott weder entlastet noch David entschuldigt. Denn auch der Satan bleibt Gott untertan, und David hat selbst Lust zum Bösen.

Volkszählung, sonst recht und billig, für David bedeutet sie Mißbrauch der ihm übertragenen königlichen Macht. Denn das Volk Israel gehört nicht dem König, sondern Jahwe. Darum versucht auch der Feldhauptmann Joab David vor dem Gottesfrevel zu bewahren, aber er warnt vergeblich. Der König beharrt auf seinem Entschluß, und so

David – Der Traum vom Reich

wird die Volkszählung mit großem Aufwand von Dan bis Beerseba durchgeführt.

Das Ergebnis übertrifft alle Erwartungen – so überwältigend groß ist es. Als David dies erfährt, schlägt ihm das Gewissen, und er möchte rückgängig machen, was er getan hat – aber das geht nicht mehr. Ein Prophet legt ihm im Auftrag Gottes dreierlei Strafen vor, zwischen denen er zu wählen hat: drei Jahre Hungersnot, drei Monate Aufruhr, drei Tage Pest. David wählt die Pest, denn sie galt als »Gottes Geißel« – hier schlägt Gott unmittelbar mit eigener Hand zu. Und gerade darum entscheidet David sich für sie: »Mir ist sehr bange – aber wir wollen lieber in die Hand des Herrn fallen; denn seine Barmherzigkeit ist groß. In die Hand der Menschen möchte ich nicht fallen.« Damit greift David durch den Vorhang des göttlichen Zorns hindurch nach Gottes Barmherzigkeit.

Zu dieser Zuflucht gehört nun aber auch das andere: Der König ist bereit, für sein Volk einzutreten und die Strafe auf sich zu ziehen: »Siehe, ich habe gesündigt. Was haben diese da getan? Deine Hand treffe mich und meines Vaters Haus!« David springt gleichsam noch einmal in das Gericht hinein und beweist, wie ernst es ihm war, als er sagte: »Ich will in die Hand Gottes fallen.«

Inzwischen zeichnet sich auch schon die Peripetie des gott-menschlichen Dramas ab. Die Pest ist bis an die Mauern Jerusalems vorgedrungen, schon hat der Würgeengel die Hand nach der Hauptstadt ausgestreckt, da gebietet Gott ihm Einhalt und erteilt dem König den Auftrag, an dieser Stelle zum Zeichen der Versöhnung einen Altar zu errichten. Es ist der Anfang zum späteren Tempel von Jerusalem. David aber wird ihn nicht mehr bauen dürfen, weil

Ein König tanzt vor Gott

er nach Gottes Urteil zu viele Kriege geführt und zu viel Blut vergossen hat.

Allen Völkern und Zeiten ist tief das Bedürfnis eingewurzelt, Gott als Bundesgenossen zur Seite zu haben: Die rechte Verehrung der Gottheit garantiert den günstigen Fortgang der öffentlichen Angelegenheiten. So wird das »Gott mit uns« zur Rechtfertigung des eigenen Handelns und zur Garantie des politischen Erfolgs. Die Spitze dieser Symbiose zwischen Religion und Politik bildet der Traum vom »Reich«, in dem das ganze Volk im Bund mit seinem Gott wie unter einer gemeinsamen Kuppel in Eintracht beieinander wohnt. Das Königtum Davids bietet dafür, weit über Israels Geschichte hinaus bis ins christliche Abendland hinein, ein Paradigma.

Hinter dieser Vorstellung vom »Bundesgott« verbirgt sich das urtümliche Verlangen nach sichtbarer göttlicher Bestätigung des eigenen Lebens und Tuns. Da stellt der Mensch sich gleichsam an den Wegrand der Geschichte und sucht durch analogen Rückschluß vom Sein auf das Wesen, von den offenbaren Wirkungen auf die verborgenen Ursachen den Willen Gottes in der Geschichte zu erkunden. Und da Gott allgemein als mächtig, stark und siegreich gilt, vermutet man ihn dort am Werk, wo Stärke, Macht, Erfolg und Reichtum blühen. Dieser Versuch, die Geschichte aus der Entsprechung zwischen dem sichtbaren Dasein der Welt und dem unsichtbaren Sein Gottes zu beurteilen, bildet den theoretischen Hintergrund der Vorstellung vom »Bundesgott« und bestimmt damit zugleich die politische Praxis. Man beruft sich auf Gottes Willen und stellt sich gehorsam in seinen Dienst, um ihn sich seinerseits wieder dienstbar zu machen.

Zwar hat das Christentum mit seiner Predigt von dem aller Welt überlegenen transzendenten Gott die Gleichung zwischen Religion und Politik grundsätzlich überwunden, in der politischen Praxis aber herrschte weiter die Überzeugung, daß die Verehrung des wahren Gottes den guten Fortgang der politischen Dinge, vor allem den Sieg im Kriege garantiere. Den abendländischen Modellfall dafür bietet die Vision Kaiser Konstantins vor dem Sieg über seinen Rivalen Maxentius in der Schlacht an der Milvischen Brücke (312 n. Chr.).

Am hellen Mittag erblickt der Kaiser mit seinem ganzen Heer am Himmel ein Kreuz, aus Licht gebildet, dazu die Worte: »In diesem Zeichen wirst du siegen.« In der darauffolgenden Nacht empfängt er von Christus selbst den Auftrag, das am Himmel geschaute Zeichen nachzubilden und es bei den bevorstehenden Kämpfen als Schutzpanier zu gebrauchen. Und so erteilt Konstantin am nächsten Tag den Befehl, ein Feldzeichen anzufertigen, das die Gestalt des Kreuzes und dazu in einem goldenen Kranz das Monogramm Christi trägt. Von christlichen Theologen läßt sich der Kaiser darüber belehren, daß dies das Zeichen des Sieges sei, den der Sohn Gottes einst über den Tod errungen habe. Und so zieht Konstantin in die Schlacht und besiegt seinen Feind und dessen Legionen im Zeichen dessen, der selbst darauf verzichtet hat, für sich die Engellegionen zu Hilfe zu rufen oder auch nur ein einziges Schwert ziehen zu lassen.

Schließlich ist aus dem Kreuz Christi das Eiserne Kreuz geworden und aus Jesu grundsätzlicher Absage an den politischen Messianismus das Bündnis zwischen Thron Altar. Man könnte auch sagen: die Verkehrung des

Ein König tanzt vor Gott

Reiches Gottes in die Utopie der klassenlosen Gesellschaft.

Aber es hat im Abendland auch immer wieder prophetische Proteste gegen den Mißbrauch des Namens Gottes in der Politik gegeben, die Warnung davor, den Bundesgott zum Instrument der eigenen Pläne zu machen, entsprechend am Lauf der Welt – an Sieg und Niederlage, Erfolg und Mißerfolg – den göttlichen Willen abzulesen und so den Ausgang der Geschichte gleichsam vorherzubestimmen.

Der Glaube an Gott übt gegenüber der Politik jeweils eine doppelte Funktion aus. Er kann sowohl integrieren als auch protestieren, sowohl konservieren als auch revolutionieren, eine nationale Gesellschaft in ihrem Bestand stabilisieren und in ihrer Selbstsicherheit kritisieren.

In Davids Glauben an den Bundesgott spiegeln sich beide Seiten wider. Wenn der König, politisch ans Ziel gelangt und auf der Höhe seiner Macht, sich an die Bundeslade erinnert und sie in seine neue Hauptstadt einholen will, dann steckt nicht nur politische Berechnung dahinter, sondern ebenso der fromme Wunsch, Gott dabei haben zu wollen, gewiß als Schlußstein in der Kuppel des Reichsbaus, aber auch aus aufrichtiger Freude an seiner Gegenwart. Darum absolviert der König nicht nur einen Staatsakt – er springt und tanzt vor Gott her.

Gott aber läßt sich nicht zum Tanze führen; er bleibt allzeit eine widerspenstige Wirklichkeit. Auch der »Bundesgott« ist auf Anruf für den Menschen nicht zuhanden. Der Unfall beim ersten Versuch, die Lade in die Hauptstadt zu bringen, zeigt ebenso wie die Pest als Folge der Volkszählung, wie gefährlich Gottes Nähe werden kann. Dann kann sich Unvorhergesehenes begeben. Sein Beistand läßt sich nicht einplanen in ein politisches Konzept und nicht in Anspruch nehmen für ein Parteiprogramm, ob schwarz, blau, gelb, rot oder grün. »Gott mit uns« bedeutet nicht nur Bestätigung und Steigerung, sondern auch Grenze und Ende menschlicher Macht, nicht nur komplementäre Ergänzung der Nation, des Staates oder der sozialen Klasse, sondern ebenso ihrer aller Krisis. Darum muß, wer Gott in der Politik dabei haben will, darauf gefaßt sein, daß sich nicht seine Hoffnung erfüllt, sondern Unverhofftes geschieht. Die Sache mit Gott, wenn sie denn ernst genommen wird, trägt stets einen Risikofaktor in die Politik hinein. Nationales Glück ist noch kein Beweis für göttliche Erwählung und nationales Unglück noch kein Zeichen für Gottes Zorn.

Wie aber kann der Glaube dann Gottes Spur im Gang der Geschichte erkennen und sich ein Bild von ihm machen?

Hier gibt es noch weniger als sonst fertige Antworten und glatte Lösungen. Das entscheidende Kriterium theologischer Geschichtsdeutung und damit Wegweisung für die Existenz des Christen zwischen Glaube und Politik bleibt allemal die Warnung, die Berufung auf Gottes Willen und Walten zur *Selbstrechtfertigung* zu mißbrauchen: um sich ein gutes Gewissen zu verschaffen, das eigene Verhalten zu bestätigen, den erreichten Erfolg zu erklären, die für die Erlangung des Zwecks angewandten Mittel zu heiligen, eine politische Idee zu sanktionieren.

Vielmehr darf christliche Sinndeutung der Geschichte immer nur den einen Sinn haben, Menschen zur *Sinnesänderung* zu bewegen: schlafende Gewissen aufzurütteln und

Ein König tanzt vor Gott

angefochtene zu trösten, eigene Schuld zu bekennen und fremde zu vergeben, vor Vermessenheit und Übertreibung zu bewahren und zu Nüchternheit und Demut anzuhalten, von Menschenfurcht und Todesangst zu befreien und selbst im Scheitern noch zu vertrauen – und am Ende Gott für alles zu danken.

Elia – Prophet einer Gotteswende

Nach dem Sturm aber kam ein leises Wehen

Die Einwanderung in Kanaan hatte für die israelitischen Stämme eine tiefgreifende Änderung ihrer bisherigen Lebensverhältnisse mit sich gebracht: Statt des Umherziehens mit den Viehherden in der Wüste oder Steppe bodenständiger Ackerbau und statt des unsteten Wohnens in Zelten Seßhaftwerdung in Dörfern und Städten. Diese Änderung der soziologischen Strukturen und kulturellen Bedingungen hatte auch eine Wandlung der religiösen Vorstellungen zur Folge.

Es ging um die Frage, wie die nomadische Jahwereligion der Mosezeit im palästinischen Kulturland fortbestehen könne. Eine Auseinandersetzung mit der kanaanäischen Religion und Kultur war daher unvermeidlich. Aufs Ganze gesehen gab es auf diese Herausforderung zwei unterschiedliche Antworten: Abgrenzung oder Öffnung.

Nur ein kleiner Teil der israelitischen Einwanderer lehnte alles Kanaanäische radikal ab. Sie lebten auch im Kulturland weiter so wie früher als Nomaden in der Steppe und begründeten diese konservative Haltung mit ihrem Glaubensgehorsam gegen Jahwe.

Elia – Prophet einer Gotteswende

Der weitaus größere Teil der Bevölkerung aber öffnete sich dem Einfluß der einheimischen Religion und Kultur – das reichte von einzelnen Anleihen bis zu unterschiedsloser Vermischung. Fast selbstverständlich setzten die einwandernden israelitischen Stammesgruppen ihre Jahweverehrung an den zentralen Heiligtümern des Landes fort und tauchten dabei tief in deren Vorstellungen und Bräuche ein. Die Begegnung mit den einheimischen Kulten half ihnen, ihr verändertes Leben im palästinischen Kulturland auch religiös zu bestehen, brachte aber gleichzeitig eine Gefahr für den strengen Eingottglauben der Jahwereligion mit sich.

Verführerischer als die zentralen Heiligtümer waren die zahlreichen lokalen Kultstätten auf den sogenannten »Höhen«. Hier herrschte ein reiner Fruchtbarkeitskult mit einer starken Mythisierung auch des Sexuellen. Baal und Astarte waren die beiden höchstverehrten Gottheiten; sie spendeten vor allem den lebensnotwendigen Regen, der der bäuerlichen Bevölkerung das Gedeihen ihrer Äcker und Weinberge garantierte.

Das Verhältnis zwischen Jahweglauben und Baalsreligion – ob gegenseitige Abgrenzung oder Öffnung – hatte auch eine politische Dimension. Nach dem raschen Niedergang des davidisch-salomonischen Großreichs hatte Israel sich in zwei Staaten geteilt, in das sogenannte Nord- und Südreich (926 v. Chr.). Im Nordreich, wo der israelitische und der kanaanäische Bevölkerungsanteil etwa gleich groß war, vollzog sich die Vermischung des Jahweglaubens mit der Baalsreligion fast von selbst. Der staatlichen Religionspolitik Königs Ahabs kam diese Entwicklung entgegen. Zwar versuchte er zwischen Jahwe und Baal auszugleichen, ließ aber keine wirklich paritätische Koexistenz zu. Als er, um

Nach dem Sturm aber kam ein leises Wehen

seine nach Norden gerichtete Bündnispolitik zu festigen, die phönizische Prinzessin Isebel heiratete, brachte diese ihren Baal nach Samaria mit, wo ohnehin schon ein Baalstempel stand.

Durch dies alles wurde die schleichende religiöse Vermischung offiziell bestärkt. Dagegen erhob sich, freilich nur in kleinen Kreisen, ein leidenschaftlicher Widerstand: Jahwe gegen Baal – heilsgeschichtlicher Glaube gegen Naturreligion.

Dies ist der geschichtliche Hintergrund für das Auftreten des Propheten Elia.

Elia war ein Wanderprophet. Er stammte aus Gilead im Ostjordanland, wo der Jahweglaube seine Ausschließlichkeit noch reiner bewahrt hatte als im westlichen Kanaan. Angesichts der drohenden Baalisierung des Jahweglaubens sah er seinen prophetischen Auftrag darin, für die Unbedingtheit des Ersten Gebots einzutreten – wie Mose es als Fundament der israelitischen Religion verkündet hatte: »Ich bin Jahwe, dein Gott, – du sollst keine anderen Götter haben neben mir.«

König Ahab selbst bot dem Propheten alsbald eine Gelegenheit dazu. Auf sein Geheiß sollte sich das Volk auf dem Berg Karmel versammeln, um darüber zu entscheiden, wer in Zukunft sein Gott sein solle: Ob Jahwe oder Baal, das heißt, ob der alte Gott vom Sinai, der Israel aus Ägypten durch die Wüste in das verheißene Land geleitet hat, oder die neuen Götter, die ihm dort im Fruchtland so verführerisch begegnet sind. Das Volk jedoch schwankte; es mochte sich keinem klaren Entweder-Oder stellen.

Elia – Prophet einer Gotteswende

Da tritt der Prophet Elia auf den Plan. Um dem unwürdigen Hinken auf beiden Seiten ein für allemal ein Ende zu bereiten, schlägt er ein Gottesurteil in Form eines kultischen Wettstreits vor: Jede der beiden Religionsparteien soll auf ihrem Altar ein Brandopfer herrichten, aber noch kein Feuer daranlegen – dann wird man sehen, welcher Altar sich entzündet, und wer demnach der wahre Gott ist. Das Volk ist mit der vorgeschlagenen Inszenierung einverstanden, und so geschieht es.

Als erste sind die Baalspriester an der Reihe. Ihrer sind vierhundertfünfzig. Sie bereiten ihr Opfer sorgfältig vor und rufen dann laut ihren Gott an. Der aber schweigt. Elia verhöhnt sie: »Ruft lauter – er ist doch ein Gott! Er ist in Gedanken oder abseits gegangen, vielleicht ist er auch eingeschlafen.« Aber die Baalspriester mögen noch so laut schreien, vom Morgen bis zum Abend, mögen um den Altar ihren Hinketanz aufführen, sich mit Messern ihre Haut bis aufs Blut ritzen und schließlich in Raserei verfallen – vom Himmel kommt keine Antwort.

Nun tritt Elia hinzu. Feierlich richtet er Jahwes zerstörten Altar wieder auf, zieht um ihn dann einen breiten Graben, legt den zerstückten Stier auf das geschichtete Holz, läßt zudem noch dreimal eimerweise Wasser darüber gießen, so daß der ganze Altar trieft und auch der Graben noch vollläuft. Dann tritt er an den Altar heran und ruft zu Jahwe, daß er ihn erhöre und Israel erkenne, wer sein wahrer Gott ist. Und siehe, da fällt Feuer vom Himmel – es entzündet das Brandopfer und leckt das Wasser auf. Als das Volk dies sieht, fällt es nieder und ruft: »Jahwe ist Gott! Jahwe ist Gott!«

Nach dem Sturm aber kam ein leises Wehen

Elia aber veranstaltet unter den Baalspriestern ein Blutbad. Er befiehlt, sie zu ergreifen, läßt sie zum Bach Kishon schleppen und dort niedermetzeln. Keiner entkommt. Ihrer sind vierhundertfünfzig, Ketzer und Märtyrer in einer Person.

Das Massaker ist kein persönlicher Racheakt des Propheten, sondern eine Hinrichtung gemäß Gottes Gebot. Auf jede Form des Abfalls von Jahwe stand die Todesstrafe – und eben auf dieses althergebrachte Recht greift Elia zurück.

Nachdem der Prophet die vierhundertfünfzig Baalspriester getötet hat, läuft er davon – nicht nur aus Angst, weil die Königin Isebel ihm den Tod geschworen hat, auch aus Enttäuschung und Resignation. Denn das Volk, für das er wirken wollte, hat sich zerstreut. Die große Anstrengung scheint umsonst gewesen zu sein: »Ich habe geeifert für den Herrn, den Gott Zebaoth, und ich bin allein übriggeblieben.« Elia hat sich im Dienst seines Gottes übernommen und möchte sterben – wie vor ihm schon Mose und nach ihm Hiob und Jona und selbst noch der Apostel Paulus.

Elia flieht dorthin, wo Israels Religion ihren Ursprung genommen hat, in die Wüste. Dort läßt er sich unter einem Ginsterstrauch nieder und sinkt, zu Tode ermattet, sogleich in einen tiefen Schlaf. Da holt Gott ihn ein und bringt ihn wieder auf die Beine. Ein Engel, so träumt er, stellt ihm ein geröstetes Brot und einen Krug Wasser hin. Durch diese Wegzehrung gestärkt, rafft er sich auf und wandert über Beerseba hinaus quer durch die Sinaihalbinsel bis zum Berg Horeb. Es ist eine Reise in die Vergangenheit, eine Wallfahrt zu jenem Ort, an dem Jahwe sich Israel einst am reinsten offenbart hat.

Elia – Prophet einer Gotteswende

Dort übernachtet Elia in einer Höhle. Am Morgen hört er, wie eine Stimme ihn herausruft und ihm gebietet, sich auf den Berg zu stellen. Er folgt ihr – und hat eine überraschend neue Gottesbegegnung. Zuerst kommt ein großer, gewaltiger Sturm – aber Gott ist nicht im Sturm. Nach dem Sturm kommt ein Erdbeben – aber Gott ist nicht im Erdbeben. Nach dem Erdbeben kommt ein Feuer – aber Gott ist nicht im Feuer. Nach dem Feuer aber spürt Elia ein leises, sanftes Wehen. Da verhüllt er das Gesicht in seinem Mantel.

Diese Theophanie markiert eine »Gotteswende«: Zuerst noch einmal eine Art Abschiedsvorstellung der alten Vision mit den lärmigen Elementen Erdbeben, Feuer und Sturm – sodann aber, vernehmbar nur wie »ein verschwebendes Schweigen« (Martin Buber), die Ankündigung eines neuen Gottesbildes.

Durch seine persönliche Glaubenskrise ist der Prophet zu einer grundlegend neuen Gotteserkenntnis gelangt: Jahwe erscheint nicht mehr als ein lauter Gott, der donnert und blitzt, der Gewalt übt mit starkem Arm, zur Wahrung seiner Göttlichkeit der Schärfe des Schwertes bedarf, eigenhändig für Israel Kriege führt und dabei Menschen zu ermorden und Städte zu verwüsten gebietet und erst Ruhe gibt, wenn alle, Mensch und Tier, tot sind – fortan ist er ein leiser Gott, dessen Walten einem stillen Wehen gleicht, der sich durchs Wort offenbart, leise wie aus nächster Nähe ins Ohr spricht, die Menschen zum Glauben einlädt und die Ungläubigen nicht dranglauben läßt. Darum soll, durch alle Drangsale hindurch, am Ende auch ein »Rest Israels« als Stamm eines künftigen Gottesvolks übrigbleiben. So geht Gottes Geschichte im neuen Bilde weiter – und es werden noch mehr Propheten kommen. Das Zeitalter der großen Ein-

Nach dem Sturm aber kam ein leises Wehen

zelpropheten des achten und siebten Jahrhunderts kündigt sich an.

Gleichzeitig erweitert Elia das bisher geltende Gottesbild um den Schöpfungsgedanken. In der kultischen Praxis herrschte eine Art Gewaltenteilung: Jahwe wirkte vornehmlich in der Geschichte der Völker und gewährte dabei speziell Israel Schutz und Hilfe gegen seine Feinde. Baal hingegen waltete vorwiegend in der Natur und sorgte durch die Sendung des lebensnotwendigen Regens für die Fruchtbarkeit der Felder. Elia aber weitet Jahwes Machtbereich jetzt auch auf die Natur aus. Indem er zuerst eine Dürre ansagt, so daß eine dreijährige Hungersnot im Lande herrscht, und danach erneut Regen ankündigt, entmächtigt er die Stellung Baals als Regen- und Fruchtbarkeitsgott: Auch für das Gedeihen seiner Äcker und Weinberge hat der Bauer Jahwe, nicht Baal zu danken. Er allein ist der Herr über die Fülle des Lebens, über die Natur so gut wie über die Kultur.

Heute beginnt das Alte Testament, ganz selbstverständlich, mit dem Schöpfungsbericht und enthält auch sonst zahlreiche Aussagen über Gott als Schöpfer in der Natur. Alle diese Texte aber stammen aus verhältnismäßig jüngerer Zeit. Zur allmählichen Entfaltung des Schöpfungsglaubens kam es erst nach der Landnahme in Kanaan, als die israelitischen Stämme dort auf die kultische Verehrung von Schöpfergöttern samt entsprechenden Schöpfungsmythen trafen. Das warf die Frage auf, ob diese fremden Schöpfergötter in ihrer Macht womöglich umgreifender seien als der eigene Geschichtsgott Jahwe.

Beantwortet wurde die Herausforderung dadurch, daß

Elia – Prophet einer Gotteswende

Israel den Gedanken der Schöpfung in seinen Bundesglauben aufnahm. Doch dies geschah nicht durch Addition, sondern durch Integration. Die außerisraelitischen Schöpfungsmythen wurden kritisch usurpiert, viele mythische Elemente, vor allem die Vergöttlichung der Geschlechtlichkeit und Fruchtbarkeit, ausgeschieden und auch der Schöpfungsglaube streng auf den Geschichtsglauben bezogen. Die Gottesgeschichte Israels begann jetzt nicht erst mit dem Auszug aus Ägypten und dem Bundesschluß am Sinai, sondern bereits mit der Erschaffung der Welt. Was uns heute selbstverständlich dünkt, bedeutete damals eine große theologische Leistung.

Elias neues Gottesbild gab die fällige Antwort auf die Herausforderung des Jahweglaubens durch die kanaanäische Religion und Kultur. Mit ihr hat der Prophet beide Wege, sowohl den fundamentalistischen der radikalen Abgrenzung als auch den synkretistischen der totalen Öffnung, hinter sich gelassen – auf keinem von ihnen hätte der israelitische Gottesglaube im palästinischen Kulturland überlebt. Statt dessen hat er sozusagen einen »dritten Weg« gewählt, und der bedeutete: Kontinuität durch Wandlung.

An der Grundlage der mosaischen Gottesoffenbarung hat Elia unbedingt festgehalten – insofern ist er »Fundamentalist«. Aber er hat auf ihr gleichzeitig weitergebaut. Indem er dem überlieferten Glauben neue Elemente aus dem kanaanäischen Umfeld einfügte, hat er ihn lebensfähig erhalten. Durch die gelungene Begegnung mit dem Neuen, dem Anderen, Fremden, wurde der Jahweglaube sowohl vertieft als auch erweitert und so zu sich selbst gebracht. Mit Recht hat die biblische Überlieferung Elia daher als »zweiten Mose« dargestellt.

Nach dem Sturm aber kam ein leises Wehen

Gott im Feuer auf dem Karmel und Gott im leisen Wehen des Windes auf dem Horeb – jäher und extremer kann ein Gottesbild kaum umschlagen. Beide Bilder haben in der Geschichte des Christentums fortgewirkt; das leise Wehen des Windes vom Horeb hat das Feuer vom Karmel nicht vollends zu löschen vermocht. Es hat weitergebrannt, und auch das Blut vom Bach Kishon ist weitergeflossen. Spuren dafür gibt es in der Geschichte der Kirche reichlich, überreichlich: Kreuzzüge und Judenpogrome, Hexenwahn und Ketzerverbrennung, Autodafé und Holocaust, Interdikt und Exkommunikation – die ganze »Kriminalgeschichte« des Christentums. Was ist das für ein Gott, dessen Prophet ein solches Schlachtfest veranstaltet? In die Hand dieses Gottes möchte ich – um Gottes willen – nicht fallen!

Der Atheist Albert Camus hat, von Jesu Geist ergriffen, den Richtgeist in der Kirche so geschildert: »Sie haben den Heiland in der geheimsten Kammer ihres Herzens auf den Richtstuhl gehißt, und nun schlagen sie drein; vor allem richten sie, richten in seinem Namen ... Ob sie nun Atheisten oder Frömmler sind, Materialisten in Moskau, Puritaner in Boston, alle sind sie Christen, vom Vater auf den Sohn ... Sie erfinden schreckliche Regeln und errichten eilends Scheiterhaufen ... Lauter Savonarolas ... Aber sie glauben immer nur an die Sünde, nie an die Gnade.«

Zwar hat die Aufklärung in der Neuzeit die von der Kirche im Mittelalter errichteten Scheiterhaufen gelöscht, aber der Richtgeist brennt in der Christenheit weiter, ja scheint sogar neu entfacht. Zur gleichen Zeit, in der die Zahl der Gläubigen abnimmt, wird der Maßstab der Rechtgläubigkeit strenger. Glaubt jemand an die Liebe Gottes, obwohl die Welt so ist, wie sie ist, wundert man sich nicht

Elia – Prophet einer Gotteswende

über solchen Glauben und freut sich an ihm, sondern beginnt flugs die Glaubensgegenstände abzufragen, ob der Glaubende sie auch alle bei sich hat: Jungfrauengeburt, Gottessohnschaft, leibliche Auferstehung, leeres Grab, Dreieinigkeit – der Katalog ist lang. Wohl dem, der von Herzen glaubt, aber wehe dem, der nicht alles glaubt!

Und auch heute gibt es zwei gegensätzliche Verhaltensweisen: Auf der einen Seite ein strenger Fundamentalismus, der den Glauben an Gott durch die Zeiten zu retten trachtet, indem er ängstlich, aber eben darum unerbittlich an den alten Bildern und überlieferten Lehren festhält – auf der anderen Seite ein religiöses Vagantentum, das sich die Götter unbekümmert bald hier, bald dort nach Belieben sucht. Und auch heute heißt der Weg durch die beiden Extreme hindurch: Kontinuität durch Wandlung.

Das bedeutet die Verbindung des Feuers vom Karmel, das für die Einzigkeit Gottes steht, mit dem Wind vom Horeb, der überall weht, wo er will. Feuer und Wind aber sind in der biblischen Überlieferung zu Bildworten für den Geist Gottes geworden. Jesus aus Nazareth hat sie beide auf sich vereint. Er hat gesagt: »Ich bin gekommen, ein Feuer auf Erden anzuzünden« und wiederum: »Der Geist des Herrn liegt auf mir, weil er mich gesalbt hat.« Daraus ist eine Geistbewegung entstanden, deren Feuer bis auf den heutigen Tag brennt.

Auf der letzten Strecke seines Lebensweges, im Aufbruch nach Jerusalem, geht Jesus, als habe er keine Zeit, seinen Jüngern voraus und wählt statt des üblichen Umwegs durch das Ostjordanland, die kürzere Strecke durch das feindselige Samarien. Und tatsächlich kommt es dort zum Konflikt. Als die Jünger in einem Dorf nach einem Nachtquartier für

Nach dem Sturm aber kam ein leises Wehen

Jesus suchen, wollen die Bewohner ihn nicht aufnehmen, weil er an ihrem heiligen Berg, dem Garizim, vorbei zum Zion nach Jerusalem wandert. Empört über diesen Schimpf, fragen Johannes und Jakobus, die »Donnersöhne«, ob sie Feuer vom Himmel auf das Dorf fallen lassen sollen und es vernichten, wie Elia einst auf dem Karmel getan. Jesus aber beantwortet die Feindschaft der Samariter mit Nachsicht. Er weist seine Jünger zurecht und wandert, ohne viel Worte zu machen, in ein anderes Dorf. Eine spätere Handschrift hat Jesu Verhalten richtig interpretiert, wenn sie ihm die Frage in den Mund legt: »Wißt ihr nicht, wes' Geistes Kinder ihr seid? Der Menschensohn ist nicht gekommen, Menschenleben zu verderben, sondern zu retten.«

Der Wind vom Horeb hat das Feuer vom Karmel nicht gelöscht, aber er hat es gesänftigt, so daß es nicht mehr die Leiber von Menschen verbrennt, sondern ihre Herzen entzündet und läutert.

Amos – Bahnbrecher des sittlichen Monotheismus

Gerechtigkeit ist besser als Brandopfer

Im achten Jahrhundert vor Christus sah es fast aus, als sollte der Jahweglaube und mit ihm die geschichtliche Existenz Israels ans Ende gelangen. Das politische und soziale Leben war verweltlicht, das alte Gottesrecht hielt nicht mehr stand – die fremden Elemente der kanaanäischen Religion drohten den überlieferten Glauben vollends zu überwuchern, und hinter dem allen dräute gefährlich die aufsteigende Großmacht Assyrien.

Da erhielt Israels Religion unerwartet einen neuen Impuls durch die Prophetie. Im Unterschied zu den Berufspropheten, die es an den Heiligtümern und am Königshof schon früher gab, waren die großen Propheten des achten und siebten Jahrhunderts Individuen, jeder mit einem eigenen Profil, von Gott unmittelbar durch eine Vision oder Audition zu Sprechern vor dem Volk und seinen Führern berufen. Vom Geist ergriffen, darum im Zustand gesteigerten geistigen Bewußtseins, verkündeten sie durch Wort und Zeichenhandlungen Gottes augenblicklichen Willen.

Das durchgängige Thema der prophetischen Verkündigung bildet Gottes Handeln in der Geschichte, zentriert auf

Amos – Bahnbrecher des sittlichen Monotheismus

Israels Geschick inmitten der Völkerwelt. Aber während die großen Geschichtswerke der Bibel in die Vergangenheit zurückblicken, erwarten die Propheten neue Taten Gottes in der Zukunft, schon in der allernächsten Zeit. Allein in einer neuen Begegnung mit Jahwe, seinem Gott, kann Israel, wenn überhaupt, wieder eine dauerhafte Lebensgrundlage gewinnen. Ob Gericht oder Gnade – <u>Umkehr in die Zukunft</u> heißt der entscheidende prophetische Ruf.

Weil ihre Sprüche gesammelt und schriftlich überliefert wurden, nennt man die großen Einzelpropheten des achten und siebten vorchristlichen Jahrhunderts auch »Schriftpropheten«. Ihr ältester und strengster war Amos.

Amos war ein inspirierter Bauer, der aus Thekoa, südlich von Bethlehem, stammte. Als der Oberpriester Amazja ihn wegen seiner aufrührerischen Predigten im Reichsheiligtum Bethel zur Rede stellte, antwortete er selbstbewußt: »Ich bin kein Prophet und kein Prophetenschüler, sondern ein Viehzüchter, und ich ziehe Maulbeerfeigen. Aber der Herr hat mich weggeholt von der Herde und zu mir gesagt: ›Gehe und weissage meinem Volk Israel.‹« Ein Laie also, der plötzlich anfängt, als Prophet aufzutreten, der aber sein eigenes Auskommen hat und nicht wie die Priester oder andere Propheten auf fremde Einkünfte angewiesen ist.

Und so war Amos auf Gottes Ruf hin ins Nordreich, nach Israel, gegangen und hatte dort zu predigen begonnen, zuerst in der Hauptstadt Samaria, sodann im Heiligtum Bethel: »Der Löwe brüllt – wer fürchtet sich nicht? Gott der Herr redet – wer wird da nicht zum Propheten?«

Es war eine der raren »guten Zeiten« in Israels Geschichte. Im Land herrschten Friede und Wohlstand. Der

Gerechtigkeit ist besser als Brandopfer

Krieg machte Pause, die Wirtschaft blühte, und König Jerobeam II. (787–747 v. Chr.) saß noch fest auf dem Thron. Israel hatte sichtlich Grund, sich von seinem Gott erwählt und beschützt zu wähnen.

Da platzt in dieses selbstsichere »Gott mit uns« der Prophet mit der Botschaft: »Gekommen ist das Ende meines Volkes.« Es ist sein einziges Thema. Alles, was er sagt, ist nur Entfaltung und Auslegung dieses Satzes.

Das von Amos angekündigte Strafgericht Gottes über Israel ist endgültig, darum ohne Hoffnung auf eine Wende durch rechtzeitige Umkehr. Anfangs schreckt der Prophet noch vor dem Gedanken der Endgültigkeit zurück. Nach der ersten Gerichtsvision, die eine alle Saat vernichtende Heuschreckenplage voraussagt, wagt er Gott noch um Vergebung der Schuld zu bitten, und er erhält auch die Zusage: »Es soll nicht geschehen.« Nach der zweiten Vision, die einen alles verzehrenden Feuerregen androht, bittet er nur noch um Aufschub der Strafe, und noch einmal heißt die Antwort: »Es soll nicht geschehen.« Nach der dritten Vision aber, die einen Mann zeigt, der mit einem Bleilot in der Hand auf einer Mauer steht und prüft, ob sie stehen bleiben kann oder abgerissen werden muß, bittet Amos um nichts mehr. Ebensowenig nach der vierten, die im Bild eines überreifen Obstkorbs andeutet, daß Israel endgültig reif für den Untergang ist. Es gibt weder Vergebung noch Verschonung – da hebt Amos, mitten hinein in die glückliche Gegenwart, die Totenklage über sein Volk an:

»Höret, ihr vom Hause Israel, dies Wort,
   ein Klagelied stimme ich über euch an:
  Gefallen ist die Jungfrau Israel,
   und nicht steht sie wieder auf.

Amos – Bahnbrecher des sittlichen Monotheismus

> Sie ist zu Boden geworfen,
>   und niemand richtet sie auf.
> Denn so spricht Gott, der Herr:
> Die Stadt, die zu tausend auszieht,
>   behält hundert übrig,
> und aus der hundert ausziehen,
>   behält nur zehn übrig für das Haus Israel.«

In seinen Visionen erfährt Amos nur, daß Gott zum endgültigen Strafgericht über Israel entschlossen ist. Warum es geschieht und worin es bestehen wird, geht ihm erst allmählich im »Nach-denken« auf, wenn er die Wirklichkeit rings um sich her jetzt mit geschärftem Auge sieht und überall die Verderbnis im Lande erkennt. Und so wird der Prophet zum öffentlichen Ankläger. Er beschuldigt Israel der Mißachtung des Gottesrechts: »Sie verstehen nicht, das Rechte zu tun.«

Die wirtschaftliche Hochkonjunktur hat die sozialen Gegensätze verschärft: Die Reichen sind reicher, die Armen ärmer geworden. Die führenden Kreise in der Hauptstadt Samaria – Hofbeamte, Militärs, Kaufleute und Großgrundbesitzer – leben in Luxus und Völlerei. Sie salben sich mit dem feinsten Öl, faulenzen auf weichen Polstern und ruhen auf elfenbeinernen Betten, trinken den Wein in großen Kannen und grölen dabei zum Klang der Harfe.

Aber schlimmer noch: Die Reichen genießen ihr Leben auf Kosten der kleinen Leute. Sie schinden die Armen, belasten die Bauern mit Steuern und Pachtzins und, wenn sie vor Gericht gehen, weisen sie ihre Klagen ab und schicken sie in die Schuldknechtschaft.

Gerechtigkeit ist besser als Brandopfer

Die fromme Kehrseite des üppigen Lebens bildete ein ebenso üppiger Gottesdienst. Die Armen betrog man – die Verehrung Gottes aber ließ man sich etwas kosten. Darum geißelt Amos im Namen Gottes die kultische Betriebsamkeit an den Wallfahrtsorten:

»Ich bin euren Festen gram und verachte sie,
   ich kann eure Feiern nicht riechen.
Wenn ihr mir Brandopfer darbringt,
   so habe ich keinen Gefallen daran,
   und eure fetten Dankopfer mag ich nicht sehen.
Tu weg von mir das Geplärr deiner Lieder,
   dein Harfenspiel mag ich nicht hören!
Es ströme aber das Recht wie Wasser
   und die Gerechtigkeit wie ein nie versiegender Bach.«

Amos stellt keine theoretischen Erörterungen über den Kult an; er blickt auf die Praxis, in welcher Gesinnung Gott verehrt wird.

Seine Zeitgenossen hat er im Verdacht, daß ihr gottesdienstlicher Übereifer nur ein Mantel ihrer Bosheit ist: Statt Gott zu dienen, bedienen sie sich Gottes, um ihre Unmenschlichkeit zu verbergen und ihre Selbstsicherheit zu rechtfertigen. Er erinnert sie an Israels eigene Geschichte: Während der vierzig Jahre in der Wüste haben die wandernden Stämme Jahwe keine Opfer dargebracht, sondern ohne kultische Vermittlung mit ihm verkehrt, und hernach, bei der Landnahme in Kanaan, hat er ihnen, den schwachen Einwanderern, gegen die überlegene eingesessene Bevölkerung geholfen.

Der Prophet Amos hat dem sittlichen Monotheismus Bahn gebrochen. Zum wahren Gottesdienst gehört stets

Amos – Bahnbrecher des sittlichen Monotheismus

beides: Unmittelbare Gemeinschaft mit Gott und Gerechtigkeit unter den Menschen, insbesondere gegenüber den Schwachen. Künftig gehört das sozialkritische Element – die Verbindung des gerechten Tuns mit der Kritik am Kult – zur prophetischen Predigt. Jeremia wird im Staatsheiligtum von Bethel predigen: »So spricht Jahwe Zebaoth, der Gott Israels: Bessert euer Leben und euer Tun, so will ich bei euch wohnen an diesem Ort. Verlaßt euch nicht auf Lügenworte, wenn sie sagen: Hier ist Jahwes Tempel, hier ist Jahwes Tempel, hier ist Jahwes Tempel! Sondern bessert euer Leben und euer Tun, daß ihr recht handelt einer gegen den andern und keine Gewalt übt gegen Fremdlinge, Waisen und Witwen und nicht unschuldiges Blut vergießt.« Dies bedeutet keine Moralisierung der Religion, wohl aber eine Theologisierung der Moral.

Amos ist radikaler Theozentriker und als solcher konsequenter Monotheist. Jahwe ist für ihn der einzige Gott in der Welt. Alle Völker stehen in gleicher Weise unter seinem Geleit und Gericht; für alle gilt sein Gesetz. Damit wird Israels Erwählungsanspruch notwendig in Frage gestellt. Und so zieht Amos gegen die israelitische »Volkseschatologie« zu Felde: Wie Jahwe die Isrealiten aus der Knechtschaft in Ägypten befreit und in das verheißene Land geführt hat, geradeso hat er die Wege seiner Feinde, der Philister und Aramäer, der Moabiter und Amoriter, gelenkt:

> »Seid ihr Israeliten mir nicht gleichwie die Kuschiten,
> Habe ich Israel nicht aus Ägypten herausgeführt
> wie die Philister aus Kaphtor
> und die Aramäer aus Kir?«

Gerechtigkeit ist besser als Brandopfer

Drastischer läßt sich die Gleichstellung Israels mit allen anderen Völkern der Erde kaum ausdrücken. Was von seinem einstigen Vorrecht übrigbleibt, ist höchstens sein Vortritt im Gericht. Die Erwählung erweist sich als ein gefährliches Geschenk. Je näher bei Gott, desto schwerer die Schuld. Alle Völker sind schuldig und werden bestraft, Israel aber vor allen anderen.

Jahwe selbst hat sich gegen sein Volk erhoben: Darum statt wie einst Erwählung und Landgabe, so jetzt Verwerfung und Vertreibung. Der »Tag Jahwes«, bisher ersehnt als der Inbegriff aller Hoffnungen – ihn herbeizuwünschen, besteht jetzt kein Grund mehr, aber auch keine Aussicht, ihm zu entrinnen:

»Denn der Tag Jahwes ist Finsternis und nicht Licht,
wie wenn jemand einem Löwen entflieht,
und ein Bär überfällt ihn,
er gelangt noch ins Haus,
und stützt sich mit der Hand an die Wand,
da sticht ihn eine Schlange.
Ja, der Tag Jahwes wird finster und nicht licht sein,
dunkel und nicht hell.«

Konkret wird das Strafgericht über Israel vor allem in einer totalen politisch-militärischen Niederlage bestehen. Das Land wird erobert, die Bevölkerung deportiert werden, an der Spitze des Zuges die einstigen Großen Samarias. Dazu das mörderische Ritual aller Kriegführung gestern wie heute: Männer werden getötet, Frauen geschändet, Äcker verwüstet, Häuser verbrannt, Paläste geplündert, Heiligtümer entweiht – Jahwe schreitet mit dem Schwert durch die Mitte seines Volkes.

Amos – Bahnbrecher des sittlichen Monotheismus

Amos' immer wiederholtes kompromißloses Nein läßt auch auf kein »Vielleicht« mehr hoffen. Selbst eine radikale Umkehr brächte keine Rettung:

»Siehe, es kommt die Zeit, spricht Gott der Herr,
daß ich einen Hunger ins Land schicken werde,
nicht einen Hunger nach Brot oder Durst nach Wasser,
sondern nach dem Wort des Herrn, es zu hören,
daß sie hin und her von einem Meer zum andern,
von Norden nach Osten laufen
und des Herrn Wort suchen
und doch nicht finden werden.«

Es ist endgültig zu spät. Israels Heilsgeschichte ist zu Ende. Was danach kommt, dafür hat Amos von Gott keine Botschaft mehr – und es gibt von ihm selbst auch kein Wort darüber, ob er unter seiner Botschaft gelitten und sich wegen des unaufschiebbaren Gerichts über sein Volk gegrämt hat.

Nur kurze Zeit hat Amos als Prophet gewirkt, nicht einmal ein volles Jahr. Dann folgten Redeverbot und Ausweisung. Wegen angeblicher Anstiftung zum Aufruhr wurde er von dem Oberpriester Amazja beim König angezeigt und des Landes verwiesen.

Seine Prophezeiungen aber haben sich erfüllt. Samaria wurde wenige Jahrzehnte später (722/21 v. Chr.) von den Assyrern erobert und der Staat Israel damit ausgelöscht.

Erst später, nach dem Exil, ist dem Buch Amos die Verheißung neuen göttlichen Heils angefügt worden: Die zerfallene Hütte Davids soll wieder aufgerichtet werden, das Land herrlicher blühen als zuvor und Israel nie wieder aus ihm vertrieben werden. Aber dieses neue prophetische

Gerechtigkeit ist besser als Brandopfer

Gnadenwort hat das alte Gerichtswort unverändert stehen lassen.

In keinem anderen Buch der Bibel tritt die dunkle Seite an Gott – das »Tremendum«, das den Menschen erschrecken läßt – so drohend hervor wie beim Propheten Amos. Aber auch hier empfiehlt sich für den Umgang mit der Bibel der Rat des Apostels Paulus: »Dies widerfuhr ihnen als Vorbild. Uns ist es geschrieben zur Warnung.«

Mag der Prophet auch vor mehr als zweieinhalb Jahrtausenden in seine eigene Situation hineingesprochen haben, so findet sich in seinen Worten doch kaum etwas, das meine Generation nicht in unserem Jahrhundert erfahren hat: Erwählungsstolz, Selbstgerechtigkeit, Gewaltregiment, in Folge dessen Krieg, Mord, Zerstörung, Schändung, Vertreibung, Flucht, und in dem allen Verachtung aller Gebote Gottes, darum sein Gericht über uns: die Selbstentfaltung unseres Frevels – unsere Werke folgten uns nach. Meine Generation hat eine Lektion in biblischer Geschichtsprophetie erhalten, die die Ausmaße der Bibel fast noch zu übertreffen scheint.

Wir sind jedoch rasch wieder hoch- und davongekommen – wir haben, zu unserer eigenen Überraschung, überlebt. Aber hat der Prophet Amos solches »Überleben« gemeint, wenn er sagt: »So spricht der Herr: Suchet mich, so werdet ihr leben«?

Dieser kurze Satz inmitten lauter Todesdrohungen enthüllt den positiven Kern in Amos' negativer Gerichtsbotschaft. Er erinnert an Gott als den einmaligen Ursprung und bleibenden Grund allen Lebens – darum wird, wer ihn sucht, leben. Dieses »Leben« realisiert sich für Amos in

Amos – Bahnbrecher des sittlichen Monotheismus

zweierlei Gestalt: als Zuflucht bei Gott und als Gerechtigkeit unter den Menschen.

Die gleiche Beschreibung gottgewollten Lebens findet sich überraschend, fast bis in den Wortlaut hinein, bei Dietrich Bonhoeffer. In seinen »Gedanken zum Tauftag« eines Patenkindes schreibt er im Mai 1944 aus dem Gefängnis: »Unser Christsein wird heute nur in zweierlei bestehen: im Beten und im Tun des Gerechten unter den Menschen. Alles Denken, Reden und Organisieren in den Dingen des Christentums muß neugeboren werden aus diesem Beten und aus diesem Tun.«

Die Glaubwürdigkeit der Kirche steht auf dem Spiel. »Rechtgläubigkeit« gilt heute nur noch innerhalb der Kirche als Maßstab; die Welt draußen mißt den Glauben der Christen an ihrem Eintreten für die Schwachen und Bedrängten.

Beten und Tun des Gerechten unter den Menschen – beim Propheten Amos führte dies zur harschen Kritik am Kult; heute fordert es die gleiche Kritik am theologischen Betrieb heraus. Kein Geringerer als Karl Barth hat in seiner Abschiedsvorlesung davor gewarnt: »Gibt es nicht ein erstaunliches Mißverhältnis zwischen dem, was jeweils in der Theologie wichtig ist, ... und den Irrungen, Wirrungen, dem Meer von Leid und Jammer der sie umgebenden übrigen Welt und Menschheit? ... *Hier* im Raum der Theologie: ein bißchen Entmythologisierung in Marburg und ein bißchen kirchliche Dogmatik in Basel. Hier die Wiederentdeckung des ›historischen Jesus‹ und die gloriose Neuentdeckung eines ›Gottes über Gott‹. Hier Gespräche über Taufe und Abendmahl, über Gesetz und Evangelium, über Kerygma und Mythus, über Römer 13 und über das

Gerechtigkeit ist besser als Brandopfer

Erbe Dietrich Bonhoeffers, hier auch ökumenische Gespräche. Nichts von dem allen soll bagatellisiert oder gar schlecht gemacht sein ... Aber – Kyrie Eleison! – in welchem Verhältnis nun eigentlich zu dem, was gleichzeitig *dort* geschieht? Könnte Theologie nicht eine Luxusbeschäftigung, könnten wir mit ihr nicht auf der Flucht vor dem lebendigen Gott begriffen sein? Könnte ein so problematischer Theologe wie Albert Schweitzer nicht das bessere Teil erwählt haben, und mit ihm die ersten Besten, die da und dort ohne alle theologische Besinnung versucht haben, Wunden zu heilen, Hungrige zu speisen, Durstige zu tränken, elternlosen Kindern eine Heimat zu bereiten? ... Ich stelle nur *Fragen*. Sie sind aber dringliche Fragen und solche, die schon, indem sie sich erheben und nicht einfach abzuweisen sind, eine Gestalt des Zornes Gottes darstellen.«

In den »Gedanken zur Taufe« seines Patenkindes schreibt Dietrich Bonhoeffer weiter: »Bis du groß bist, wird sich die Gestalt der Kirche sehr verändert haben. Die Umschmelzung ist noch nicht zu Ende. Es ist nicht unsere Sache, den Tag vorauszusagen – aber der Tag wird kommen –, an dem wieder Menschen berufen werden, das Wort Gottes so auszusprechen, daß sich die Welt darunter verändert und erneuert.«

Auch heute, nach über fünfzig Jahren, hat sich diese Hoffnung noch nicht erfüllt. Immer noch gilt es, auf Gottes Zeit zu warten, inzwischen zu beten und das Gerechte unter den Menschen zu tun.

Bei Amos läßt Gott den Menschen keine Zeit zur Umkehr. Für ihn bleibt er allzeit verborgen und sein Gericht ausweglos. Er schließt das Reich Gottes vor den Menschen zu.

Amos – Bahnbrecher des sittlichen Monotheismus

Diese totale Hoffnungslosigkeit entspricht der späteren christlichen Vorstellung von der Hölle: Israels Strafe ist wie das Leiden der Verdammten ohne Ende, darum ohne Perspektive und ohne Sinn, nur die Verewigung der göttlichen Revanche.

Der berechtigte Protest gegen Amos' Botschaft des point of no return darf nun aber nicht die immer auch vorhandene dunkle Seite an Gott vergessen lassen. Entgegen allem modischen religiösen Spiel erinnert sie an Gottes Gottheit: Daß Gott Gott und der Mensch Mensch ist und darum Distanz und Unterscheidung nach wie vor geboten.

Ob anwesend oder abwesend, ob verborgen oder offenbar – Gott ist immer da, aber er zeigt sich nicht immer in der gleichen Weise, und schon gar nicht ist er jederzeit frei Haus lieferbar. Aufrichtige Gotteserfahrung muß immer auch damit rechnen, daß Gott sich tiefer in die Verborgenheit zurückzieht, und daß sich in solcher »Gottesfinsternis« dann auch der Sinn der Welt verdunkelt.

Schon in der Bibel gibt es unterschiedliche Zeiten in der Geschichte Gottes mit den Menschen: Zeiten, über denen steht: »Siehe, jetzt!«, und Zeiten, über denen steht: »Siehe, jetzt nicht!« Nur müssen wir uns hüten, aus solcher »Entzogenheit Gottes« eine bequeme geschichtsphilosophische Kategorie zu machen. Wo die Bibel von Zeiten der Verborgenheit Gottes spricht, geschieht es mit Furcht, Erschrecken, Bekenntnis der eigenen Schuld und neuem drängenderen Warten auf Gott.

Dies ist die Botschaft des Propheten Amos, uns geschrieben zur Warnung.

Jeremia – In der Weite der Welt und in den Herzen der Menschen

Ein Brief nach Babylon

Nur knapp drei Jahrhunderte hat die politische Selbständigkeit der Doppelmonarchie Israel-Juda gedauert. Im Jahr 722 v. Chr. ging mit der Eroberung Samarias durch die Assyrer das Nordreich Israel unter, und seine Oberschicht wurde nach Mesopotamien deportiert. Das Südreich Juda mit dem Zentrum Jerusalem bestand danach noch über hundert Jahre und erlebte während dieser Zeit sogar das große Reformwerk König Josias, war aber schließlich auch dem Untergang geweiht. 598/7 v. Chr. erstürmten die Babylonier unter Nebukadnezar II. Jerusalem und führten einen großen Teil der Oberschicht fort. Als der unselige König Zedekia sich trotzdem noch einmal gegen die babylonische Fremdherrschaft auflehnte, wurde Jerusalem ein zweites Mal erobert, diesmal aber gründlich zerstört, der Tempel niedergebrannt und ein weiterer Teil der Bevölkerung weggeführt. Damit hatte auch der Staat Juda aufgehört zu bestehen.

Dies ist der dunkle politische Hintergrund, vor dem sich das Leben und Wirken des Propheten Jeremia abgespielt hat. Keines anderen Propheten Geschick ist so eng

Jeremia – In der Weite der Welt ...

mit der Geschichte seines Volkes verflochten wie das seine.

Jeremia stammte aus einer Priesterfamilie, die in Anatot, einem Dorf nahe bei Jerusalem, lebte. Im Jahr 627/6 v. Chr. wurde er zum Propheten berufen. Gottes Auftrag an ihn lautete: »Siehe, ich setze dich heute über Völker und Königreiche; du sollst ausreißen und einreißen, zerstören und verderben, bauen und pflanzen.« Jeremia schreckt vor dem Auftrag zurück und verweist auf seine Jugend. Gott aber berührt seine Lippen und verspricht, ihm seine eigenen Worte in den Mund zu legen. In Erinnerung an seine Berufung wird Jeremia Gott später mit einem Liebhaber vergleichen, der ihn, wie ein Mädchen, verführt hat: »Du hast mich betört, Herr, und ich habe mich betören lassen; du hast mich gepackt und überwältigt.«

Eine eiserne Säule und eherne Mauer soll der Prophet sein – gegen das ganze Land Juda, gegen seine Könige, Beamten, Priester und Bürger. Denn sie haben mit den fremden Göttern im Lande »gehurt« und ihre Sicherheit statt im Tun des Gerechten im Tempelkult gesucht. Darum hat Gott jetzt auch Juda verworfen und Jerusalem dem Untergang preisgegeben. Zum Zeichen dessen geht der Prophet mit einem hölzernen Joch um den Hals durch die Straßen der Stadt, und als einer der falschen Heilspropheten dies zerbricht, legt er sich ein neues aus Eisen um.

Von Norden her wird das Unheil nahen, Nebukadnezar soll das Gericht an Israel vollstrecken. Jeremia nennt den babylonischen Großkönig darum ein »Werkzeug Gottes« und rät dringend, sich zwischen Ägypten und Babylon neutral zu verhalten und Jerusalem kampflos zu übergeben.

Ein Brief nach Babylon

Die antibabylonische Kriegspartei und ihre nationalen Heilspropheten sind über so viel prophetische »Schwarzseherei« empört. Sie rechnen mit einem rechtzeitigen Eingreifen Jahwes und denken deshalb nicht an Kapitulation. In ihren Augen ist Jeremia ein Defätist und falscher Prophet.

Obwohl er seine Botschaft nicht los wird, darf Jeremia nicht schweigen. Und so wird er in seinem Volk zu einem Zeichen, dem allseits widersprochen wird. Der Pöbel droht ihn zu lynchen, der Oberaufseher der Tempelpolizei läßt ihn in den Block legen, seine eigene priesterliche Familie plant einen Anschlag auf ihn, er wird eingekerkert, vorübergehend sogar in eine Zisterne geworfen und die Schriftrolle, die seine Botschaft enthält, vom König eigenhändig verbrannt. Am Ende wird er nach Ägypten verschleppt, wo seine Spur sich verliert.

Bei all dem ist Jeremia der sensibelste unter den Propheten. Er reibt sich wund an seinem Amt; sein Leib windet sich schmerzhaft unter der Last des Wortes, das ihm aufgetragen ist, und er leidet mit den Betroffenen, denen er Gottes Strafgericht ankündigen muß. Er hält sein Schicksal für ungerecht, verflucht sogar den Tag seiner Geburt – und wendet sich dann doch wieder Gott zu und läßt sich neu auf ihn ein.

In seinen »Konfessionen« schüttet der Prophet sein Herz aus; er klagt zu Gott, und er klagt ihn an:

>»Ach, Gott, du weißt es ...
>Dein Wort war meine Speise, sooft ich's empfing,
>und dein Wort ist meines Herzens Freude und Trost ...
>Ich habe mich nicht zu den Fröhlichen gesellt
>noch mich mit ihnen gefreut,

sondern saß einsam, gebeugt von deiner Hand;
   denn du hattest mich erfüllt mit Grimm.
Warum währt doch mein Leiden so lange
   und sind meine Wunden so schlimm,
   daß niemand sie heilen kann?
Du bist mir geworden wie ein versiegender Bach,
   der nicht mehr quellen will.«
Darauf antwortet Gott dem Propheten:
»Wenn du dich zu mir hältst, so will ich mich zu
      dir halten,
   und du sollst mein Prediger bleiben.
Und wenn du recht redest und nicht leichtfertig,
   so sollst du mein Mund sein . . .
Wenn sie auch wider dich streiten,
   sollen sie dir doch nichts anhaben;
   denn ich bin bei dir, daß ich dir helfe
   und dich errette aus der Hand des Bösen.«

Nachdem das angekündigte Gericht eingetroffen ist, Jerusalem erobert und der erste Schub der Bevölkerung nach Babylon deportiert, folgt für Jeremia der zweite Teil seines prophetischen Auftrags: nach dem Einreißen und Zerstören jetzt das Bauen und Pflanzen. Zwischen der ersten Eroberung Jerusalems und seiner endgültigen Zerstörung schreibt der Prophet an die Exulanten in Babylon einen Brief, und zwar an beide, an die erst jüngst aus Juda und an die schon 722 v. Chr. aus dem Nordreich Deportierten. Sollte ich die wesentlichen Briefe der Weltliteratur zusammenfassen, so würde ich Jeremias »Brief nach Babel« in die Sammlung aufnehmen.

Die sogenannte »babylonische Gefangenschaft« sah an-

Ein Brief nach Babylon

ders aus, als man sie sich herkömmlich vorstellt. Die Verbannten lebten nicht im Gefängnis, schon gar nicht im Konzentrationslager, sondern im Exil. Sie brauchten auch keine Sklavendienste zu leisten, am Tag zur Arbeit gepeitscht und am Abend zum Harfenspiel gezwungen. Ihre äußeren Lebensbedingungen waren erträglich; was sie vor allem bedrückte, war der Verlust ihrer religiösen Heimat, sowohl des Tempels als auch des Landes. Der fremde Boden, auf dem sie wohnten, galt ihnen als unrein: Wie konnte man da Gott dienen?

Diese verzagte Stimmung nutzten die nationalen Heilspropheten für ihre religiöse Propaganda aus. Trotz der politisch-militärischen Katastrophe wollten sie das über Juda ergangene Gericht nicht wahrhaben. Unbußfertig hielten sie an ihrer »Naherwartung« fest und versprachen weiter die Erfüllung illusionärer Wünsche, den Daheimgebliebenen in Jerusalem baldige Befreiung, den Vertriebenen in Babylon rasche Heimkehr. In Jeremias Augen sind sie »Lügenpropheten«: Gott hat sie nicht gesandt.

Sein »Brief nach Babel« richtet sich ebenso gegen einen schwärmerischen Enthusiasmus, der in eine erträumte Zukunft flieht, wie gegen eine müde Resignation, die ohne Hoffnung in der Gegenwart versinkt. Es ist ein höchst nüchterner, fast enttäuschender Brief. Er ruft die Exulanten heraus aus ihrem inneren Exil und öffnet ihnen die Augen für ihre gegenwärtige, hiesige Welt mit ihren nächstliegenden Aufgaben und künftigen Chancen.

Gewiß, Befreiung und Heimkehr wird es eines guten Tages geben, aber erst in »siebzig Jahren« – das bedeutet eine unbestimmt lange Frist. Niemand von den jetzt Lebenden wird die ersehnte Freiheit schmecken. Darum sollen sie

Jeremia – In der Weite der Welt ...

nicht, ständig zum Aufbruch bereit, auf ihren gepackten Bündeln sitzen bleiben, sondern Fuß fassen, ihr Geschick annehmen und sich darin einrichten.

Denn Gottes Heil sieht anders aus, als die Enthusiasten es ausmalen. Es besteht nicht in außerordentlichen Vorgängen und schlagartigen Veränderungen, sondern in der Wiederherstellung der durch eigene Schuld zerstörten alltäglichen Lebenswirklichkeit. Und so macht der Prophet den Exulanten Mut zum Weiterleben, indem er sie an das im Augenblick Notwendige gemahnt: Sie sollen Häuser bauen und darin wohnen, Gärten anlegen und ihre Früchte genießen, Ehen schließen und für Nachkommenschaft sorgen, sich mit den fremden Herren arrangieren, statt gegen sie Rachegedanken zu hegen.

Diese fast hausbacken anmutenden Ratschläge münden in die nun keineswegs hausbackene Zumutung: »Suchet der Stadt Bestes und betet für sie zu Jahwe, denn wenn's ihr wohlgeht, so geht's euch auch wohl.« Wie unzumutbar die Exulanten dieses Ansinnen empfunden haben müssen, zeigt der Vergleich mit einem späteren Psalm, der aus der Erinnerung auf die Zeit im Exil zurückblickt:

»An den Wassern zu Babel saßen wir und weinten,
   wenn wir an Zion gedachten ...
Tochter Babel du Verwüsterin,
   wohl dem, der dir vergilt, was du uns
   angetan hast!
Wohl dem, der deine jungen Kinder nimmt
   und sie am Felsen zerschmettert.«

In diese Stimmung, gemischt aus Trauer, Sehnsucht und Rache, trifft der Brief des Propheten und stellt die bisher gültige Differenzierung zwischen Freund und Feind auf den

Ein Brief nach Babylon

Kopf: Die Verbannten sollen sich an ihren Siegern nicht rächen, sondern für sie beten; sie sollen ihre Feinde nicht verfluchen, sondern ihnen alles Gute wünschen. Damit korrigiert Jeremias Brief die Haltung jeder Art von Rachepsalmen, ob jüdisch oder christlich, nationalistisch oder fundamentalistisch, ob deutsch, britisch, französisch, irisch, serbisch, islamisch. In ihnen stellt der Beter sich vor Gott gegen den Feind; bei der Fürbitte hingegen tritt er dem Feind an die Seite und legt sein Wohl Gott ans Herz.

Erstaunlich ist die Begründung, die Jeremia für seinen Gebetsratschlag gibt: Wenn es Babel wohlergeht, dann geht es den Verbannten auch wohl. Nüchterner kann man es kaum ausdrücken. Damit wird das Gebet für den Feind zum Politikum. Indem es vor beidem, vor Resignation wie vor Illusion, bewahrt, hält es zu dem an, »was Sache ist«, und setzt so einen Prozeß der »Entfeindung« in Gang.

Jeremias Ermutigungen an die Verbannten sind keine weitschweifigen Ideale und Utopien, sondern bedeuten alltägliche Pflichten und handfeste Zumutungen. Über sie aber spannt sich der Bogen der guten Gedankenwelt Gottes: »Ich weiß wohl, was ich für Gedanken über euch habe: Gedanken des Friedens und nicht des Leides, daß ich euch gebe Zukunft und Hoffnung.«

»Zukunft und Hoffnung« – in diesen beiden Worten liegt alles beschlossen, was Jeremia über Gottes Heilsplan zu weissagen hat. Er malt keine bunten Bilder von der zukünftigen Welt: kein kosmisches Drama – es verfinstert sich kein Mond, und es explodiert keine Sonne. Auch kein irdisches Paradies – kein Feld bringt tausendfache Ernte, und kein Zweig bricht unter der Last seiner Früchte. Schließlich auch kein ewiges Friedensreich – die Löwen werden kein Stroh fressen, die Wölfe nicht bei den Lämmern liegen, und kein Säugling wird am Loch der Otter spielen. Überhaupt nichts apokalyptisch Wunderhaftes, Äußeres, sondern das Innigste, das es überhaupt gibt: ein von Grund auf neues Verhältnis zwischen Gott und Mensch.

Also nicht: Weiter so, Israel! – wie die nationalen Heilspropheten vollmundig posaunen, sondern Ende, Bruch und neuer Anfang. Die Initiative dazu geht von Gott aus: »Siehe, es kommt die Zeit, da will ich mit dem Hause Israel und dem Hause Juda einen neuen Bund machen, nicht, wie der Bund war, den ich mit ihren Vätern schloß, als ich sie bei der Hand nahm, um sie aus Ägyptenland zu führen, ein Bund, den sie nicht gehalten haben.« Mit dieser Ankündigung ist eine heilsgeschichtliche Zäsur zwischen »alt« und »neu«, zwischen Vergangenheit und Zukunft markiert.

Israel hat den alten Bund vom Sinai gebrochen. Ob nicht gekonnt oder nicht gewollt, auf jeden Fall hat es sich als unfähig zum Guten erwiesen. Der Inhalt des göttlichen Gesetzes aber gilt unverkürzt und unverbrüchlich weiter. Soll es künftig befolgt werden, bedarf es einer neuen Vermittlung. Dies aber verlangt mehr als nur eine andere Lehrweise als bisher, nämlich eine grundsätzlich neue Auffassung vom Verhältnis zwischen Gott und Mensch. Darum konzentrieren sich alle Gaben und Bilder der künftigen Heilszeit bei Jeremia in seiner Weissagung eines »neuen Bundes« zwischen Jahwe und Israel.

In Zukunft ist jeder Einzelne unmittelbar zu Gott und vor ihm allein verantwortlich. Darum soll das alte Sprichwort »Die Väter haben saure Trauben gegessen, und den Kindern sind die Zähne stumpf geworden« fortan in Israel

Ein Brief nach Babylon

nicht mehr gelten. Mit dieser Individualisierung hat Jeremia, übrigens zur gleichen Zeit wie der Prophet Ezechiel, das alte Kollektivdenken hinter sich gelassen.

Aber wenn Israel als ganzes unfähig zum Gehorsam war, wie kann der Einzelne dann dazu fähig werden? »Kann etwa ein Mohr seine Haut wandeln oder ein Panther seine Flekken?« – ebensowenig kann ein Mensch sich ändern! Die Grundlage des bisherigen Bundesgedankens bildete die zweiseitige Vergeltungslehre: Belohnt wird, wer das Gesetz hält, bestraft, wer es übertritt. Diese angebliche Logik des Glaubens hat sich nicht als tragfähig erwiesen. Darum bedarf der Bund eines neuen zureichenden Grundes.

Beim ersten Bundesschluß am Sinai hat Gott hoch oben vom Berg herabgerufen, und Mose hat seine Worte dem Volk übermittelt. Die entscheidende Gabe des neuen Bundes wird darin bestehen, daß Gott den Menschen sein Gesetz, ohne Anrufung von außen, unmittelbar in ihrem eigenen Innern offenbart: »Das soll der Bund sein, den ich mit dem Hause Israel schließen will: Ich will mein Gesetz in ihr Herz geben und in ihren Sinn schreiben.« Dank dieser »Verinnerlichung« – weil Gott seinen Willen den Menschen ins Herz schreibt – kann dieser ihn »von Herzen« tun.

Wie alle unmittelbare Inspiration trägt auch der von Jeremia geweissagte neue Bund Gottes mit den Menschen ein laizistisch-demokratisches Element in sich. Es wird künftig keine Sachverständigen für Gott und damit kein theologisches Lehramt mehr geben. »Keiner wird den anderen noch ein Bruder den anderen lehren und sagen: ›Erkenne den Herrn‹, sondern sie sollen mich alle erkennen, beide, klein und groß, spricht der Herr.« Wo alle in bezug auf Gott Lernende sind, hat die Unterscheidung zwischen »Geistlichen« und »Laien« aufgehört. Was der Prophet ankündigt, bedeutet die Ausgießung des Geistes Gottes.

Jeremias prophetische Botschaft kann man ohne Übertreibung als eine »Gotteswende« bezeichnen. In ihr verbindet sich ein theologischer Universalismus mit einer anthropologischen Konzentration.

Im Brief an die Exulanten in Babylon greift der Gottesglaube räumlich und zeitlich in die Weite und überwindet damit die religionsgeschichtliche Unterscheidung zwischen weltlich und geistlich, zwischen profan und sakral. Gottes Gegenwart ist nicht an den Tempel in Jerusalem gebunden, überhaupt an kein bestimmtes Volk oder Land. Es gibt keine religiösen Privilegien und Provinzen – Gott ist überall in der Welt gegenwärtig. Auch in einem heidnischen Land – zum Beispiel in Babylon – kann man gottgefällig leben, darf man beten, soll es sogar für die siegreichen Feinde tun, obwohl sie Marduk als ihren Gott anbeten und ihm für den Sieg über Juda danken.

Auf diese Weise beginnt sich zugleich das enge Bündnis zwischen Religion und Politik sowie die Bindung des Glaubens an den Kult zu lösen. Wie Gottes Allgegenwart in der Welt ohne Grenzen ist, wie er sowohl auf dem Zion als auch in Babel wohnt, so sollen auch die Menschen ihrer Liebe zueinander keine Grenzen setzen. Als Abbild der grenzüberschreitenden Universalität Gottes weitet sich die Liebe, noch vor der Bergpredigt, zur Feindesliebe aus.

Jeremias Brief an die Exulanten in Babylon kann den Christen heute helfen, auch die andere, positive Seite an der beklagten Verweltlichung der Welt zu erkennen. Wie die Juden einst durch ihre Verbannung aus dem angeblich

Ein Brief nach Babylon

»heiligen Land« in die Weite der heidnischen Welt geführt worden sind, so auch die Christen aus ihrem Zion, dem christlichen Abendland, in das Babel der nichtchristlichen Diaspora.

Gleichzeitig mit der Entfaltung des Gottesglaubens in die Weite der Welt hat Jeremia in seiner Weissagung des »neuen Bundes«, wie kein anderer Prophet vor und nach ihm, die dem Menschen zugewandte Seite des göttlichen Heilshandelns betont. Der Glaube an Gott wird dem Menschen nicht wie ein fremdes Gesetz von oben oder außen übergestülpt, sondern begegnet ihm als etwas, das ihn unbedingt angeht, so daß der Gehorsam gegen Gott für ihn zur Einung mit seinem eigenen Willen wird.

Die Verheißung des neuen Bundes wird von Jeremia damit begründet, daß Gott Israel seine Schuld vergeben und seine Sünde nimmermehr anrechnen will. Das macht noch einmal deutlich, wie die neue Beziehung zwischen Gott und Mensch zustande kommt: Auch künftig beginnt der Weg des Menschen zu Gott bei Gott, nicht beim Menschen. Kraft der Macht seiner Liebe befreit Gott ihn zu sich selbst.

Deuterojesaja – der Evangelist unter den Propheten

Fürwahr, ein verborgener Gott – der Heiland

Das babylonische Exil markiert einen tiefen Einschnitt in der Geschichte des Volkes Israel. Der Staat Juda untergegangen, das Königtum beendet, der Tempel in Jerusalem zerstört, der Opferdienst unterbrochen, ein großer Teil der Oberschicht deportiert – dies alles deutete auf einen endgültigen Zusammenbruch hin. Über Israels Geschichte schien ein für allemal der Vorhang gefallen zu sein. Daß es dann doch anders kam, daß aus dem Zusammenbruch ein Umbruch wurde, aus dem vermeintlichen Ende ein neuer Beginn, war nicht allein dem günstigen weltpolitischen Umschwung zu danken, sondern hatte vor allem religiösen Grund. Die Jahre des Exils waren eine Zeit theologischer Besinnung. In ihnen wurde Neues von Gott offenbar.

Vor allem Deuterojesaja, wie der anonyme Prophet im babylonischen Exil behelfsmäßig genannt wird, hat der Jahwereligion einen entscheidend neuen Impuls gegeben. Dieser war notwendig geworden. Denn die politisch-militärische Katastrophe mit ihren Folgen auch für die alltägliche Lebensfristung hatte manchen Gläubigen an Gott irregemacht. Sie hatte Zweifel an seiner Allmacht geweckt: War

Deuterojesaja – der Evangelist unter den Propheten

der Sieg der Babylonier nicht ein sichtbarer Beweis dafür, daß ihr Gott Marduk mächtiger war als Jahwe? Zweifel auch an Gottes Gerechtigkeit: Die Schuld, die durch das strenge Gericht gesühnt werden sollte, war schon von lange her und nicht erst von heute – warum die Strafe dann gerade jetzt? Ein Sprichwort lief um: »Die Väter haben saure Trauben gegessen, und den Kindern sind die Zähne stumpf geworden.«

Solche Zweifel irritierten den Glauben und verführten zum Abfall. Nicht, daß man Jahwe vollends untreu wurde, aber neben ihm suchte man auch wieder Hilfe bei fremden Göttern, so daß eine Art »Mischreligion« entstand. Daß der Jahweglaube dennoch durchhielt, sich sogar erneuerte, war entscheidend der Gottesverkündigung Deuterojesajas zu verdanken.

Dem Propheten kam die neue weltpolitische Konstellation zustatten. Im Jahr 539 v. Chr. eroberte der persische Großkönig Kyros II. Babylon. Das bedeutete einen Wechsel in der Weltherrschaft. Mit seinem Siegeszug zerstörte Kyros das neubabylonische Reich und begründete die fast zweihundertjährige persische Vorherrschaft im Vorderen Orient. Anders als die Assyrer und Babylonier deportierten die Perser die von ihnen unterworfenen Völker nicht, sondern ließen sie weiter als Untertanen in ihren Territorien wohnen. Mit dem Machtwechsel in Babylon bestand auch für die verbannten Juden endlich Aussicht auf eine Rückkehr in die Heimat.

Deuterojesaja begrüßte Kyros als Israels Retter. Gott hat ihn »erweckt« und mit Weltmacht ausgestattet, damit er seinen Willen vollstrecke:

Führwahr, ein verborgener Gott – der Heiland

»Zu Kyros spreche ich: mein Hirte!
Alles, was ich will, wird er vollenden,
zu Jerusalem sagen: Werde wieder gebaut!
und zum Tempel: Werde wieder gegründet!«

Der Prophet wagt sogar, den heidnischen Großkönig als Gottes »Gesalbten« zu bezeichnen – ein Amt, das ursprünglich nur einem Sproß aus dem Königshaus Davids vorbehalten war.

Im Zentrum des weltweiten göttlichen Geschichtsplans stand nach wie vor das Volk Israel. Daß Gott ihm seine Schuld vergeben hat, bildet die Voraussetzung der neuen prophetischen Gottesverkündigung. Mit dieser Zusage beginnt das Zweite Jesajabuch:

»Tröstet, tröstet mein Volk!
spricht euer Gott.
Redet mit Jerusalem freundlich
und verkündet ihr,
daß ihre Knechtschaft ein Ende hat,
daß ihre Schuld vergeben ist;
denn sie hat doppelte Strafe empfangen von der
Hand Gottes
für all ihre Sünden.«

Jahwe hat sein in Schuldknechtschaft geratenes Volk »ausgelöst«. Von Sünde, Schuld und Strafe ist daher nur noch wenig die Rede, statt dessen viel vom Locken und Werben Gottes.

Fast ist es, als bagatellisiere Deuterojesaja den Zorn Gottes und das über Israel ergangene Gericht:

»Ich habe dich einen kleinen Augenblick verlassen,
aber mit großer Barmherzigkeit will ich dich
heimholen.

Deuterojesaja – der Evangelist unter den Propheten

Ich habe mein Angesicht im Augenblick des Zorns
ein wenig verborgen,
aber mit ewiger Gnade will ich mich deiner
erbarmen.«

Konkret besteht Israels Erlösung in der Heimführung der Verbannten nach Palästina. Deuterojesaja schildert den bevorstehenden Auszug aus Babylon in Analogie zum einstigen Exodus Israels aus Ägypten. So wie damals wird Gott den Zug durch die Wüste geleiten. Diesmal wird es aber noch weit wunderbarer zugehen als einst auf dem langen Marsch durch die Wüste nach Kanaan. Der Weg wird über Berge und Täler hinweg gebahnt sein; die Heimkehrer werden weder hungern noch dürsten, Hitze und Sonne sollen ihnen nichts anhaben. Selbst die Natur wird jubelnd teilnehmen: Zypressen werden statt Dornen wachsen, Myrten statt Nesseln, und die Bäume am Wegrand werden Beifall klatschen. Wenn schließlich die Wächter auf Zions Mauern den Zug der Heimkehrer in der Ferne erblicken, werden auch sie in den Jubel einstimmen.

So entspricht der zweite Exodus aus Babylon zwar dem ersten aus Ägypten, übertrifft ihn aber zugleich und stellt ihn in den Schatten. Das Erste dient nur noch als eine Art Modell für das Zweite. Was künftig geschehen wird, ist mehr als alles, was je in der Vergangenheit zu Israels Heil geschah. Die Berufung Abrahams, die Herausführung aus dem Knechthaus Ägypten, das Schilfmeerwunder und die Landnahme in Kanaan – alle diese außerordentlichen Ereignisse gelten nur noch als die weit überbotenen Vorbilder für die Rückführung aus Babylon. Das klingt blasphemisch, fast wie eine Gotteslästerung; damit wird das Urbekenntnis Israels, die Grundlage seiner Religion, angetastet. Für die Israeliten damals mußte sich dies anhören, als wenn heute in der Christenheit ein Prophet aufträte und weissagte, daß die Offenbarung Gottes in Jesus Christus zwar nicht gänzlich ausgelöscht, aber doch grundsätzlich überholt sei.

Entsprechend unterscheidet Deuterojesaja in der Heilsgeschichte Israels zwischen zwei Phasen, dem »Alten, das früher geschah« und dem »Neuen, das kommen wird«. Das »Alte« reicht von der Berufung Abrahams bis zur Zerstörung Jerusalems; mit dem Exil ist es abgeschlossen. Das Ende der Vergangenheit eröffnet zugleich eine neue Zukunft, die größer und herrlicher sein wird als alles Bisherige.

Die beiden Phasen fallen nicht in zwei beziehungslose Teile auseinander. Vielmehr ist das Alte im Neuen »aufgehoben«, das heißt, es spendet zwar kein Heil mehr, bleibt aber als Typus und Vorbild neuen Heils gegenwärtig. Auf diese typologische Entsprechung legt Deuterojesaja großen Wert, betont dann aber das Neue so stark, daß das Alte abgetan erscheint.

Zu dieser Wende vom Alten zum Neuen will der Prophet seine Zeitgenossen ermutigen. Er sorgt sich, sie könnten dem Früheren nachtrauern und der Resignation anheimfallen. Darum möchte er gleichsam ihre Köpfe herumreißen, daß sie ihre Blicke vom Alten abwenden und sich auf das Neue, Zukünftige einstellen:

> »Denkt nicht mehr an das, was früher geschah,
>   und achtet nicht auf das Vergangene!
> Denn seht, ich will Neues schaffen,
>   schon sprießt es auf –
>   erkennt ihr es nicht?«

Deuterojesaja – der Evangelist unter den Propheten

Um seine prophetische Botschaft zu begründen, knüpft Deuterojesaja nicht nur an die Exodustradition an, sondern greift überraschend sogar auf die Weltschöpfung zurück – das hat vor ihm noch niemand getan.

»Schaffen« und »erlösen« sind nicht zwei getrennte Tätigkeiten, sondern gehören zusammen und werden synonym gebraucht. Die Schöpfung ist das erste Werk der Heilsgeschichte; sie garantiert die Zukunft der Welt. Der Gott, der die Enden der Welt geschaffen hat, der am Beginn das Urmeer, die Wasser der großen Tiefe, trockenlegte und der den Grund des Schilfmeers zum Weg bahnte, so daß die Israeliten auf ihrer Flucht aus Ägypten heil hindurchgelangten – dem darf man auch zutrauen, daß er noch immer die Enden der Welt in Händen hält und darum auch den Auszug Israels aus Babylon ans Ziel führen wird.

So wird der »Ein-Gott-Glaube« für Deuterojesaja zum zentralen theologischen Thema. Alles ist auf *Gott* bezogen, und es gibt nur *einen* Gott. In seinem Schöpfer- und Erlöserwillen gründend, hat die Welt Einheit, Zusammenhang und Ziel.

Theozentrizität und Monotheismus beruhen beide auf der Macht des Wortes Gottes. Gleich am Anfang des Zweiten Jesajabuchs steht ein Text, in dem sich vielleicht das Berufungserlebnis des Propheten spiegelt:
»Es spricht eine Stimme: Predige!
und ich sprach: Was soll ich predigen?
›Alles Fleisch ist Gras,
und alle seine Schönheit ist wie eine Blume auf dem Felde.

Fürwahr, ein verborgener Gott – der Heiland

Das Gras verdorrt, die Blume verwelkt,
   aber das Wort unseres Gottes bleibt in Ewigkeit‹.«
Alles Menschenleben eilt dem Tod entgegen – allein Gott bleibt durch die Macht seines Wortes inmitten aller Vergänglichkeit ewig. Dies erweist sich an seiner Wirkung: Wie Regen und Schnee vom Himmel fallen und nicht wieder dorthin zurückkehren, sondern die Erde feuchten und fruchtbar machen, daß sie Samen und Brot hervorbringt, so wird auch das Wort Gottes nicht leer zurückkommen, sondern ausrichten, wozu es gesandt ist.

Die Entsprechung zwischen Verkündigung und Erfüllung des Wortes wird für Deuterojesaja zum monotheistischen Gottesbeweis. Sie bezeugt die Überlegenheit Jahwes über die heidnischen Götter. Bei ihm stimmen Wort und Tat überein. Er kann nachweisen, daß er das Wort seiner Boten wahrmacht und den Ratschluß ausführt, den seine Propheten geweissagt haben:

»Wer hat dies hören lassen von alters her
   und vorzeiten verkündigt?
Hab ich's nicht getan, der Herr?
   Es ist sonst kein Gott außer mir.«

Wie in einem Prozeß ruft Gott – Ankläger und Richter in einer Person – die anderen Götter in den Zeugenstand:

»Bringt eure Sache vor . . .
Sagt an, womit ihr euch verteidigen wollt . . .
Verkündigt doch, was früher geweissagt wurde,
   damit wir darauf achten!
Oder laßt uns hören, was kommen wird,
   damit wir merken, wenn es eintrifft,
   und erkennen, daß ihr Götter seid!«

Der Weissagungsbeweis bezeugt die Göttlichkeit Jahwes

Deuterojesaja – der Evangelist unter den Propheten

und entlarvt die Ohnmacht aller heidnischen Götter; sie sind nichts als lauter »Nichtse«.

Weil Gott unvergleichlich ist und sich mit keinem Maß messen läßt, kann man von ihm kein Bild herstellen. Es kommt dabei immer ein Götze heraus. Mit beißendem Spott schildert Deuterojesaja daher alle derartigen Künste: Der Schmied formt in der Kohlenglut der Esse mit kräftigen Hammerschlägen ein Götterbild, ißt und trinkt dabei vor lauter Eifer nichts und wird darüber matt. – Der Künstler holt Holz aus dem Wald; die eine Hälfte verbrennt er im Ofen, wärmt sich daran, brät sein Fleisch darauf, aus der anderen macht er sich einen Gott, fällt vor ihm auf die Knie und betet: Errette mich! – Der Handwerker gießt eine Figur, der Goldschmied vergoldet sie und macht silberne Ketten daran. Wer dafür zu arm ist, läßt ein Bild aus Holz fertigen, muß aber aufpassen, daß sein Götze nicht wackelt.

Wer so radikal theozentrisch und monotheistisch denkt wie Deuterojesaja, wer wie er die Erschaffung der Welt und die Erlösung Israels, die Garantie der Zukunft und die Gewißheit des Heils, den Untergang Babylons und den Aufstieg Kyros', so ausnahmslos an die Einzigkeit und Allein-Mächtigkeit des einen Gottes bindet und überdies noch alle anderen Götter für »Nichtse« hält – für den kann es keine Freiräume in der Welt geben, in denen Gott nicht wohnte, und keine Vorgänge, in denen er nicht wirkte. Gott wäre nicht Gott, wenn er nicht alles in allem wäre. Deuterojesaja scheut diese theologische Konsequenz nicht. Im Namen Gottes spricht er:

»Ich bin der Herr, und sonst keiner mehr,
der ich das Licht mache und schaffe Finsternis,

Fürwahr, ein verborgener Gott – der Heiland

der ich Frieden gebe und schaffe Unheil.
Ich bin der Herr, der dies alles tut.«

In oder neben Gott gibt es für Deuterojesaja kein zweites, böses Prinzip. Wer das Wunder der Schöpfung preist und alles darin einschließt, die Natur ebenso wie die Geschichte, kann sich vor dem Dunklen, scheinbar Ungöttlichen in der Welt nicht in eine dualistische Nische flüchten. »Er muß es lassen anstehen.« Aber er lastet es nicht Gott an, sondern mutet es seinem Glauben zu und stellt es Gott anheim.

Aus manchen Sätzen Deuterojesajas meint man noch herauszuhören, in welche Situation sie hineingesprochen sind: »Mein Weg ist Jahwe verborgen, und mein Recht geht an meinem Gott vorüber« – »Jahwe hat mich verlassen, er hat mich vergessen.« Es ist die Klage über Gottes Ohnmacht und der Zweifel an seiner Gerechtigkeit – in beidem das Leiden an seiner Verborgenheit. Nach allem, was man erlebt hat, stellt sich die Wirklichkeit anders dar, als man bislang glaubte, und darüber ist der Glaube klein und müde geworden.

Indem der Prophet sich auf die Situation einläßt und das Allgemein-Universale am Konkret-Persönlichen bewahrheitet, wird er zum Seelsorger und beweist damit, daß sein Gottesglaube keineswegs nur ein theoretischer Monotheismus ist.

Er redet von Gottes Göttlichkeit so, daß sie dem Zweifler und Kleingläubigen zum Trost werden kann. Er droht nicht mit Gottes Macht, sondern wirbt und lockt mit ihr. Dabei verwischt er jedoch nicht den Unterschied zwischen dem Schöpfer und seinem Geschöpf:

»So spricht Jahwe, der Heilige Israels
und sein Schöpfer:

Deuterojesaja – der Evangelist unter den Propheten

Wollt ihr mich zur Rede stellen
   wegen meiner Söhne?
Und wollt ihr mir Befehl geben
   wegen des Werks meiner Hände? ...
Weh dem, der mit seinem Schöpfer hadert,
   eine Scherbe unter irdenen Scherben!
Spricht denn der Ton zu seinem Töpfer: Was
   machst du?«

Nur wenn Gott als der Eine und Allein-Mächtige geglaubt wird, ist die Zukunft der Welt garantiert und die Gewißheit des Heils verbürgt. Wer sich darauf verläßt, erfährt Halt und Trost. Und so wiederholt sich durch das ganze Buch der Zuspruch:

»Fürchte dich nicht, ich bin mit dir,
   weiche nicht, denn ich bin dein Gott.
Ich stärke dich, ich helfe dir auch,
   ich halte dich durch die rechte Hand meiner
   Gerechtigkeit.«

In zwei eindrücklichen Bildern – fast möchte man sagen, einem männlichen und einem mütterlichen – hält Deuterojesaja seinen Zeitgenossen vor Augen, wozu das Vertrauen auf Gottes Macht die Menschen »ermächtigt«:

»Er gibt den Müden Kraft
   und verleiht den Kraftlosen Stärke.
Männer werden müde und matt,
   und Jünglinge straucheln und fallen;
aber die auf den Herrn harren, kriegen neue Kraft,
   daß sie auffahren mit Flügeln wie Adler,
   daß sie laufen und nicht matt werden,
   daß sie wandeln und nicht müde werden.«

Fürwahr, ein verborgener Gott – der Heiland

Meistens wird vom Glauben als einem »festen Grund« gesprochen, wodurch dieser selbst gelegentlich etwas Schwergewichtiges erhält. Hier ist von »Flügeln« des Glaubens die Rede; sie erheben den Menschen und lassen ihn schwingen und schweben.
Dazu das weibliche Bild:
>»Kann auch eine Frau ihr Kindlein vergessen,
>>daß sie sich nicht erbarme über den Sohn ihres Leibes,
>und wenn sie ihn auch vergäße,
>>so will ich doch dich nicht vergessen,
>>Siehe, in meine Hände habe ich dich gezeichnet.«

Es ist dies eine der nicht gerade zahlreichen Stellen im Alten Testament, an denen die Mutterliebe zum Gleichnis für die Liebe Gottes gewählt wird. Dies entspricht der freundlichen Art, wie Deuterojesaja insgesamt von Gott redet – gemäß dem Auftakt des Buches: »Tröstet, tröstet mein Volk! Redet mit Jerusalem freundlich!« Das Zweite Jesajabuch ist ein »Trostbuch«. Man hat seinen Urheber zu Recht den »Evangelisten« unter den Propheten genannt.

Aber keine noch so freundliche Rede von Gott vermag seine Verborgenheit aufzuheben:
>»Meine Gedanken sind nicht eure Gedanken,
>>und eure Wege sind nicht meine Wege, spricht der Herr,
>sondern so viel der Himmel höher ist als die Erde,
>>so sind auch meine Wege höher als eure Wege
>>und meine Gedanken als eure Gedanken.«

Das verlangt vom Menschen eine Umkehr in seinem Nachdenken über Gott und führt zur Einsicht: »Theologie treiben« heißt nichts anderes, als sich lebenslang abzu-

Deuterojesaja – der Evangelist unter den Propheten

arbeiten an der scheinbaren Abwesenheit Gottes in der Welt. Und so kann der Prophet seine theologischen Reflektionen über Gottes Göttlichkeit in den staunenden Ausruf münden lassen, der beide Seiten Gottes zusammenschließt, sein immer neues Offenbaren und seine immer bleibende Verborgenheit:

»Fürwahr, du bist ein verborgener Gott,
du Gott Israels – der Retter!«

Es gibt in dem Buch Deuterojesajas vier Texte, die fast wie ein fremdes Element in ihm wirken, und auch die Person, deren Auftrag und Schicksal sie beschreiben, bleibt merkwürdig anonym, fast eine geheimnisvolle Gestalt. Es sind die vier sogenannten »Gottesknechtslieder«.

Trägt man ihre verschiedenen Züge zusammen, so ergibt sich etwa folgendes Bild: Der »Gottesknecht« ist von Jahwe schon im Mutterleib berufen und wird von ihm, mit seinem Geist ausgerüstet, öffentlich vor der Welt eingesetzt. Sein Amt ist es, nicht nur die Stämme Israels aus der Zerstreuung zu sammeln, sondern die ihnen widerfahrene Begnadigung allen Menschen zukommen zu lassen und so zum »Licht der Völker« zu werden.

Der Gottesknecht wirkt leise; seine Stimme ist auf den Gassen nicht zu hören. Mit den Müden redet er behutsam: »Das geknickte Rohr wird er nicht zerbrechen, und den glühenden Docht wird er nicht auslöschen.« Von Gottes Macht und Hoheit läßt sein Auftreten nichts erkennen. Um seines Gehorsams willen muß er leiden. Er wird mißhandelt, geschlagen und bespien. Sein Anblick ist schließlich so häßlich, daß die Leute sich von ihm abwenden und ihn verachten. Aber er weicht nicht zurück. Er trägt sein Leiden

Fürwahr, ein verborgener Gott – der Heiland

stumm, ohne Widerrede, gleich einem Lamm, das zur Schlachtbank geführt wird. Am Ende wird er auf dem Schindanger, bei den Gottlosen, begraben. Sein Leben und Leiden scheint vergeblich gewesen zu sein.

Gott aber bekennt sich zu ihm. Weil seine Seele sich abgemüht hat, wird er das Licht schauen und Leben in Fülle haben. Und seine Anhänger, die ihn zunächst auch verkannt haben, werden sein Leben und Leiden im nachhinein als Stellvertretung und Schuldopfer für ihre Sünden erkennen:

»Fürwahr, er trug unsere Krankheit
und lud auf sich unsere Schmerzen.
Wir aber meinten, er sei von Gott geplagt,
von ihm geschlagen und gemartert.
Aber um unserer Missetat willen ist er verwundet
und um unserer Sünde willen zerschlagen.
Die Strafe liegt auf ihm, damit wir Frieden hätten,
und durch seine Wunden sind wir geheilt.«

Daß auf Schuld Strafe folgt und das Leid, das einen Menschen trifft, entsprechend als göttliche Strafe zu gelten hat – dieser Tun-Ergehens-Zusammenhang bildet einen festen Bestandteil des biblischen Gottesglaubens. Gleichzeitig aber hat es immer wieder auch Protest gegen solche juridische Verrechnung zwischen Schuld und Schicksal gegeben. Schon das Gespräch Abrahams mit Gott über das mögliche Los Sodoms übt Kritik daran. Der Patriarch lehnt sich dagegen auf, daß beim Untergang der Stadt die Unschuldigen mit den Schuldigen umkommen sollen, und erreicht von Gott tatsächlich die Zusage, daß, wenn nur zehn Gerechte in ihr seien, die Stadt verschont bleibe: Um der Unschuld der Schuldlosen willen werden die Schuldigen verschont!

Deuterojesaja – der Evangelist unter den Propheten

Näher noch führt an die Gestalt des leidenden Gottesknechts das Bild Moses heran, wie es im Deuteronomium beschrieben wird. Er fungiert als Mittler zwischen Jahwe und Israel. Von Gottes Geist ergriffen, hat er seinem Volk Gottes Willen zu verkünden. Er ist ein leidender Mittler. Wie eine Mutter trägt er das Volk auf den Armen, und mehr als einmal droht er unter der Last zusammenzubrechen. Immer wieder muß er Gottes Zorn aufzufangen suchen und für seine Volksgenossen Fürbitte leisten. Einmal liegt er vierzig Tage und Nächte, ohne zu essen und zu trinken, vor Gott. Am Ende muß er, als Strafe für Israels Untreue, auf die Erfüllung seines lebenslangen Sehnens und Strebens verzichten – er darf das verheißene Land nicht mit den anderen betreten.

Im Christentum schließlich hat das Bild des leidenden Gottesknechts als Vorbild für die Beschreibung und Deutung des Lebens, Leidens und Sterbens Jesu aus Nazareth gedient.

Am Ende der Heilsgeschichte erwartet Deuterojesaja eine universale Welttheophanie mit einer gleichzeitigen Götterdämmerung. Sie wird mit dem Wiederaufbau Jerusalems und der Wiederherstellung Israels beginnen. Jahwe selbst wird an der Spitze der Verbannten in die heilige Stadt einziehen und dort inmitten seines Volkes als König residieren. Zur gleichen Zeit werden auch alle übrigen Israeliten von den Enden der Erde her gesammelt werden. Danach erst wird der Exodus Israels endgültig vollendet sein.

Nach einem Strafgericht, besonders über Babylon und Ägypten, werden auch alle anderen Völker auf der Erde an Gottes Heil teilhaben. Von Jahwes Größe und Herrlichkeit

Fürwahr, ein verborgener Gott – der Heiland

überführt, werden die Heiden die Nichtigkeit ihrer Götter erkennen, vor Jahwe ihre Knie beugen und ihn allein als den einen und wahren Gott bekennen: »Nur bei dir ist Gott, und sonst ist kein Gott mehr.«

Bei dieser universalen Welttheophanie handelt es sich nicht um die Fortsetzung der durch die Zerstörung Jerusalems und das babylonische Exil unterbrochenen Geschichte Israels, sondern um einen völlig neuen Anfang. Bisher war es in Israels Heilsgeschichte nach dem Schema: Abfall, Gericht, Ruf zur Umkehr, Buße, Fortgang – gegangen und damit um ein innerzeitliches Entweder-Oder: Vernichtung oder Rettung. Jetzt handelt es sich um ein endzeitliches Vorher und Nachher. Deuterojesajas Zukunftsankündigungen gehen weit über alle innergeschichtlichen Erwartungen hinaus. Der Prophet sieht sich und seine Welt auf der Schwelle zu einem neuen, dem letzten Weltzeitalter stehen. Die Apokalyptik kündet sich an und mit ihr eine neue Stufe in der Geschichte des biblischen Gottesglaubens.

Der Psalter – Lobgesänge in der Nacht

Die Welt wird ins Gebet genommen

Von allen Büchern des Alten Testaments ist die größte geistliche Wirkung fraglos von den Psalmen ausgegangen. Zu allen Zeiten hat die Christenheit aus ihnen geschöpft, nicht nur im Gottesdienst, auch in der häuslichen Andacht und zur privaten Erbauung. Martin Luther hat vom Psalter gesagt: »Da siehst du allen Heiligen ins Herz« und ihn eine »kleine Biblia« genannt – eine »rechte Schule, in der man den Glauben lernet«.

Der Psalter spiegelt das unablässige Gebet der Gläubigen mit Gott wider – es ist ihre Antwort auf sein Tun. Die meisten Psalmen sind freilich nicht in der stillen Kammer des einzelnen Beters, sondern im Gottesdienst der Gemeinde entstanden, vornehmlich in den Kreisen der Tempelsänger. Sie bildeten das gesprochene Wort neben dem Opferkult und den rituellen Handlungen der Priester; dazu erklangen auch Chöre und Saitenspiel.

Nur wenige Psalmen gehen, entgegen ihren Überschriften, auf König David zurück. Die meisten sind erst im babylonischen Exil und in der Zeit danach entstanden, als der Wortgottesdienst der Synagoge immer größere Bedeu-

Der Psalter – Lobgesänge in der Nacht

tung gewann. Damals wurde der Psalter zum Lieder- und Gebetbuch der Gemeinde, tradiert durch das immer erneute Nachsprechen im Gottesdienst.

Im Laufe der Zeit aber hat sich die Psalmdichtung stärker vom Kult befreit und dadurch an religiöser Vertiefung gewonnen. Die persönlichen Glaubenserfahrungen haben zu einer »Spiritualisierung« geführt. Das Wort löste sich vom Kult und trat an die Stelle des Opfers: »Schlachtopfer und Speisopfer gefallen dir nicht, aber die Ohren hast du mir aufgetan« – »Die Opfer, die Gott gefallen, sind ein geängsteter Geist; ein geängstetes, zerschlagenes Herz wirst du, Gott, nicht verachten.«

Der Psalter enthält beides in eins: eine theozentrische Theologie und eine theologische Anthropologie. Im Gegenüber zu Gott erkennt der Mensch sich selbst. Indem er sein Herz vor ihm ausschüttet, verwischen sich ihm die Grenzen zwischen Klage und Dank, und es entstehen »Lobgesänge in der Nacht«.

Rainer Maria Rilke schreibt in einem Brief an seinen Verleger: »Ich habe die Nacht einsam hingebracht und habe schließlich die Psalmen gelesen, eines der wenigen Bücher, in dem man sich restlos unterbringt, mag man noch so zerstreut und ungeordnet und angefochten sein.«

Ob Hymnen, Klage- und Danklieder, auch Bußpsalmen und Wallfahrtslieder – auf ihrem Grund sind alle Psalmen »Vertrauenslieder«. Dies gilt in exemplarischer Weise für den 73. Psalm.

Der 73. Psalm gehört im Alten Testament zur sogenannten »Weisheitsliteratur«, das heißt er will Lebensorientierung vermitteln: Wahrer Glaube möchte auch verstehen. Der

Die Welt wird ins Gebet genommen

Psalmist belehrt, indem er erzählt, wie es einem Menschen im Leben mit Gott ergeht. Er tut es in der Form des Nachdenkens und des Gebets. Die Welt wird von ihm gewissermaßen »ins Gebet genommen«.

Das Fazit seines Nachdenkens über Gott und die Welt stellt der Psalmist in einer Art Leitsatz voran: »Gott ist dennoch Israels Trost für alle, die reines Herzens sind.« Wohlgemerkt, es heißt nicht einfach: »Gott ist Israels Trost«, sondern: »Gott ist *dennoch* Israels Trost.« Also keine allgemeine Binsenwahrheit, sondern ein persönliches Bekenntnis – das Ergebnis eines schmerzhaften Lernprozesses.

Darum auch der Zusatz: »– für alle, die reines Herzens sind«. Damit sind weder verschämte Jungfrauen noch reine Toren gemeint, sondern Menschen, die mit der Wahrheit nicht nur tändeln, sondern sie sich etwas kosten lassen. Der Glaube an Gott ist zwar umsonst, aber er ist nicht billig. Darum bildet das Wort »Dennoch« auch den Schlüssel zum ganzen Psalm. Im Grunde besteht das Ergebnis des Lernprozesses, den der Psalmist schildert, nur im Erlernen dieses »Dennoch«.

Drei Phasen lassen sich darin erkennen.

Erste Phase: Die Situation: Wo ist Gott – wohin ist er? Motto: »Ich sah und ärgerte mich.«

Der Beter befindet sich in einer Glaubenskrise. Ihm ist der Grund seines Lebens ins Wanken geraten. Worauf man sich jahrhundertelang in Israel verlassen hat, scheint nicht mehr zu stimmen. Auf Gott ist »augenscheinlich« kein Verlaß mehr! Was den Psalmisten angesichts der Welt verwirrt, ist der offenbare Widerspruch zwischen dem, was er sieht, und dem, was er glaubt – wenigstens, was er bislang von Gott geglaubt hat.

Den Anlaß seiner Anfechtung bildet das Glück der Gottlosen. Er ärgert sich, daß es ihnen in der Welt so gut geht: Der Weg ohne Gott scheint der kürzeste Weg zum Erfolg zu sein. Gar nicht genug Worte und Bilder kann er häufen, um das Wohlergehen der Gottlosen auszumalen. Dabei gerät ihm seine Schilderung fast zur frommen Schmährede: »Für sie gibt es keine Qualen, gesund und feist ist ihr Leib ... Sie prangen in Hoffart und hüllen sich in Frevel ... Sie brüsten sich wie ein fetter Wanst ... Sie reden und lästern hoch her ... Darum fällt ihnen der Pöbel zu. Siehe, das sind die Gottlosen.« Vor lauter Gottlosen sieht der Psalmist in der Welt Gott nicht mehr.

Blendet er dann auf sein eigenes Leben hinüber, muß er feststellen: Nichts von all dem, was die Gottlosen besitzen, weder Erfolg noch Wohlergehen – nur Mühsal, Mißgeschick und Plage. Das läßt ihn im Glauben straucheln und an Gottes Gerechtigkeit zweifeln: Warum sind die Gottlosen so erfolgreich – und ich bin es nicht? Aber der Psalmist heischt nicht nach Mitleid, er möchte auch nicht nur für sich ein Stück vom Kuchen des Lebens haben. Es geht ihm in all dem dennoch um Gott. Sein Psalm ist eine Art Rechtsklage. Er klagt die Treue Gottes ein: Er soll sich in der Welt und damit auch ihm als Gott erweisen.

Aber da überfällt ihn jäh ein Gedanke und hält ihn vom endgültigen Abfall zurück: Erklärte er jetzt ein Leben mit Gott vollends für sinnlos, dann würde er damit all die Vielen, die vor ihm im Glauben an Gott gelebt haben und gestorben sind, ins Unrecht setzen und sie nachträglich zu Narren und Phantasten stempeln.

Die Welt wird ins Gebet genommen

Mit dieser Erinnerung an die früheren Glaubenszeugen bahnt sich die *zweite Phase* im Lernprozeß des Psalmisten an:

Die Kehre: Hin zu Gott! Motto: »Ich sann nach, ging und sah.«

Die Kehre findet ihren stilistischen Ausdruck im Wechsel des Personalpronomens. Fortan spricht der Psalmist nicht mehr in der dritten Person *über* Gott, sondern in der zweiten *zu* Gott. Von jetzt an sagt er »Du« zu Gott.

Der Psalmist hat gründlich über Gott und die Welt nachgedacht. Er hat den Denkweg bis ans Ende ausgeschritten, aber Gott ist ihm nicht begegnet. Durch Nachdenken und Mutmaßen allein lassen sich der sichtbare Lauf der Welt und die unsichtbare Gegenwart Gottes augenscheinlich nicht zusammenbringen. »So sann ich nach, ob ich's begreifen möchte, aber es war mir zu schwer.« Später wird er sich an die Stirn schlagen und ausrufen: »Ich war ein Narr und wußte nichts, ich war wie ein Tier vor dir« – auf deutsch: Ich war ein Rindvieh!

Der Psalmist ist dadurch zur Einsicht gelangt, daß er, wie er sich ausdrückt, »in das Heiligtum ging«. Was immer unter dem Gang ins Heiligtum zu verstehen ist, ob konkret ein Besuch des Tempelgottesdienstes oder bildlich der Eintritt in den Bereich der göttlichen Wahrheit – in jedem Fall ist ihm Gott neu aufgegangen. Er hat das »Dennoch« des Glaubens gelernt: Obwohl die Welt so ist, wie sie ist – »Gott ist dennoch Israels Trost.«

Fragt man jedoch, worin sich das neugewonnene Gottvertrauen bewahrheite, so ist seine erste Antwort darauf enttäuschend. Daß auf Gott Verlaß ist, erkennt er ausgerechnet daran, daß die Gottlosen vergehen. Er sieht ein, daß er sich geirrt hat, als er ihren Bestand für ewig hielt. Jetzt steht ihm ihr Ende vor Augen: Es ist ein Ende mit Schrecken – und er unterläßt es nicht, ihr schreckliches Ende ebenso drastisch, fast schon genüßlich auszumalen wie zuvor ihre Herrlichkeit. Damals hatte er ihr Leben nur von außen betrachtet – aber der Augenschein war nur Schein; jetzt sieht er, wie es in Wahrheit um sie steht: Ihr Leben ist hohl und nichtig, wie ein Traum, der beim Erwachen verfliegt.

Das Vergehen der Gottlosen bietet jedoch nur das negative Gegenbild zum Bleiben derer, die auf Gott vertrauen.

Darum *dritte Phase* des Lernprozesses: Die Bleibe: Bei Gott. Motto: »Ich sehe nicht und glaube trotzdem.«

»Dennoch bleibe ich stets bei dir« – mit diesem Bekenntnis steht der Psalmist am Ziel seines Lernprozesses. Es ist kein Happy-End. Seine äußere Situation erscheint unverändert; Gott hat sein Schicksal offenbar nicht gewendet. Dennoch hat er sein Gebet erhört: Er hat Zuflucht gefunden bei Gott; er birgt sich bei ihm wie der Verfolgte, der im Heiligtum Asyl gesucht hat. Und das macht ihn ruhig und gelassen. Mehr noch, ihn hat eine tiefe Seligkeit ergriffen; er ist in diesem Augenblick wunschlos glücklich. Es ist die Erfahrung der unzerstörbaren Lebensgemeinschaft mit Gott und damit die Gewißheit einer Geborgenheit, die tiefer reicht und umgreifender ist als alle leibliche Wohlfahrt. Davon redet der Psalmist als Poet in einer Fülle von Bildern. Sie drücken vier Glaubenserfahrungen aus.

Erstens: »Du hältst mich.«

Wohlgemerkt, es heißt nicht: »Ich halte dich«, sondern: »Du hältst mich.« Nicht der Beter faßt Gott an, sondern

Die Welt wird ins Gebet genommen

umgekehrt: Gott greift nach dem Menschen und hält ihn. Diese Verhältnisbestimmung macht das Wesen allen Vertrauens aus.

Vertrauen ist in erster Linie keine Leistung, sondern ein Widerfahrnis. Es wird durch das Verhalten eines anderen – der Eltern, der Mutter, der Frau, des Freundes – in uns »hervorgerufen«; es wird durch sie in uns »erweckt«. Und nur wer Vertrauen erfahren hat, wird seinerseits vertrauen. Der Akt des Vertrauens schließt darum immer ein Doppeltes in sich: Zum einen liegt sein Grund außerhalb unser selbst, in einem Gegenüber; zum andern muß dieser außerhalb unser selbst liegende Grund, dieses Gegenüber, sich zu uns in Beziehung setzen, wenn wir Vertrauen gewinnen sollen.

Dieselbe Struktur weist auch das Gottvertrauen auf: »Gott« ist der Grund dafür, daß ich Vertrauen haben kann, obwohl ich mir selbst nicht traue. Darum kann der Psalmist sprechen: »Du hältst mich bei meiner rechten Hand.«

Zweitens: »Du leitest mich.«

Aus dem Vertrauen auf Gott erwächst das Bekenntnis zur göttlichen Lenkung sowohl der Welt als auch des eigenen Lebens. Aber immer wenn es vom Abstrakt-Universalen zum Konkret-Singulären geht, wird es schwierig: Gottes Vorsehung im Detail zu erkennen, bereitet Verlegenheit. Denn der Glaube hat wohl Gewißheit, aber er verfügt über keinerlei historisches oder kosmisches Wissen. Er versteht den Lauf der Welt, seinen Ursprung und sein Ziel, im Grunde nicht, aber er besteht ihn und sagt »Ach – ja« dazu, und wenn's hochkommt, spricht er: »Amen«. Denn er ist gewiß, daß, wie es auch im Leben kommt, Gott in jedem Fall dabei sein und es nach seinem guten Willen gehen wird. Das ist gemeint, wenn der Psalmist betet: »Du leitest mich nach deinem Rat.«

Drittens: »Du nimmst mich am Ende an.«

Die Lebensgemeinschaft mit Gott ist unzerstörbar – selbst der Tod kann ihr nichts anhaben. Weil Gott »ist«, kann der Mensch »bleiben«.

Gewiß spricht der Psalmist hier nicht wortwörtlich und dogmatisch korrekt von »Auferstehung« und »ewigem Leben«. Aber sein Vertrauen auf Gott ist so groß, daß es selbst noch über die Grenze des Todes hinausschießt, und sein gegenwärtiges Gottesbewußtsein so kräftig, daß die Frage nach dem »Dereinst« sich ihm gar nicht stellt. Wenn Gott den Menschen hält, wenn er ihn nach seinem Rat leitet und ihn am Ende mit Ehren annimmt, dann kann auch der Tod diese Lebensgemeinschaft nicht zerstören, ja nicht einmal unterbrechen. Wen Gott einmal angenommen hat, den läßt er auch im Tode nicht.

Von Gott gehalten, geleitet und am Ende angenommen – alle drei Wesensmerkmale seiner Glaubenserfahrungen verbinden sich für den Psalmisten schließlich zu dem vierten.

Viertens: »Gott ist mein Teil.«

Das Wort »Teil« erinnert an den Ackeranteil, den ein Israelit bei der sakralen Verlosung des Landes erhielt – davon lebte er. Und geradeso bekennt der Psalmist von sich: Gott ist mein Lebensunterhalt. Dabei fungiert Gott für ihn nicht nur als der Geber aller guten Gaben, er selbst ist die gute Gabe, nicht nur der Brötchengeber, sondern das Brot.

Mehr als Gott begehrt der Psalmist nicht: »Wenn ich nur dich habe, so frage ich nicht nach Himmel und Erde.« Nicht der Himmel, das heißt nicht die ewige Seligkeit, und auch nicht die Erde, das heißt nicht die vollkommene Ge-

Die Welt wird ins Gebet genommen

sellschaft, weder dogmatische Richtigkeiten noch politische Fixigkeiten, sondern allein die Gemeinschaft mit Gott bildet für den Psalmisten das Ziel allen Glaubens. Erst von diesem Ziel her ergibt sich alles andere – von der irdischen Gerechtigkeit bis zur himmlischen Seligkeit – als Folge und Frucht.

Was aber, wenn Folgen und Früchte ausbleiben? Wenn jemand im Kampf für die irdische Gerechtigkeit unterliegt oder wenn ihm die komplizierte paulinisch-lutherische Rechtfertigungslehre unverständlich bleibt? Darauf antwortet der Psalmist: »Wenn mir gleich Leib und Seele verschmachtet, so bist du, Gott, doch allezeit meines Herzens Trost und mein Teil.«

Auf die häufig gestellte Frage: »Wozu brauchen Sie Gott eigentlich?« würde die Antwort des Psalmisten etwa so lauten: Glauben soll man nicht aus Tradition, nicht aus Todesfurcht, nicht für alle Fälle, nicht weil irgend jemand es gebietet oder irgend etwas schreckt, nicht aus humanistischen Prinzipien oder um politischer Ziele willen, nicht um beschützt zu sein oder um erlöst zu werden – glauben soll man aus dem einfachen Grund, weil Gott da ist.

Gott ist dem Psalmisten um seiner selbst willen so notwendig, wie es zwei Liebende füreinander sind. Wenn es um das geht, was das Leben zuletzt hält und trägt, verliert das bloß Nützliche ohnehin bald an Wert. Und so schließt der Psalm mit dem Bekenntnis: »Das ist meine Freude, daß ich mich zu Gott halte und meine Zuversicht setze auf den Herrn, daß ich verkündige all dein Tun.«

Im 73. Psalm geht es um das Grundthema aller christlichen Theologie: um die Stellung des Menschen zwischen Gott

Der Psalter – Lobgesänge in der Nacht

und Welt, genauer, um seine Stellung vor Gott angesichts der Welt. Es ist die menschliche Grundsituation, wie sie, jeweils in einer konkreten Lebenslage, im Gebet am deutlichsten zur Sprache kommt.

Alle Anfechtung des Glaubens entsteht am Widerspruch zwischen der sichtbaren Wirklichkeit der Welt und der unsichtbaren Wirklichkeit Gottes. »Die Unsichtbarkeit macht uns kaputt«, hat Dietrich Bonhoeffer als junger Pfarrer einem Freund geklagt. Es ist das Problem der »Nichtvorzeigbarkeit« Gottes inmitten einer Welt, in der nur das »Augenfällige« zu gelten scheint: »Ich kann nur glauben, was ich sehe.« Darum begleitet die Erfahrung der Verborgenheit Gottes den Glauben wie ein Schatten, den er niemals los wird.

Der Schatten steigert sich vollends zur Nacht, wenn Leid und Tod alles in Frage zu stellen drohen, dessen der Gläubige sich bis dahin versehen hat. Das bedeutet die Anfechtung in ihrer äußersten Zuspitzung. Weil der Glaube das ganze Leben, also auch Leid und Tod, auf Gott bezieht, erfährt er sich als von Gott selbst bedroht.

Der augenscheinliche Widerspruch zwischen der sichtbaren Welt und dem unsichtbaren Gott läßt sich nicht intellektuell durch rationale Einsicht lösen. Es geht nur so, daß der Zweifler, wie der Psalm es ausdrückt, »ins Heiligtum tritt«. Wer der Wahrheit Gottes teilhaftig werden will, muß sich dorthin begeben, wo sie ausgeteilt wird, und, um sie zu erproben, muß er es mit ihr probieren – nur dann wird er sehen, »ob es Gott gibt«.

Schon immer galten in Israel Übel – wie Dürre, Mißernte und Niederlagen – als Strafen für den Abfall von Gott. Aber

Die Welt wird ins Gebet genommen

sie betrafen das Volk in seiner Gesamtheit. Der Einzelne hatte an ihnen nur teil, sofern er das Schicksal seines Volkes teilte. Jetzt aber rückt er selbst mit seinem Geschick in den Mittelpunkt des Glaubensinteresses. Der Einzelne allein in der Nacht der Gottverlassenheit wird zum Thema der alttestamentlichen Klage- und Danklieder. Das bedeutet ein neues Moment in der Glaubensgeschichte Israels. Die Individualisierung bringt eine Vergeistigung und Verinnerlichung des Gottesglaubens mit sich.

Bis dahin hatte der Glaube an Gott immer auch etwas »Leibliches« an sich. Der göttliche Segen meinte stets auch irdische Güter wie Land, Ernte, Nachkommenschaft und Sieg. Jetzt aber brechen Glaube und Erfahrung, Gottvertrauen und irdisches Wohl auseinander. Gott selbst wird zum höchsten Gut, wichtiger als alle Gaben und Güter des Lebens. Die Verbundenheit mit ihm wird so »innig« erfahren, daß alles »Äußere« – Leib, Gut und Kult – darüber gleichgültig wird. Auf die Frage, worauf in der Nacht der Gottverlassenheit in der Welt noch Verlaß bleibt, gibt der Psalmist zur Antwort: Auf Gott – worauf sonst?

Leid und Tod bleiben auch dann noch ein Rätsel. »Gott« ist keine Weltformel, die alles, was in der Welt geschieht, als sinnvoll erschließt. Nichts wird rational erklärt, aber das Leben wird bestanden.

Darum bleibt auch stets eine letzte Solidarität zwischen den Glaubenden und den Nichtglaubenden in der Nichterfahrung Gottes: Einmal, weil die Nichterfahrung Gottes immer auch eine Erfahrung des Glaubens bildet, zum andern, weil auch die Nichterfahrung Gottes, sofern sie ernst gemeint und nicht nur gespielt wird, immerhin eine Erfahrung mit Gott ist, wie auch eine unglückliche, unerfüllt

Der Psalter – Lobgesänge in der Nacht

bleibende Liebe eine Erfahrung mit der Liebe ist.

Wenn die Christen, vorab wir Theologen, lernten, in der Weise des 73. Psalms, »absichtslos« – ohne Gedanken an Nutzen und Zweck, ohne Schielen nach Macht und Erfolg, ohne apologetischen Eifer und auch ohne die ständige Sorge um die Zukunft der Kirche – an Gott zu glauben, zu ihm zu beten und von ihm zu reden: wir würden für die Zeitgenossen, wenn wir von Gott sprechen, glaubwürdiger und für uns selbst in unserem Glauben gelassener. Am Ende kommt es für alle nicht darauf an, daß wir an Gott glauben – Gott glaubt an uns, und das allein ist wichtig.

Die Entdeckung der Macht und Schönheit Gottes in der Schöpfung

Die Ehrfurcht vor Gott ist der Anfang der Weisheit

Mit der Staatenbildung in der frühen Königszeit, unter David und Salomo, etwa zwischen 1000 und 900 vor Christus, war in Israel eine neue geistige Epoche angebrochen. Bis dahin herrschte eine »Pansakralität«: Das ganze Leben war eingebettet in den überpersönlichen Ordnungen des Kultes und der Gemeinschaft, und Gott offenbarte sich den Menschen unmittelbar, unter sichtbaren Zeichen und Wundern. Jetzt aber setzte, veranlaßt durch die veränderten Lebensumstände, ziemlich abrupt ein Prozeß der Säkularisierung ein. An die Stelle der bisherigen archaisch-pansakralen Gläubigkeit trat eine neue aufgeklärte Geistigkeit. Gott blieb im Regiment; auch künftig geschah nichts ohne ihn, aber es ging dabei jetzt »weltlich« zu – nach immanenten Gesetzen. Die irdischen Verhältnisse und menschlichen Lebensbeziehungen erhielten ihren Eigenwert.

Was damals in Israel geschah, hat man zu Recht als »Aufklärung« bezeichnet. Aber es war eine Aufklärung mit Gott, nicht ohne oder gar gegen ihn. Gott und die Welt wurden nicht identisch, aber das Erkennen der Welt war vom Vertrauen auf Gott getragen.

Die Macht und Schönheit Gottes in der Schöpfung

Ein anschauliches Beispiel für das neue Gottes- und Weltverständnis bietet die alttestamentliche Josephsgeschichte. So, wie sie in der Bibel erzählt wird, zeigt sie keinen augenfälligen religiösen Aspekt. Es herrscht in ihr eine immanente Gesetzlichkeit, die durch keinen göttlichen Eingriff unterbrochen wird. Weder tritt Gott irgendwie in Erscheinung, noch spricht er unmittelbar zu den Menschen. Diese denken und treiben, was sie für ihre Sache halten, und sie tun es mit Klugheit und List, mit Bedacht und Betrug, mit guten und bösen Gedanken. Kurzum, es geht von Anfang bis Ende menschlich und weltlich zu. Nur zum Schluß zieht der Erzähler den Vorhang für einen Augenblick beiseite. Da sagt Joseph zu seinen Brüdern: »Ihr gedachtet es böse mit mir zu machen, aber Gott gedachte es gut zu machen, um zu tun, was jetzt am Tage ist.« Dieser Satz bildet den Schlüssel zum Ganzen; er erschließt die »Schickung im Zusammenhang«: »Ihr gedachtet – Gott aber gedachte.« Mochte es auch weltlich ausgesehen haben und menschlich zugegangen sein – am Ende sind viele Menschen vor einer drohenden Hungerkatastrophe bewahrt geblieben, allen voran Josephs Sippe, das künftige Volk Israel.

Ihren schriftlichen Niederschlag fand die neue aufgeklärte Geistigkeit vor allem in der Weisheitslehre – nach Geschichtsbüchern und Prophetenschriften der dritte literarische Zweig im Alten Testament. Sie hatte ihren »Sitz im Leben« zunächst am Königshof, wo sie, gleich ihren Vorbildern in der orientalischen Umwelt, der Beamtenschaft praktische Lebensorientierung im Alltag vermitteln wollte. Zu diesem Zweck sammelte und ordnete man mancherlei Lebensvorgänge und -erfahrungen und verdichtete sie in

Die Ehrfurcht vor Gott ist der Anfang der Weisheit

Sprüchen, Gedichten und Liedern zu Ratschlägen und Regeln. Auf die Länge aber wandten sich die Weisheitslehrer nicht mehr nur an einen bestimmten Stand, sondern an jedermann. Und so erlebte die Weisheit in Israel nach dem babylonischen Exil eine zweite Blütezeit.

Im Unterschied zur älteren vorexilischen Weisheit zeigte die jüngere nachexilische einen Zug ins Universale. Ihr ging es nicht mehr nur um Lebensorientierung im Einzelnen, Alltäglichen, sondern um den Sinn und die Ordnung im großen und ganzen. Daraus ergab sich notwendig die Frage nach dem Verhältnis zwischen Menschenweisheit und Gottesglaube. Die Antwort darauf lautete: »Die Ehrfurcht vor Gott ist der Anfang der Weisheit.« Damit werden Gottesfurcht und Menschenweisheit schon vom Ansatz her in eine positive Beziehung zueinander gebracht. Der Glaube hemmt nicht die Erkenntnis, sondern setzt sie frei; er leitet zur Einsicht in den Lauf der Welt, und diese wiederum führt zurück zum Glauben. So bewegt die Weisheit sich hin und her zwischen Glauben und Wissen, zwischen Gotteserfahrung und Welterfahrung.

Das bedeutete theologisch Neuland: Nicht mehr eine besondere »Heilsgeschichte« bildet den Raum der Gotteserfahrung, sondern die Welt – Natur und Geschichte – insgesamt. Damit erhielt auch der Schöpfungsglaube einen neuen Stellenwert.

Keine andere Vorstellung ist in den Religionen aller Räume und Zeiten so verbreitet wie die, daß die Welt von einem Gott geschaffen sei. Die Sorge des Menschen um die eigene Existenz ist es, die die weltweiten Schöpfungsmythen erzeugt hat. Er erfährt, wie gefährdet und widersprüchlich

Die Macht und Schönheit Gottes in der Schöpfung

die Welt ist, in der er lebt, wie alles Sein umspült ist von einem Ozean des Nicht-Seins, aller Bestand bedroht vom Chaos – und dies treibt ihn in die Angst und ins Fragen. Gepackt vom Schock des möglichen Nicht-Seins, fragt der Mensch nach dem Grund allen Seins: Woher stammt die vorhandene Welt? Wer hat sie gemacht? Aus dieser bangen Frage erwächst das religiöse Interesse am Ursprung der Menschheit und Welt: warum man einen Gott als Schöpfer verehrt, seine Taten von Geschlecht zu Geschlecht in Mythen erzählt und sie in Festen und Feiern kultisch begeht.

In diese allgemeine Menschheitstradition reihte sich Israel mit seinem Bekenntnis zu Gott als dem Schöpfer des Himmels und der Erde zunächst nur zögernd ein. Ihm galt vor allem die Geschichte als Raum der Offenbarung Gottes. Entsprechend steht am Anfang seiner Religion nicht ein dämmeriger Schöpfungsmythos, sondern ein klar erkennbares geschichtliches Ereignis: die Herausführung des Volkes aus Ägypten – und dieser einmalige Anfang bleibt allzeit der tragende Grund. Das aber heißt, daß Geschichte für Israel grundsätzlich »Heilsgeschichte« bedeutete. Auch als später das Schöpfungswerk Gottes an den Anfang der biblischen Überlieferung rückte, wurde es in den Geschichtslauf einbezogen. Auf den Schöpfungsbericht folgt in der Bibel alsbald die Berufung Abrahams und mit ihr Israels Erwählung. Auf diese Weise ist die Natur herausgelöst aus dem mythologischen Kreislauf von Werden und Vergehen. Auch die Schöpfung steht in der Zeit und ist »Geschichte«.

Die meisten alttestamentlichen Texte, die vom Walten Gottes in der Natur handeln, stammen aus späterer Zeit und können deshalb auch freier, ohne ständigen Bezug auf die Heilsgeschichte davon sprechen. Es gibt lehrhafte und hym-

Die Ehrfurcht vor Gott ist der Anfang der Weisheit

nische Texte, wobei die hymnischen weit überwiegen. Sie belehren nicht über die Schöpfung, sondern feiern den Schöpfer. Schon die Schöpfungsgeschichte auf den ersten Seiten der Bibel bildet eine Art rückwärtsschauende hymnische Prophetie.

Eine der großartigsten Preisungen Jahwes als Schöpfergott bildet der 104. Psalm. Alexander von Humboldt urteilte über ihn: »Man möchte sagen, daß in diesem einzigen Psalm das Bild des ganzen Kosmos dargelegt ist ... Man erstaunt, in einer lyrischen Dichtung von so geringem Umfang mit wenigen großen Zügen das Universum, Himmel und Erde, geschildert zu sehen.« In der Tat wirkt der 104. Psalm wie ein Echo auf den biblischen Schöpfungsbericht und folgt in etwa auch seinem Gang.

Der Psalmist beginnt und endet mit dem Lobpreis Gottes und stimmt so in dessen eigenes Urteil über seine Schöpfung ein: »Und siehe, es war sehr gut.« Zur Begründung seines Gotteslobs bietet er eine universale Weltschau auf. Er schaut über die ganze Welt hin, und was er erblickt, schildert er in anschaulichen Bildern. Dabei bedient er sich mythologischer Vorstellungen aus der altorientalischen Umwelt, vornehmlich aus Ägypten und Babylon.

Zuallererst preist der Psalmist – wie könnte es anders sein? – Gottes eigene Schönheit. »Licht« ist das angemessenste Bild für das Wesen Gottes:

»Herr, mein Gott, du bist sehr herrlich;
du bist schön und prächtig geschmückt.
Licht ist dein Kleid, das du anhast.«

Darauf beschreibt er den Himmel, Gottes eigene Welt, Wohnung und Sinnbild seiner weltüberlegenen Hoheit –

Die Macht und Schönheit Gottes in der Schöpfung

die Wolken sind sein Gefährt, die Winde seine Boten, Blitz und Donner seine Diener.

Wie im alttestamentlichen Schöpfungsbericht folgt auch im 104. Psalm auf die Darstellung der göttlichen Himmelswelt die Erschaffung der Erde. »Du hast das Erdreich gegründet auf festen Boden, daß es bleibt immer und ewiglich« – darin besteht für den Dichter der Kern seines Schöpfungsglaubens. Mit gewaltiger Kraft hat Gott das drohende Chaos gebändigt und so den Bestand der Erde für alle Zeiten gesichert. Dazu mußte er mit Donnerstimme die Urflut, die alles Festland bedeckte und bis über die Berge reichte, zurückscheuchen und ihren Wassern eine Grenze setzen, über die sie niemals wieder hinausgelangen.

Seitdem steht für alle Zeiten über der Welt Gottes Ja gegen das Nichts. Damit gewinnt die Erschaffung der Erde heilsgeschichtlichen Charakter und kommt fast einer Erlösung gleich. Von Gottes Hand über den Abgrund gehalten, hat die Welt einen festen Grund. Das macht sie für den Menschen verläßlich und gibt ihm Vertrauen. Auch alle wissenschaftliche Forschung basiert, ob man es wahrhaben will oder nicht, auf dem unbewußten Vertrauen zur Stabilität der Schöpfung.

Durch die Bändigung des Chaos ist der Grund zum Kosmos gelegt. Das Ungestalte erhält Gestalt, und Ordnung kommt in das Geschaffene. Die todbringenden Wasser der Urflut werden zur Quelle des Lebens in den Tälern. Von ihr trinken die Vögel des Himmels, die Tiere des Feldes und das Wild in den Wäldern. Der Regen feuchtet von oben das Land, daß es Frucht bringe: Gras für das Vieh und Nahrung für den Menschen, aber nicht nur Brot, das ihn sattmacht,

Die Ehrfurcht vor Gott ist der Anfang der Weisheit

auch Wein, der sein Herz erfreut, und Öl, daß sein Antlitz schön werde – dazu die Zedern auf dem Libanon und die Vögel in ihren Zweigen.

All diese bunte Fülle und Vielfalt, die Gott geschaffen hat, fügt sich zu einem einheitlichen Organismus und einer weisen, sinnvollen Ordnung – und dies nicht nur zu Nutz und Nahrung des Menschen, sondern auch zur Freude und Andacht. Alle Kreatur, groß und klein, freut sich vereint des gottgeschenkten Lebens.

Weise Ordnung waltet nicht nur im Kleinen, Nahen, sondern auch im Großen und Fernen. Gott ist nicht nur ein Herr über den Raum, er herrscht auch über die Zeit. Sonne und Mond hat er geschaffen, damit sie wie eine Weltuhr die Zeit bestimmen. Die Einteilung der Zeit wiederum zieht eine Grenze durch den Raum, damit die Kreaturen sich nicht gegenseitig bedrängen. Die Nacht ist der Tierwelt vorbehalten; da regen sich alle Geschöpfe des Waldes, und die jungen Löwen »suchen ihre Speise von Gott«. Aber wenn die Sonne aufgeht, machen sie sich davon in ihre Höhlen. Dann geht der Mensch aus an seine Arbeit und an sein Tagwerk bis an den Abend.

An dieser Stelle zeigt der Psalm Berührungen mit dem Sonnengesang des Echnaton. Der entscheidende Unterschied zwischen beiden Dichtungen besteht darin, daß im ägyptischen Hymnus die Sonne selbst die große Gottheit darstellt, während im biblischen Psalm Sonne und Mond Gottes Geschöpfe sind und nur als seine Werkzeuge fungieren. Angesichts einer Umwelt, die voll von Gestirnglauben und Astrologie war, bedeutete dies eine Entthronung durch Entmythologisierung. Statt als göttliche Mächte den Gang der Welt zu lenken und die Geschicke der Menschen zu

Die Macht und Schönheit Gottes in der Schöpfung

bestimmen, müssen Sonne und Mond ihnen jetzt als Lampen und Uhren dienen, einzig zu dem technischen Zweck, Licht zu spenden und die Zeit anzuzeigen.

Gottes wunderbare Werke rings in der Welt vor Augen, kann der Psalmist nicht anders als seine Weltschau unterbrechen und einen Jubelruf auf Gottes große Güte, Macht und Weisheit anstimmen:

»Herr, wie sind deine Werke so groß und viel!
Du hast sie alle weise geordnet,
und die Erde ist voll deiner Güte!«

Danach setzt er seine Weltschau mit einem Blick auf das Meer fort: Groß und weit liegt es da, in ihm wimmelt es von großen und kleinen Fischen, und Schiffe ziehen auf ihm dahin. Keine Spur mehr vom chaotischen Urwasser – fast zu harmlos dünkt mich das Meer geschildert. Den einstigen Urdrachen, den Leviathan, hat Gott geschaffen, um mit ihm zu spielen – man sieht ihn am Halsband dahintrotten. Großartiger läßt sich die unangestrengte Leichtigkeit des göttlichen Schaffens nicht beschreiben und ironischer nicht die Überwindung des Mythos durch den Glauben.

Alles, was der Psalmist geschildert hat – Menschen und Tiere, Täler und Berge, Felder und Wälder, Bäume und Vögel, Flüsse und Meere, Brot und Wein, Sonne und Mond – ist von derselben Art: Es ist Gottes Geschöpf; es ist nicht Gott, aber es ist von ihm und durch ihn. Mit einem Wort: Alle Natur ist Kreatur. Aber der Dichter drückt es nicht in so trokkener Definition aus, sondern entfaltet es wieder im Bild:

»Es warten alle auf dich,
daß du ihnen Speise gebest zur rechten Zeit.

Die Ehrfurcht vor Gott ist der Anfang der Weisheit

>Wenn du ihnen gibst, so sammeln sie;
>wenn du deine Hand auftust,
>so werden sie mit Gutem gesättigt.
>Verbirgst du dein Angesicht, so erschrecken sie;
>nimmst du weg ihren Odem, so vergehen sie
>und werden wieder zu Staub.
>Du sendest aus deinen Odem, so werden sie geschaffen,
>und du machst die Gestalt der Erde neu.«

Der Mensch ist von seinem Ursprung her ein Angewiesener. Zu einem vollen Leben gehört daher immer auch die Unvollkommenheit und das heißt Bedürftigkeit, Schwachheit, Sehnsucht, Verlangen und Wünschen. Hineingespannt zwischen Lebensgewährung und Lebensgefährdung, findet der Mensch sich im Zustand »schlechthinniger Abhängigkeit« vor.

»Schlechthinnige Abhängigkeit« bündelt nicht die vielerlei Abhängigkeiten, in denen sich unser Leben bewegt, und steigert sie zu einer einzigen absoluten, den Menschen gleichsam aus einem Diener vielerlei irdischer Herren zum Sklaven eines einzigen himmlischen Oberherrn machend; »schlechthinnige Abhängigkeit« hebt die vielerlei Abhängigkeiten, in denen wir uns vorfinden, auch nicht auf, aber läßt sie uns als relativ erkennen und macht uns daher von ihnen zwar nicht unabhängig, jedoch frei.

Ob eine Abhängigkeit gut ist und daher Freiheit erzeugt, oder ob sie schlecht ist und darum Unfreiheit gebiert, hängt von dem jeweiligen Subjekt ab, das die Abhängigkeit bewirkt. »Schlechthinnige Abhängigkeit« besagt, daß es sich um eine allen anderen Abhängigkeiten in der Welt schlechthin überlegene handelt, weil ihr Subjekt der Schöpfer der

Die Macht und Schönheit Gottes in der Schöpfung

Welt ist. Von ihm aber heißt es im Psalm, daß er, gleich einem Hausvater, der Geber alles Guten sei. Und darum ist die Abhängigkeit des Menschen von Gott der Grund seiner Geborgenheit in der Welt. In ihr verrät sich das Grundgesetz allen Lebens, daß Empfangen vor Handeln geht – und »was hast du, das du nicht empfangen hast?«

Alles Lebendige hat im Lebensodem Gottes seinen Ursprung. Darum ist das Atmen zum Bild für das Leben schlechthin geworden. Entzug des Atems bedeutet Tod. Gott aber geht der Lebensodem niemals aus. Die Erhaltung der Welt vollzieht sich durch ständige Neuschöpfung. Auf diese Weise wird der Kreislauf des Werdens und Vergehens aufgebrochen und seines fatalistischen Charakters entkleidet. Entsprechend ist auch der Tod im Rhythmus der Schöpfung nicht ein Feind, sondern die Rückseite des Lebens.

Im Abgesang wiederholt der Psalmist noch einmal sein Lob des Schöpfers. Mitten darin aber steht der kurze Satz: »Die Frevler sollen ein Ende nehmen und die Gottlosen nicht mehr sein.« Das weist auf die Bedrohung der Schöpfung durch den Menschen hin. Statt die ihm anvertraute Erde wie ein Lehen verantwortlich zu verwalten, damit sie nicht wieder ins Chaos zurücksinke, reißt er sie wie eine Beute an sich und ruiniert sie.

An diesem »Schöpfungsfrevel« ist die abendländische Theologie nicht ohne Schuld – sie hat teilweise die Munition dazu geliefert. Einseitig orientiert an der Christusoffenbarung und daher überall »natürliche Theologie« oder gar »Pantheismus« witternd, hat sie Gottes Schöpfung teilweise aus den Augen verloren und der Naturwissenschaft

Die Ehrfurcht vor Gott ist der Anfang der Weisheit

und Technik oder auch den gnostischen Spekulationen der Esoterik überlassen. Noch heute trifft man in ihr bisweilen auf einen ängstlichen »horror naturae«.

Es gibt kaum eine Auslegung der biblischen Naturpsalmen, die nicht davor warnte, »in der Frömmigkeit des Ersten Glaubensartikels stecken zu bleiben« und daraus tröstliches Vertrauen auf Gott zu schöpfen, wobei dann im Vorbeigehen auch die Naturlieder in den Gesangbüchern getadelt werden, was wiederum nicht ohne einen Hieb gegen die Aufklärung abgeht. Jesus aus Nazareth hat sich dagegen nicht gescheut, das Vertrauen auf Gott durch den Hinweis auf seine Schöpfergüte zu stärken: »Seht die Vögel unter dem Himmel ... Schaut die Lilien auf dem Felde!« Bei ihm spielen Natur und Gnade zum Wohl und Heil des Menschen zusammen. Gewiß, wie Gott keine Person ist, so ist er auch nicht identisch mit der Natur, aber wie er »persönlich« begegnet, so ereignet er sich auch »natürlich«.

Der 104. Psalm rechtfertigt die Weisheit Gottes aus den Werken seiner Schöpfung. Seine »Weltschau« verrät eine durch den Glauben erleuchtete Vernunft und entsprechend rationale Welterkenntnis. Vergegenwärtigen wir uns noch einmal die streng logische Abfolge, in der der Psalmist das göttliche Schöpferhandeln schildert: Gott setzt der Urflut eine Grenze und sammelt ihre Wasser in Quellen, leitet diese in Bächen und Flüssen durch die Täler und feuchtet gleichzeitig die Berge durch den Regen von oben. Das Wasser wieder läßt die Erde grünen und Frucht tragen, Futter für das Vieh, Brot und Wein für den Menschen. Die Bäume sind für die Vögel da, Berge und Wälder für das Wild, Sonne und Mond bestimmen die Zeiten, die Nacht

Die Macht und Schönheit Gottes in der Schöpfung

für die Tiere und ihren Raub, den Tag für den Menschen und seine Arbeit. Es ist eine weise geordnete Welt, schön und zweckmäßig in eins; auf ihr liegt ein heiterer Glanz. Der 104. Psalm bietet ein Beispiel frommer Aufklärung. Unwillkürlich erinnert man sich bei der Lektüre an das Lied von Christian Fürchtegott Gellert, das gleichfalls in einer Zeit aufgeklärter Frömmigkeit entstanden ist:

»Wenn ich, o Schöpfer, deine Macht,
die Weisheit deiner Wege,
die Liebe, die für alle wacht,
anbetend überlege:
so weiß ich, von Bewunderung voll,
nicht, wie ich dich erheben soll,
mein Gott, mein Herr und Vater!«

Mit dem Lob des Schöpfers leistet der Glaube Widerstand gegen die Zerstörung der Schöpfung. Und nur wo ein Mensch die Schöpfung um ihrer selbst und nicht um eigenen Vorteils und Nutzens willen liebt, wird er sie auch auf Dauer bewahren.

Die Freude des Psalmisten an der Schöpfung ist so groß und sein Lob Gottes so mächtig, daß kein Übel der Welt dagegen ankommt. Die Nachtseite des Lebens bleibt ausgeblendet und damit auch die dunkle Seite an Gott. Auf die Dauer aber lassen sich die Risse in der Weltschau des Psalmisten, die offenbaren Widersprüche zwischen der von ihm geglaubten und der von den Zeitgenossen erfahrenen Wirklichkeit nicht verdecken, sondern werden den über die Welt gebreiteten optimistischen Schleier zerreißen:

»Du gibst ihnen Speise zur rechten Zeit« – aber für wieviele Menschen kommt sie zu spät? »Du lässest Gras wachsen für das Vieh« – aber was ist mit den Tieren, die in

Die Ehrfurcht vor Gott ist der Anfang der Weisheit

Zeiten der Dürre verdursten? »Du machst das Land voller Früchte« – aber verdirbt nicht eine ganze Ernte im jähen Frost einer einzigen Nacht? »Er schaut die Erde an, so bebt sie« – aber kostet ein Erdbeben nicht Tausende von Menschen das Leben? »Der Mensch geht aus an seine Arbeit bis an den Abend« – aber wohin geht er, wenn er keine Arbeit hat? Und so weiter, und so fort.

Es kommt die Zeit und ist schon jetzt, in der die Weisheit Israels angesichts der Welt, wie sie ist, resignieren und der Glaube gegen Gott protestieren wird. Auf den vertrauensvollen Lobpreis der Macht und Weisheit Gottes in der Schöpfung folgt alsbald die pessimistische Weltsicht des Predigers Salomo.

Ein Prediger zwischen Bibel und Stoa

Der Mensch kann nicht ergründen das Werk, das Gott tut,
weder Anfang noch Ende

Israels gültige Antwort auf die Frage nach der Gerechtigkeit Gottes in der Welt bildete jahrhundertelang der zweiseitige Vergeltungsglaube. Am Zusammenhang zwischen dem Tun und dem Ergehen des Menschen meinte man den Willen Gottes ablesen zu können: Jeder erntet schon im Leben, was er gesät hat, der Gerechte Lohn, der Frevler Strafe. Dieser Zusammenhang zwischen Tun und Ergehen aber war längst fragwürdig geworden. Die Wirklichkeit sah anders aus – die Lebenserfahrung hatte den Glauben augenscheinlich widerlegt.

Dies ist die zeitgenössische religiöse Situation, die dem Prediger Salomo (Kohelet) sein theologisches Thema gibt. Er polemisiert gegen die dogmatische Selbstsicherheit der traditionellen Weisheitslehre. Wie diese besteht auch sein Buch aus einer locker aneinandergereihten Spruchsammlung; sie verrät jedoch die einheitliche Gedankenwelt eines eigenwilligen Einzelgängers. Er hat seine Reflexionen um die Mitte des dritten Jahrhunderts vor Christus niedergeschrieben und sie pseudonym, als angebliches Testament des Königs Salomo, veröffentlicht. In der ganzen Bibel, ja Welt-

Ein Prediger zwischen Bibel und Stoa

literatur gibt es keine zweite so skeptisch-resignierte Stimme wie die zwölf Kapitel des Predigers Salomo.

»Es ist alles ganz eitel, sprach der Prediger, es ist alles ganz eitel« – so beginnt das Buch und gibt sich den Anschein, als ob König Salomo in ihm die Summe seines eigenen Lebens zöge:
>»Ich tat große Dinge:
>Ich baute mir Häuser, ich pflanzte mir Weinberge,
>>ich machte mir Gärten und Lustgärten ...
>Ich erwarb mir Knechte und Mägde ...
>Ich sammelte auch Silber und Gold
>>und was Könige und Länder besitzen;
>ich besorgte mir Sänger und Sängerinnen
>>und die Wonne der Menschen, Frauen in Menge ...
>Und alles, was meine Augen wünschten, gab ich ihnen
>>und verwehrte meinem Herzen keine Freude,
>so daß ich fröhlich war von aller meiner Mühe ...
>Als ich aber ansah alle meine Werke, die meine Hand getan hatte,
>>und die Mühe, die ich gehabt hatte,
>siehe, da war es alles eitel und Haschen nach Wind
>>und kein Gewinn unter der Sonne.«

Damit ist sogleich der Ton angeschlagen, auf den das ganze Buch gestimmt ist. Dreißigmal kommt in ihm das hebräische Wort »Häbäl« vor. Es erinnert an »Abel«, den Sohn Adams und Bruder Kains, dessen Leben auch wie ein Windhauch war, scheinbar nur dazu bestimmt, alsbald wieder zu verwehen. Nicht anders steht es mit allem Menschenleben – es ist ohne tragenden Grund und erkennbaren Sinn.

Der Mensch kann nicht ergründen das Werk, das Gott tut

Selbst Weisheit ist nicht besser als Torheit – auch sie nur ein Haschen nach Wind.

Mit seiner harschen Kritik zerreißt der Prediger den frommen optimistischen Schleier, den die Weisheitslehrer über die Wirklichkeit gebreitet haben, und zerstört die Selbstsicherheit, mit der sie das gesamte Dasein in ein universales System schlagen zu können meinten. Er hält es für unmöglich, das Ganze des Lebens und der Welt zu umgreifen und als sinnvoll darzutun.

Für ihn faßt sich die Summe des Lebens in dem Wort »Mühsal« zusammen und erweist sich damit als sinnlos. Ob Handeln oder Nachdenken, ob Arbeit oder Müßiggang – es lohnt sich nicht! Die aufgewandte Mühe steht in keinem Verhältnis zum Ertrag: »Was hat der Mensch für Gewinn von all seiner Mühe, die er unter der Sonne hat? ... Alle seine Tage sind voller Schmerzen, und voll Kummer ist sein Mühen, daß auch sein Herz des Nachts nicht Ruhe findet.«

Aber mehr noch als in der vergeblichen Plage besteht die Mühsal des Lebens darin, daß der Mensch in ihr nicht »Gottes Werk« und damit keinen Sinn erkennen kann.

Was sich hinter dieser Nichterfahrbarkeit Gottes verbirgt, ist für den Prediger das Problem von »Sein und Zeit«. Der Mensch lebt in der Zeit nicht wie der Fisch im Wasser, sondern wird sich seiner Zeit bewußt und möchte sie realisieren. Wie aber vermag er dies, wenn sich alles um ihn her ohne Fortschritt und Ziel nur im Kreise dreht? »Die Sonne geht auf und geht unter und läuft zurück an ihren Ort, daß sie wieder aufgehe. Der Wind dreht nach Süden und dreht nach Norden und wieder herum an den Ort, wo er anfing.

Ein Prediger zwischen Bibel und Stoa

Alle Wasser fließen ins Meer, doch das Meer wird nicht voll, und kehren wieder zurück an den Ort, wo sie entspringen. Was geschehen ist, wird wieder geschehen, und was man getan hat, wird man wieder tun. Es geschieht nichts Neues unter der Sonne.«

So wiederholt sich alles, im Lauf der Natur, im Leben des Menschen, im Gang der Geschichte. Man muß einmal ein Kapitel laut lesen, um zu erleben, wie die eigene Stimme unwillkürlich einen müden, monotonen Klang annimmt.

Die Vorstellung vom ständigen Kreisen der Zeit und der endlosen Wiederholung aller Dinge ist beim Prediger Salomo mit einem theologischen Determinismus verknüpft: »Geboren werden und sterben, pflanzen und ausreißen, töten und heilen, abbrechen und bauen, weinen und lachen, klagen und tanzen, sammeln und wegwerfen, zerreißen und nähen, schweigen und reden, lieben und hassen, Krieg und Friede – alles Ding hat seine Zeit, und jedes Vorhaben unter dem Himmel hat seine Stunde.« Es ist Gott, der alles bestimmt – der Mensch kann nichts dazu- und nichts davontun. Er kennt seine Zeit nicht und kann den richtigen Augenblick, den »Kairos«, darum nicht ergreifen. Wie die Fische gefangen werden im verderblichen Netz, so verfangen sich auch die Menschen in der Zeit, wenn diese sie überfällt.

Die letzte Ursache für die »Nichtigkeit« allen Daseins ist der Tod. Er vereitelt vollends Versuche, das Leben zu deuten und ihm einen Sinn abzugewinnen. Indem er auf alles, was ist, den Schatten der Vergänglichkeit legt, macht er alle gleich und alles gleichgültig. Da ist kein Unterschied, auch nicht zwischen Mensch und Tier: »Denn es geht dem Men-

Der Mensch kann nicht ergründen das Werk, das Gott tut

schen wie dem Vieh: Wie dies stirbt, stirbt auch er, und sie haben alle *einen* Odem, und der Mensch hat nichts voraus vor dem Vieh: Es fährt alles an *einen* Ort. Es ist alles aus Staub geworden und wird wieder zu Staub.« Das Leben des Menschen ist ein Sein-zum-Tode.

Aber der Prediger Salomo beschreibt nur den Zustand; er protestiert nicht gegen ihn, fürchtet sich auch nicht, ja klagt kaum. Sein Lebensüberdruß ist so groß, daß er selbst in den Tod einstimmt: »Da pries ich die Toten, die schon gestorben waren, mehr als die Lebendigen, die noch das Leben haben. Und besser dran als beide ist, der noch nicht geboren ist ... Der Tag des Todes ist besser als der Tag der Geburt ... Trauern ist besser als Lachen.«

Gegen den Tod kommt auch die Weisheit nicht an: »Da dachte ich in meinem Herzen: Wenn es denn mir geht wie dem Toren, warum habe ich dann nach Weisheit getrachtet? Auch das ist nichtig! ... Darum verdroß es mich zu leben, denn es war mir zuwider, was unter der Sonne geschieht, daß alles nichtig ist und Haschen nach Wind.«

Inmitten allen Dunkels aber gibt es für den Prediger unversehens lichte Augenblicke, Haltepunkte im unaufhörlichen Kreisen der Zeit. Die Klage über die Mühsal und Kürze des Lebens wird immer wieder unterbrochen von der Aufforderung zu einem gelassenen Genuß, ja sogar zu einem unverdrossenen Tun: »Da merkte ich, daß es nichts Besseres dabei gibt als fröhlich sein und sich gütlich tun in seinem Leben. Denn ein Mensch, der da ißt und trinkt und hat guten Mut bei all seinem Mühen, das ist eine Gabe Gottes« – »Darum pries ich die Freude, daß der Mensch nichts Besseres hat unter der Sonne, als zu essen und zu trinken und fröhlich zu sein.«

Ein Prediger zwischen Bibel und Stoa

Für solche Lebenskunst erteilt der Prediger sogar praktische Ratschläge: Iß dein Brot mit Freuden – trink deinen Wein mit gutem Mut – laß deine Kleider immer rein sein – salbe dein Haupt mit Öl – genieße das Leben mit deinem Weibe – sei fröhlich in deiner Arbeit. Ein solches Leben ist nach Gottes Wohlgefallen – »denn wer kann fröhlich essen und genießen ohne ihn?«

Diese Gnade des Sein-Dürfens bedeutet ein frommes »Carpe diem«. Auf dem Grund solcher Lebenskunst aber bleibt eine tiefe Unsicherheit. Was der Prediger »des Menschen Teil« nennt, ist ohnehin nur ein schmaler Anteil am Leben – und selbst auf die zage Ermutigung zum gelassenen Lebensgenuß folgt alsbald wieder der Einspruch: »Ich sprach in meinem Herzen: Ich will Wohlleben und gute Tage haben! Aber siehe, auch das war eitel« – »Alles Mühen des Menschen ist für den Mund, aber sein Verlangen bleibt ungestillt.«

Der Prediger Salomo hat sich über Gott und die Welt ehrlich den Kopf zerbrochen, aber er ist dabei gegen die Mauer der Unsichtbarkeit Gottes und der Undurchsichtigkeit der Welt gerannt. Als Fazit seiner Gottes- und Welterkenntnis muß er resigniert feststellen: »Alles, was da ist, das ist fern und ist sehr tief; wer will's finden?« Am Ende bleibt das Dasein für den Menschen ein Buch mit sieben Siegeln.

Das macht: »Gott im Himmel und der Mensch auf der Erde« – und zwischen beiden gibt es kein Hinüber und Herüber. Nicht, daß der Prediger Salomo, wie die Toren, in seinem Herzen spräche: »Es ist kein Gott« – im Gegenteil, die »Hauptsumme aller Lehre«, mit der sein Buch schließt, lautet: »Fürchte Gott und halte seine Gebote.« Und so hält

Der Mensch kann nicht ergründen das Werk, das Gott tut

auch er sich an das Erste Gebot und führt entsprechend alles Geschehen in der Welt auf Gott zurück.

Aber gerade der Gedanke der Allwirksamkeit Gottes kann das Vertrauen zu ihm gefährden: Was ist das für eine Macht, die in der Welt ein solches Spiel anhebt, die sorgsam knüpft und rücksichtslos zerreißt, die weise baut und jäh zerstört, die sinnvoll lenkt und unbesonnen dreinfährt, die immer neues Leben aus sich selbst gebiert, um es selber wieder zu verschlingen? Wenn Gott gleichermaßen überall ist, dann ist er für die Menschen im Grunde nirgendwo; denn dann fehlen seinem Handeln die Konturen, und sein Antlitz verschwimmt im Angesicht der Welt.

Von Gott kommt wohl noch alle Macht, aber kein Heil mehr. Und so bleiben beide, Gott und die Welt, für den Menschen stumm: »Ich sah, daß ein Mensch das Tun Gottes nicht ergründen kann, das unter der Sonne geschieht. Und je mehr der Mensch sich müht, zu suchen, desto weniger findet er. Und auch wenn der Weise meint: ›Ich weiß es‹, so kann er's doch nicht finden.«

Solche Resignation aber greift aller Weisheitslehre, ob vor- oder nachexilisch, an die Wurzel. Damit verliert sie ihren optimistischen religiösen Grund und mit ihm ihr zentrales Dogma. Denn dann ist kein Analogieschluß vom Verhalten des Menschen auf sein Schicksal mehr möglich und entsprechend kein folgerichtiger Zusammenhang zwischen Tun und Ergehen zu erkennen. Frevler und Fromme, Gottlose und Gerechte haben unterschiedslos dasselbe Geschick: »Es gibt Gerechte, denen geht es, als hätten sie Werke der Gottlosen getan, und es gibt Gottlose, denen geht es, als hätten sie Werke der Gerechten getan.«

Ein Prediger zwischen Bibel und Stoa

Der entscheidende Unterschied zur bisherigen Weisheit in Israel besteht darin, daß die Welterkenntnis beim Prediger Salomo nicht mehr vom Gottvertrauen getragen ist. Gott ist wohl noch da, er bestimmt auch nach wie vor den Lauf der Welt, aber er redet nicht mehr zu den Menschen. Darum können sie ihn nicht mehr erkennen und sehnen sich vergeblich nach ihm: »Gott hat alles schön gemacht zu seiner Zeit, auch hat er die Ewigkeit den Menschen ins Herz gelegt; nur daß der Mensch nicht ergründen kann das Werk, das Gott tut, weder Anfang noch Ende« – »Gleichwie du nicht weißt, welchen Weg der Wind nimmt und wie die Gebeine im Mutterleib bereitet werden, so kannst du auch Gottes Tun nicht wissen, der alles wirkt.«

So weit also war es mit dem »Lebenslauf Gottes« gekommen: Wo sind sie geblieben, die großen Gestalten der Vergangenheit, die Erbauer der ersten Altäre, die Gesetzgeber, Geschichtsschreiber, Propheten, Sänger und Beter, die Abraham, Mose, David, Amos, Jesaja, Jeremia und Hiob! Gleichen diese Seefahrern, die sich weit aufs offene Meer hinauswagen, um jenseits des Horizonts Neuland zu entdecken, so ist der Glaube des Predigers Salomo nur noch wie ein Balken, an dem er sich, nahe der Küste im Wasser treibend, gerade noch festhält, um sich vor dem endgültigen Versinken zu retten.

Wer das Buch des Predigers Salomo auslegt, muß sich vor einer zweifachen Versuchung hüten: Zum einen darf er sich nicht von seiner Skepsis und Schwermut anstecken lassen und dann womöglich genüßlich in einem Lebensgefühl schwelgen, das dem Verfasser selbst schwer zu schaffen gemacht hat – zum anderen darf er den Prediger nicht

Der Mensch kann nicht ergründen das Werk, das Gott tut

»zwangschristianisieren« und aus seinem bloßen Festhalten an der Existenz Gottes ein lebendiges Gottvertrauen herauslesen.

Nicht zufällig ist die Aufnahme »Kohelets« in den biblischen Kanon lange Zeit umstritten gewesen. Daß man den Weisen, der selbst am Wert der Weisheit so sehr zweifelt, schließlich doch aufgenommen hat, war ein weiser Akt und im Blick auf unsere zeitgenössische Situation ein Glücksfall. Der Prediger Salomo hat sich zu seiner Zeit ähnlich wie der Mensch heute schwer getan mit dem Glauben an Gott angesichts einer scheinbar gottleeren Welt – es ist, als käme sein Glaube dagegen nicht mehr an. Und so schwankt er zwischen Glauben und Skepsis, zwischen Lebensfreude und Resignation, zwischen Bibel und Stoa.

Den Grund dafür hat er selbst in den Satz gefaßt: »Gott hat den Menschen die Ewigkeit ins Herz gelegt – aber der Mensch kann nicht ergründen das Werk, das Gott tut, weder Anfang noch Ende.« Dies ist das illusionslose Resümee seiner theologischen Bemühungen. Deshalb leidet er zugleich an Gott und an der Welt.

»Gott hat den Menschen die Ewigkeit ins Herz gelegt« – darin ist bildhaft ausgedrückt, was »Transzendenz« bedeutet. Noch vor aller Begrifflichkeit handelt es sich um einen ursprünglichen, elementaren Lebensvorgang im Menschen. Dieser kann gar nicht anders, als immer wieder das sichtbar Vorhandene übersteigen und über sich selbst, über das Einzelne in seinem Leben hinaus nach dem Zusammenhang und Sinn im ganzen fragen. Es ist, als müßten wir aus unseren Erdlöchern immer wieder hervorkriechen und über den Grabenrand unseres Alltags hinweg nach Zeichen des Ewigen in der Zeit Ausschau halten.

Ein Prediger zwischen Bibel und Stoa

Und manchmal erkennen wir auch Zeichen der Transzendenz rings um uns her – zum Beispiel: daß ein Mensch liebt, auch wenn er nicht wiedergeliebt wird; daß er vertraut, auch wenn sein Vertrauen mißbraucht wird; daß er hofft, wo es nichts mehr zu hoffen gibt – und daß er sich trotzdem nicht vom Leben betrogen fühlt.

Dies sind Spuren des Ewigen in der Zeit, Andeutungen Gottes und damit Anknüpfungspunkte für den nach Offenbarung Ausschau haltenden Menschen. Sie stehen wie flimmernde Lichtpunkte in der dunklen Landschaft der Welt – aber sie reichen als Anhaltspunkte nicht aus, um den Sinn und Zusammenhang des Ganzen zu erkennen.

Der Mensch fragt »Warum?« und geht die Kausalkette seines Lebens in der Welt entlang, aber ein Grund nach dem anderen weicht zurück in einen letzten, verborgenen Grund, der nicht zu erkennen ist. Der Mensch fragt »Wozu?« und geht die Zielkette seines Denkens und Handelns entlang, aber wieder entschwindet ein Ziel nach dem anderen auf ein letztes, verborgenes Ziel hin, das sich nicht erkennen läßt.

Angesichts der Undurchsichtigkeit der Welt und entsprechend der Unsichtbarkeit Gottes gibt es zwei Auswege.

Der erste besteht in dem Versuch, die Undurchsichtigkeit der Welt mit Hilfe einer »Weltanschauung« durchsichtig zu machen. Der Mensch setzt sich eine Brille auf, um durch sie die Welt zu betrachten. Alle diese Brillen haben es an sich, daß man durch sie die Welt so sieht, wie man sie gern sehen möchte. Auf diese Weise entsteht vielleicht kein ganz falsches, aber immer doch ein schiefes, einseitiges Bild, mit gefährlichen Ausblendungen. Ab und an merken wir dies

Der Mensch kann nicht ergründen das Werk, das Gott tut

auch und wechseln dann die Brille. Wir suchen uns eine neue Weltanschauung, schließen uns einer anderen Schule an, lesen das Buch irgendeines weiteren Meisters. Was haben wir nicht allein in den letzten fünfzig Jahren an Ideologien, Systemen, ja Religionen verkraftet!

Der Prediger Salomo lehnt alle »Weltanschauungen« rundweg ab. Er streicht sie durch mit dem harschen Satz: »Der Mensch kann doch nicht ergründen das Werk, das Gott tut, weder Anfang noch Ende.« Und er fügt hinzu: »Wo viel Weisheit ist, da ist viel Grämen, und wer viel lernt, der muß viel leiden.« – »Und über dem allen, mein Sohn, laß dich warnen: des vielen Büchermachens ist kein Ende, und viel Studieren macht den Leib müde.«

Der andere Ausweg ist die Flucht in die Arbeit: Sinn hin, Sinn her, packen wir's an – die Zukunft hat noch viele Aufgaben! Mit der Flucht in Arbeit und Geschäftigkeit läßt sich das Suchen und Fragen, das Gott dem Menschen mit der Ewigkeit ins Herz gelegt hat, höchstens beschwichtigen, aber niemals stillen. Der Prediger Salomo lehnt auch diesen Ausweg ab. Sein Urteil über die Arbeit klingt sehr nüchtern: Es lohnt sich fast nicht; der Ertrag steht in keinem Verhältnis zum Einsatz. »Man mühe sich ab, wie man will – man hat keinen Gewinn davon.«

Kein Gewinn davon – das meint mehr als nur Nutzlosigkeit; daraus spricht der bohrende, nicht zum Schweigen zu bringende Zweifel in uns selbst, ob sich die Riesenanstrengung, die wir das »Leben« nennen, überhaupt lohnt.

Nehmen wir alles in allem und tragen von uns aus nichts hinein, so läßt uns die Lektüre des Predigers Salomo am Ende mit einer Enttäuschung zurück. Wir müssen einsehen, daß die Welt, in der wir leben, aus sich heraus keinen Sinn gibt, wenigstens keinen ewigen, göttlichen Sinn. Wir können ihr immer nur von uns aus einen Sinn abringen, aber der ist menschlich und zeitlich; er vergeht wieder, wenn er seine Zeit gehabt hat. Mehr noch, wir müssen unsere eigenen Sinndeutungen selbst immer wieder revidieren, damit sie wenigstens vorläufig »einen Sinn machen«.

Dieses Nicht-Wissen, das uns der Prediger Salomo zumutet, verwundet uns – aber es ist heilsam. Wir wissen nichts von Gott: Wir sehnen uns und wissen nicht, wonach wir uns sehnen – trotzdem sehnen wir uns. Wir hoffen und wissen nicht, worauf wir hoffen – trotzdem hoffen wir. Wir sind unterwegs und wissen nicht, wohin des Wegs – trotzdem bleiben wir auf dem Weg. In uns ist etwas, das hofft, das sich sehnt, das uns treibt. Unser Nichtwissen ist ein Nichtwissen von *Gott*.

Der Prediger Salomo weiht uns in das Geheimnis Gottes nicht ein – er kennt es selbst kaum. Aber er läßt es uns ahnen und wird so aus dem Weisen zum Propheten, der ungewollt auf den hinweist, von dem es heißen wird: »Hier ist mehr als Salomo.«

Hiob – Rebell gegen Gott

Der Allmächtige gebe mir Antwort!

In der Zeit nach dem babylonischen Exil brach das »Theodizeeproblem« – die Frage nach der Gerechtigkeit Gottes angesichts des Laufs und Leids der Welt – mit neuer Stärke auf. Der Prediger Salomo antwortete auf die Herausforderung, indem er die optimistisch-rationale Denkweise der traditionellen Weisheitslehre kritisierte. Hiob aber geht gegen das dahinter stehende Gottesbild an und bestreitet es leidenschaftlich.

Ins Spiel gebracht wird die Problematik, um die das Buch Hiob kreist, in der aus vorexilischer Zeit stammenden Rahmenerzählung (Kapitel 1–2), breit entfaltet sodann in der um mehrere Jahrhunderte jüngeren Dialogdichtung (Kapitel 3–42). Auch wenn beide Buchteile in großem zeitlichen Abstand entstanden sind, so beziehen sie sich doch aufeinander.

In der Rahmenerzählung wetten Gott und Satan in einer Art »Prolog im Himmel« miteinander um Hiob. Eine zweimalige Glaubensprobe soll Klarheit darüber schaffen, ob sein Glaube, der jetzt sprichwörtlich auf Erden ist, auch dann durchhalten wird, wenn es ihm nicht mehr gutgeht,

Hiob – Rebell gegen Gott

sondern schweres Leid über ihn kommt. Mit dieser Wette setzt Gott sich selbst aufs Spiel: Wenn Hiob versagt, hat auch er versagt. Hiob aber wird, ohne etwas davon zu ahnen, zu einem himmlischen Versuchsobjekt und damit zum Urbild des leidenden Menschen in der Welt.

Der biographische Einzelfall zeigt an, was allgemein der Fall ist. Obwohl durch ein großes persönliches Leid ausgelöst, geht es nicht nur um den Sinn des Leids in der Welt, sondern um die Wahrheit des geltenden Gottesglaubens überhaupt. Und so enthält die Dialogdichtung lauter Streitreden über die Religion angesichts des Laufs, insonderheit des Leids der Welt. Es sind keine diskursiven, methodisch fortschreitenden Dialoge, mit Frage, Antwort und neuer Gegenfrage. Vielmehr umkreisen sie die Probleme von allen Seiten, ohne zu einem eindeutigen Ergebnis zu führen.

Echt alttestamentlich beginnt die Erzählung von Hiobs Geschick mit der Schilderung seines Wohlstands. Hiob ist ein vielvermögender Mann, einer der angesehensten in der ganzen Gegend – ein wahrer Patriarch. Sein Glaube und sein Glück sind gleichermaßen sprichwörtlich. Und weil er ein frommer, gottesfürchtiger Mann ist, der das Böse meidet, hat Gott seinen Segen reichlich über ihn und sein Haus gegossen. Er hat eine große Familie – sieben Söhne und, zum Glück, nur drei Töchter – und besitzt dazu riesige Viehherden und zahlreiches Gesinde. Es ist nicht nur eine reiche, auch eine heile Familie. Falls seine Söhne sich bei ihren Gelagen reihum in den Häusern, etwa im Rausch, einmal versündigt haben sollten – der gottesfürchtige Vater bringt es durch regelmäßige Opfer wieder in Ordnung.

Der Allmächtige gebe mir Antwort!

Aber da trifft Hiob auf einmal unversehens Schlag auf Schlag, ereilt ihn eine »Hiobspost« nach der anderen. Seine Herden werden geraubt, sein Hab und Gut wird durch Feuer vernichtet, seine Knechte werden erschlagen, seine Söhne und Töchter kommen um. An einem einzigen Tag verliert er alles, was ihn bis dahin reich und glücklich gemacht hat, den ganzen Inhalt seines Lebens – nur seinen Glauben nicht. Er zerreißt sein Gewand, wirft sich auf die Erde, verneigt sich tief und spricht: »Der Herr hat's gegeben, der Herr hat's genommen; der Name des Herrn sei gelobt!«

Kaum hat Hiob diese Glaubensprobe bestanden, da folgt die nächste. Diesmal trifft ihn das Unheil unmittelbar. Er wird mit Aussatz geschlagen; von Kopf bis Fuß bedecken eitrige Geschwüre seinen Leib. Am Ende sitzt er, von allem, was er je besaß, entblößt, in der Asche, nur noch eine aufgelesene Scherbe in der Hand, mit der er sich den Eiter von der Haut schabt. Angesichts dieses jammervollen Bildes rät seine Frau ihm voll Mitleid, Gott zu verfluchen, um dadurch seinen Tod heraufzubeschwören und so von aller Qual befreit zu werden. Hiob aber weist sie zurecht: »Haben wir Gutes empfangen von Gott und sollten das Böse nicht auch annehmen?« Daß Gott in jedem Falle recht hat, steht für ihn nach wie vor außer Frage.

Auf die Nachricht von Hiobs großem Unglück eilen drei Freunde herbei, um mit ihm zu klagen und ihn zu trösten. Der Anblick seiner Leiden aber macht sie sprachlos. So sitzen sie sieben Tage und sieben Nächte nur schweigend bei ihm. Sie sagen nichts, weil Hiobs Leid »unsäglich« ist.

Hiob – Rebell gegen Gott

Aber da bricht es aus Hiob heraus. Er verflucht den Tag seiner Geburt; er wünschte, daß das Datum ein für allemal aus dem Kalender gestrichen würde. Wäre er nicht geboren und aufgezogen worden – er brauchte dann nicht so furchtbar zu leiden. Darum möchte er jetzt wenigstens sterben dürfen. Er sehnt sich nach dem Schlaf im Grab, nach dem Dunkel der Unterwelt, wo endlich alle Mühsal, Plage und Angst aufhörten und er seine Ruhe fände. Dabei steigert seine Klage sich immer mehr ins Grundsätzliche. Die Frage nach dem Warum im eigenen Leben weitet sich aus: Warum schenkt Gott den Menschen überhaupt das Leben, wenn er sie hinterher doch nur leiden läßt?

Hiobs Absage an das Leben steht im krassen Gegensatz zur üblichen Wertschätzung im Alten Testament: »Leben« wird sonst als etwas Gutes, ja als das höchste Gut schlechthin empfunden. Es ist, als faßte dieses Wort alles in sich, was über Himmel und Erde, über Gott und Mensch überhaupt an Gutem gesagt werden kann. Hiob jedoch schlägt dieses Gut aus. Aber noch in seiner Klage über das Leben, selbst noch in seinem Wunsch zu sterben, bleibt er mit Gott verbunden. Er denkt mit keinem Gedanken daran, sich mit eigener Hand die ersehnte Ruhe zu verschaffen, sondern wünscht sich den Tod als eine Art Gnadenstoß von Gott selbst.

Vorerst klagt Hiob nur vor Gott, er klagt ihn noch nicht an. Noch kommt kein lästerliches Wort über seine Lippen. Aber weit ist es bis dahin nicht mehr.

Hiobs leidenschaftliches Klagen bringt seine Freunde zum Reden. Sie möchten ihn trösten, und sie meinen es ehrlich. Ihr Gottesbild reicht jedoch nicht mehr hin, um die vor

Der Allmächtige gebe mir Antwort!

Augen liegende Wirklichkeit zu bewältigen. Die Folge ist, daß sie sich nicht wirklich auf Hiobs leidvolle Situation einlassen, sondern in kühler Lehrhaftigkeit über sie hinwegreden – wie Zuschauer am Rande des Spielfelds.

Hiob spürt dies und fühlt sich deshalb von ihren Reden mehr und mehr abgestoßen. In seinen Augen sind sie »lästige Tröster«, schlechte Ärzte und unbrauchbare Anwälte, sowohl Gottes als auch der Menschen. So wird der Redewechsel zwischen ihnen immer heftiger, bis er am Ende zum Bruch führt und Hiob nur noch mit Gott spricht.

Für Hiobs Freunde ist die Angelegenheit theologisch klar. Im Unterschied zum radikalen, leidenschaftlichen Hiob vertreten sie eine wohltemperierte Theologie des Ausgleichs. Sie halten sich an das herkömmliche zweiseitige Vergeltungsschema: »Gott vergilt dem Menschen, wie er verdient hat, und trifft einen jeden nach seinem Tun.« Die Frevler werden bestraft und die Gerechten belohnt. Leid bedeutet demnach stets göttliche Strafe für begangene Schuld. Wo immer ein Mensch leidet, kann man schließen, daß er sich in Schuld verstrickt hat und dafür nun von Gott bestraft wird.

Gemildert wird das rigorose zweiseitige Vergeltungsdogma durch den Gedanken der Erziehung. Gott schickt den Menschen das Leid zur Warnung: »Gehorchen sie, so werden sie bei guten Tagen alt werden und leben. Gehorchen sie nicht, so werden sie dahinfahren durch des Todes Geschoß und vergehen im Unverstand.« Diese Entsprechung zwischen Tun und Ergehen finden Hiobs Freunde rings um sich her bestätigt. Sie meinen, Gottes Gerechtigkeit allzeit in der Geschichte erkennen zu können. So wird die Weltgeschichte für sie zum Weltgericht.

Hiob – Rebell gegen Gott

Auf Hiobs Geschick angewandt, bedeutet dies – und seine Freunde sagen es ihm schonungslos ins Gesicht: Das große Unglück, das ihn so sichtbar getroffen hat, läßt einzig den Schluß zu, daß er Schuld auf sich geladen hat. Darum raten sie ihm, in sich zu gehen, seine Schuld zu bekennen und Buße zu tun – alsbald werde sich sein Schicksal wenden: »So vertrage dich nun mit Gott und mache Frieden; daraus wird dir viel Gutes kommen.« Unterwerfung lohnt sich – wie im Himmel so auf Erden. Wohlverhalten und Wohlergehen sind zwei Seiten eines und desselben Tatbestands: »Siehe, wir haben es erforscht, so ist es; darauf höre und merke es dir.«

Mit ihrer theologischen Argumentation bestätigen Hiobs fromme Freunde genau den Verdacht, den der Satan am Beispiel Hiobs so »verteufelt« gern beweisen möchte: daß er um eigenen Nutzens willen an Gott glaubt, alle Religion mithin zuletzt aus dem Glücksverlangen des Menschen entspringt.

Hiob nimmt seinen Freunden die »Moral von der Geschicht'«, die sie ihm auftischen, nicht ab. Für ihn geht die Patience der Passion, die sie ihm legen, nicht auf. Von Gott verlassen, mit Aussatz geschlagen, all seiner Habe entblößt, seiner Familie beraubt, von seinen Freunden angeklagt und verleumdet und selbst nur noch Haut und Knochen, sitzt er auf dem Müllhaufen in der Asche und fragt: Warum – und warum gerade ich?

Er bezweifelt keinen Augenblick, daß das furchtbare Unglück, das ihn getroffen hat, von Gott kommt. Aber gerade dieses Wissen ist der Grund seines Protests. Zwar kennt er den Urheber seiner Leiden, aber ihre Ursache erkennt er

Der Allmächtige gebe mir Antwort!

nicht. Er kann, wenn er um sich blickt, nichts davon sehen, daß die Gottlosen elend umkommen und die Gerechten gut leben – eher scheint das Gegenteil der Fall zu sein. Von einer gerechten göttlichen Weltordnung vermag er darin nichts wahrzunehmen. Bei Gott geht offensichtlich Macht vor Recht – und kein Mensch kommt dagegen an. Sein allwirksamer Wille verrät eine fatale Nähe zur Willkür. Er wirkt in allem Geschehen – im Guten wie im Bösen, in Glück und Unglück, in Freud und Leid – so gleich gültig, daß er fast schon gleichgültig wirkt: »Gott achtet nicht darauf« – »Er macht's, wie er will« – »Er bringt den Frommen um wie den Gottlosen.«

Harscher und herber kann man es kaum sagen. Solche Allwirksamkeit Gottes läßt keinen gerechten Ausgleich zu Lebzeiten erkennen, höchstens einen sozialen am Ende:

»Der eine stirbt frisch und gesund
in allem Reichtum und voller Genüge ...
Der andere stirbt mit verbitterter Seele
und hat nie vom Glück gekostet –
und doch liegen beide miteinander in der Erde,
und Gewürm deckt sie zu.«

Nach Hiobs Überzeugung greift das rationale Bilanzieren des Vergeltungsdogmas in seinem Fall nicht. So schwer kann er gar nicht gesündigt haben, wie er jetzt leiden muß. Völlig ungerechtfertigt verhält sich Gott ihm gegenüber als Feind, fast wie ein Dämon. Und so geht Hiob jetzt zum Gegenangriff vor. Seine Klage wird zur Anklage, und die Anklage steigert sich zur Empörung.

Hiob bestreitet strikt, daß er sein Unglück »verdient« habe; er hört nicht auf, seine Unschuld zu beteuern, gegenüber

Hiob – Rebell gegen Gott

den aufdringlichen Unterstellungen seiner Freunde ebenso wie gegenüber dem undurchdringlichen Schweigen Gottes: »Das sei ferne von mir, daß ich euch recht gebe.«

Zur Beglaubigung seiner Unschuld schwört Hiob vor seinen Freunden im Angesicht Gottes einen Reinigungseid: »Ich bin unschuldig« – »Ich bin mir keiner Schuld bewußt« – »Gott möge mich wiegen auf rechter Waage, so wird er erkennen meine Unschuld!« Zum Beweis schleudert er Gott Frage um Frage an den Kopf:

»Bin ich in der Lüge gewandelt?
Ist mein Gang gewichen vom Wege?
Hab ich mißachtet das Recht meines Knechtes oder
  meiner Magd?
Hab ich den Armen ihr Begehren versagt?
Hab ich meinen Bissen allein gegessen?
Hab ich zugesehen, wie jemand ohne Kleid
  verkommen ist?
Hab ich Gold zu meiner Zuversicht gemacht?
Hab ich mich gefreut, daß ich großes Gut
  besaß? . . .«

Und wenn er sich auch vergangen haben sollte – warum vergibt Gott ihm dann nicht, warum verfolgt er ihn so rachsüchtig mit unermeßlichen Leiden? Hiob wirft Gott Feindschaft, Kleinlichkeit und Verfolgungssucht vor. Es ist Gottes unwürdig, den Menschen in ihrem ohnehin kurzen Leben ständig nachzustellen.

Indem Hiob so eigensinnig, ja rechthaberisch auf seiner Unschuld beharrt, kämpft er um die Reinheit seines Glaubens. Gäbe er dem Drängen der Freunde nach und bekennte sich vor Gott schuldig, um sein Leid auf diese Weise zu wenden, so würde er gerade damit eingestehen, daß er

Der Allmächtige gebe mir Antwort!

Gott nicht »umsonst«, nicht »unentgeltlich« dient, sondern um eigenen Vorteils willen, um unter seinem Schutz wieder glücklich zu leben. Und dann hätte der Satan mit seinem Verdacht gegen ihn recht und Gott die Wette verloren.

Aber von dem, was im Himmel über ihn beschlossen ist, weiß Hiob nichts: Gott schweigt – und eben das ist für ihn der schärfste Stachel in seinem Leid. Darum wünscht er sich vor allem eines: Gott soll endlich sein Schweigen brechen und mit ihm offen reden: »Der Allmächtige gebe mir Antwort!« Dies ist nicht die Bitte um eine fromme Zwiesprache, sondern die Herausforderung zu einem Wettstreit. Mit dem Mut der Verzweiflung – koste es, was es wolle! – drängt Hiob auf ein Rechtsverfahren wie zwischen zwei gleichberechtigten Parteien, mit Gott auf der gleichen Basis: »Siehe, ich bin zum Rechtsstreit gerüstet; ich weiß, daß ich recht behalten werde ... Rufe, so will ich dir antworten, oder ich will reden, dann antworte du mir!«

Dies ist Hiobs Art, an Gott festzuhalten. Er will nicht weg von Gott, aber er möchte wissen, wie er mit ihm dran ist. Wenn er schon ein Spielball sein soll, dann will er wenigstens erfahren, was mit ihm gespielt wird und welche Spielregeln hier gelten – die alten bis dato gültigen, von den Freunden verteidigten augenscheinlich nicht mehr. Es geht Hiob um die Glaubwürdigkeit Gottes: Wenn es nicht mehr der alte Gott Israels ist, mit dem er es zu tun hat – wer ist dieser Gott dann?

Am Ende seines Buches läßt der Dichter Gott selbst die Antwort darauf geben.

In einer grandiosen Theophanie veranstaltet Gott eine Art kosmischer Werkführung. An der Großartigkeit seiner

Hiob – Rebell gegen Gott

Schöpfung demonstriert er Hiob, wie klein und nichtig der Mensch ist, und daß von einem Rechtsverfahren auf gemeinsamer Basis daher keine Rede sein kann.

»Wo warst du, als ich die Erde gründete, sage mir's, wenn du so klug bist!« – das ist das Leitmotiv, das sich durch die Offenbarungsreden hindurchzieht und mit immer neuer Wucht auf Hiob herabsaust:

»Weißt du, wer der Erde das Maß gesetzt hat
oder wer über sie die Richtschnur gezogen hat?
...
Wer hat das Meer mit Toren verschlossen,
als es herausbrach wie aus dem Mutterschoß ...
als ich ihm eine Grenze bestimmte und sprach:
...
›Bis hierher sollst du kommen und nicht weiter;
hier sollen sich legen deine stolzen Wellen!‹ ...
Hast du zu deiner Zeit dem Morgen geboten
und der Morgenröte ihren Ort gezeigt? ...
Bist du zu den Quellen des Meeres gekommen
und auf dem Grund der Tiefe gewandelt?
Bist du gewesen, wo der Schnee herkommt,
oder hast du gesehen, wo der Hagel herkommt? ...
Kannst du die Bande des Siebengestirns zusammenbinden
oder den Gürtel des Orion auflösen?
Kannst du die Sterne des Tierkreises aufgehen lassen zur rechten Zeit
oder die Bärin samt ihren Jungen heraufführen?«

Der Allmächtige gebe mir Antwort!

So geht es fort bis hin zum »Behemoth« und »Leviathan«, zwei besonderen Prachtexemplaren der Schöpfung, um am Ende in die Frage zu münden: Bist du wie Gott, Hiob? Dann beweise es! Übernimm du das Weltregiment, über das du dich beschwerst!

Hiob erhält keinen einzigen Aufschluß über die Ursache seines Geschicks, ja die Frage nach dem Sinn des Laufs und Leids der Welt wird nicht einmal gestreift. Dennoch zeigt er sich von Gottes Antwort beeindruckt. Er bekennt, daß er Gott bisher verkannt habe und ihn jetzt erst richtig kenne. Fortan will er seinen Mund halten und nicht mehr mit Gott rechten:

> »Siehe, ich bin zu gering, was soll ich antworten?
> Ich will meine Hand auf meinen Mund
>   legen. . . .
> Ich hatte von dir nur vom Hörensagen
>   vernommen,
>   aber nun hat mein Auge dich gesehen.
> Darum spreche ich mich schuldig,
>   und tue Buße in Staub und Asche.«

Daß Gott zu ihm redet – das ist für Hiob das Entscheidende. Bisher hat er ihn nur »vom Hörensagen« gekannt, jetzt hat sich ihm sein wahres Wesen erschlossen. Am Wunder der Schöpfung ist ihm Gottes Geheimnis aufgegangen. Beides liegt darin beschlossen: sinnvolle Ordnung und letzte Undurchschaubarkeit, fürsorgliche Zuwendung und herrische Abweisung, das schlechthin Unverfügbare und dennoch unbedingt Gewisse, alles in allem das »mysterium tremendum« und das »mysterium fascinosum«. Diese Paradoxie der göttlichen Offenbarung ist es, die Hiob zur Ein-

Hiob – Rebell gegen Gott

sicht leitet und zum Schweigen bewegt. Was seine Frömmigkeit charakterisiert, ist nicht fröhliche Hoffnung, sondern fromme Ergebung, mehr Gehorsam als Vertrauen.

Hiob läßt sich auf Gott ein – ohne Voraussetzungen und Bedingungen: weder aus Furcht vor Strafe noch aus Bedürfnis nach Schutz oder Hoffnung auf Lohn, sondern aus Freiheit und Notwendigkeit, preisgegeben an einen Gott, der einfach da ist, und ausgesetzt in eine Welt, deren Lauf er nicht zu deuten vermag, aber immer neu überwältigt von einer widerspenstigen und dennoch wunderbaren Wirklichkeit: »Ich erkenne, daß du alles vermagst, und nichts, was du dir vorgenommen hast, ist dir zu schwer.« Wer sich so auf Gott einläßt, ist wahrhaft weise.

Der Redestreit zwischen Hiob und seinen Freunden erfährt am Ende eine überraschende Benotung. Da wirft Gott den Freunden vor, daß sie nicht richtig von ihm geredet hätten – »wie mein Knecht Hiob«. Sie sollen darum Sühnopfer darbringen und Hiob für sie Fürbitte tun. Trotz aller Klagen, Anklagen und Proteste hat der ungestüme Einzelgänger, der Rebell gegen die bestehende Lehrmeinung, Gott richtiger erkannt als ihre Hüter! Damit markiert die Hiobdichtung einen Übergang, an dem das bisher geltende menschenförmige Gottesbild von einem neuen, wiederum menschenförmigen abgelöst zu werden beginnt und die Offenbarung Gottes sich so auf einer reiferen Stufe fortsetzt.

Religionsgeschichtlich betrachtet, trägt der Gottesglaube der Freunde Hiobs das Grundmuster einer naiv-archaischen Religiosität. Ihren Untergrund bildet die Verknüpfung von Strafangst und Schutzbedürfnis auf seiten des Menschen und entsprechend von Anklage und Trost von seiten Gottes.

Der Allmächtige gebe mir Antwort!

Aus der nachträglichen theologischen Reflexion dieser naiv-archaischen Religiosität ergibt sich die Figur eines moralischen Gottes, der die Guten schützt und die Bösen straft. Dabei verbindet sich das moralische Gesetz der Vergeltung mit dem Gedanken der göttlichen Vorsehung: Indem Gott Strafe androht und Schutz gewährt – Strafe den Gottlosen und Frevlern, Schutz den Gerechten und Frommen –, hält er mittels Sanktionen und Gratifikationen die Welt in Ordnung und lenkt so den Lauf der Geschichte.

Es ist ein eudämonistischer, glückverheißender Glaube, der sich in den frommen Reden der Freunde Hiobs ausspricht. Sie vertreten eine »Religion des glücklichen Bewußtseins«. Ihr Rat lautet: Umkehren und glücklich werden, denn Bekehrung bringt Segen. Zornig entrüstet sich Elihu, ein zu den drei Freunden später hinzugekommener vierter Opponent, über Hiob: »Er hat gesagt: Dem Menschen nützt es nichts, wenn er Gott gefällig lebt.« Damit erweist die Religion der Freunde sich als ein frommes Wunschdenken. Krasser läßt es sich kaum ausdrücken, was »Religion des glücklichen Bewußtseins« bedeutet.

Hier hat Sigmund Freud mit seiner Religionskritik eingesetzt, indem er die »Vatersehnsucht« des Menschen als die Wurzel allen religiösen Bedürfnisses aufdeckt: Der erhöhte irdische Vater, der schützt und züchtigt, belohnt und bestraft, Leiden verhängt und Leiden aufhebt und den die Menschen deshalb, wie den Vater ihrer Kindheit, zugleich bewundern und fürchten, zu dem sie Vertrauen hegen und vor dem sie Angst haben – ist das nicht genau der Gott der Freunde Hiobs?

Hiob – Rebell gegen Gott

Gegen diesen Gott streitet Hiob und kündet sein Ende an. Das bedeutet zugleich das Ende eines nützlichen Gottes und einer egoistischen Frömmigkeit. Es geht in der Religion nicht um persönlichen Vorteil, um die Garantie irdischen Glücks oder die Besiegelung einer heilen Welt, auch nicht um moralischen Halt oder die Aufrechterhaltung von »law and order«. Für Hiob bringt die Religion dem Menschen nichts ein, weder Vorteil noch Nachteil. Unglück ist nicht immer eine Quittung für Schuld, und Gerechtigkeit gibt noch keine Garantie auf Wohlergehen.

Gewiß ist die Geschichte nicht ohne alle Moral und Gerechtigkeit. Aber von Gericht oder Strafe können wir nur sprechen, wenn zwischen Schuld und Leid ein ursächlicher Zusammenhang besteht und das Leid sich als Folge einer schuldhaften Tat, als die Selbstentfaltung eines Frevels erweist – gemäß dem Bild von Saat und Ernte: Wir ernten, was wir selber gesät haben – unsere Werke folgen uns nach. Den Täter treffen die Folgen seines eigenen Tuns.

Mit seinem Mut zur Wahrheit hat Hiob die Religion seiner Freunde überholt. Er hat einer tieferen Gotteserkenntnis und damit einem größeren Gott den Weg bereitet. Ihm geht es zuerst nicht um ein glückliches Bewußtsein, sondern um das wahre Sein. Pointiert formuliert bedeutet »Religion« für Hiob Aufklärung der Welt durch den Glauben an Gott. Und eben dies heißt »Weisheit«.

Darum wird sein Gottesglaube auch nicht wie der seiner Freunde von Sigmund Freuds Religionskritik getroffen. Denn Hiob macht sich keine Illusionen über Gott und die Welt. Er hat die »Erziehung zur Realität«, die Freud der Menschheit empfiehlt, hinter sich gebracht. Er ist erwachsen und religiös mündig geworden.

Der Allmächtige gebe mir Antwort!

Zu Recht schreibt deshalb Karl Barth: »Was sind doch die sämtlichen alten und neuen Skeptiker, Pessimisten, Religionsspötter und Atheisten für arglose, gemütliche Gesellen neben dem Hiob! Die wußten und wissen gar nicht, gegen wen sie mit ihrem Achselzucken, Zweifeln, Lächeln und Leugnen angingen und angehen. Hiob wußte es. Er redet im Unterschied zu ihnen en connaissance de cause.«

Die theologische Wirkung Hiobs auf die Frömmigkeit und Lehre der Kirche war offenbar zu allen Zeiten gering, zumindest einseitig. Mehr als die Dialogdichtung hat die Rahmenerzählung und mehr als Hiobs unerschrockenes Aufbegehren gegen Gott die fromme Ergebung seiner Freunde gewirkt. Søren Kierkegaard hat deshalb Beschwerde darüber geführt, daß man von Hiob immer nur seine »schönen Worte«, seine fromme Ergebung ins Leid, zitiere, seine heftigen Klagen dagegen, seine Empörung wider das Leid, unterschlage – als ob Hiob in seinem Leid unentwegt wiederholt hätte: »Der Herr hat's gegeben, der Herr hat's genommen; der Name des Herrn sei gelobt!« und nicht auch die Stunde seiner Geburt verflucht, sein Leben verwünscht und Gott angeklagt: »O Hiob! Du warst ein treuer Zeuge des ganzen herzzerreißenden Elends, das in uns stecken kann, und du hast es gewagt, als Wortführer in der Bitterkeit deines Herzens Klage zu erheben und mit Gott zu streiten. Warum verbirgt man uns das? ... Wagt man es denn nicht mehr, vor Gott zu klagen? Hat die Furcht Gottes so zugenommen, oder ist die feige Furcht größer geworden? ... Niemand wagt, diese Auseinandersetzung weiterzutreiben. Sprich also du, für immer unvergeßlicher Hiob!«

Hiob – Rebell gegen Gott

Aber auch Hiobs Gotteserkenntnis wird überholt werden. Die alttestamentliche Hiobdichtung weist über sich hinaus. Inmitten seiner Auseinandersetzung mit den Freunden, in der er gegen den allmächtigen Gott protestiert, der ihn jetzt so willkürlich leiden läßt, appelliert er an einen Gott, der sich als sein Freund, Anwalt oder Erlöser erweisen wird: »Sei du selbst mein Bürge bei dir – wer will mich sonst vertreten? Ich weiß, daß mein Erlöser lebt, und als der letzte wird er über dem Staub sich erheben ... Und ist meine Haut noch so zerschlagen und mein Fleisch dahingeschwunden, so werde ich doch Gott sehen. Ich selbst werde ihn sehen, meine Augen werden ihn schauen und kein Fremder. Danach sehnt sich mein Herz in meiner Brust.«

Mit dieser Anrufung wird ein Gott in Aussicht gestellt, der, statt »apathisch« Leiden über die Menschen zu verhängen, »sympathisch« bei den Menschen im Leiden steht. Der Appell Hiobs ist nicht ohne Antwort geblieben.

Nehemia und Esra –
der Weg Israels in das Judentum

Kein Prophet ist mehr da –
und niemand weiß, wie lange noch

Schon während des babylonischen Exils begann die Religion Israels sich in die Frömmigkeit des späteren Judentums zu verwandeln – dies brachte eine tiefgreifende Veränderung im Gottesverständnis mit sich.

Die Heimkehr der Verbannten vollzog sich nicht unter so wunderbaren Begleiterscheinungen, wie der Prophet Deuterojesaja geweissagt hatte. Statt der angekündigten Heilszeit herrschte mühsam gefristeter Alltag. Die Wiedereingliederung der Rückwanderer bereitete Schwierigkeiten. Jeder war von der Sorge um die eigene Existenz in Anspruch genommen. Darum blieben der Tempel und die Stadtmauer in Jerusalem vorläufig noch in ihren Trümmern liegen. Und als der Tempel schließlich wiedererrichtet war, erschien der Neubau – in Erinnerung an den salomonischen Tempel – unansehnlich.

Hilfe zum Wiederaufbau des Landes kam vom persischen Hof. Vor allem zwei Männer wurden als »Wiederaufbaukommissare« mit der Neuordnung der Verhältnisse beauftragt: Nehemia [der Baumeister], zuvor Mundschenk des Perserkönigs in Susa, jetzt Statthalter in Juda, und Esra [der Religionslehrer], Priester mit dem

Nehemia und Esra – der Weg Israels in das Judentum

Titel »Schreiber des Gesetzes des Himmelsgottes«. Nehemia sorgte als erstes für den schwierigen, weil immer wieder durch feindliche Nachbarn gestörten Wiederaufbau der Jerusalemer Stadtmauer und ihrer Tore, Esra hingegen schuf eine neue, schriftlich fixierte Ordnung für die Kultgemeinde, die in einem feierlichen Bundeserneuerungsakt öffentlich bekanntgegeben wurde – als ob es sich noch um die ununterbrochene Fortsetzung des früheren Bundesverhältnisses zwischen Jahwe und Israel handelte. Eben dies aber war eine Fiktion.

Die beiden politisch-militärischen Katastrophen, der Untergang des Nordreichs Israel (722 v. Chr.) und die Eroberung des Südreichs Juda mit der Zerstörung Jerusalems (587 v. Chr.), hatten einen tiefen Schock verursacht: Niemals sollte sich ein solches Unheil wiederholen! Und so begann man schuldbewußt über die Ursache nachzudenken und erkannte sie in der eigenen Vergangenheit.

Zur theologischen Richtschnur wurde das schon während des Exils entstandene deuteronomische Geschichtswerk. Es erzählt die Geschichte Israels von der Bundschließung am Sinai bis in die Gegenwart und beurteilt dabei alle Geschehnisse unter dem Gesichtspunkt des Zusammenhangs zwischen Tun und Ergehen.

Nicht Jahwe hat an Israels unheilvollem Ergehen schuld; das Volk hat sich das Unglück durch seinen Ungehorsam selbst bereitet. Zug um Zug wird dies vor allem an der Richter- und Königszeit illustriert. Die Epoche der Richter erhält ihre Periodisierung durch das in jeder Episode sich wiederholende Schema von Abfall, Strafe, Rettung, Bekehrung. Die Könige werden nicht nach ihren politischen Leistungen, sondern nach ihrer kultischen Entscheidung beurteilt, ob sie allein Jahwe im Jerusalemer Tempel gedient oder auch fremden Göttern auf den »Höhen« geopfert haben.

Mit dieser schematisierenden Darstellung möchte die deuteronomische Geschichtstheologie beweisen, daß Gott in jedem Fall gerecht gehandelt hat. Israel war gewarnt, aber es hat auf keine der göttlichen Drohungen gehört und ist so in sein Unglück gelaufen. Darum soll es sich den vor Augen liegenden Zusammenhang zwischen Tun und Ergehen zur Lehre dienen lassen und von seinem falschen Weg umkehren. Die einzige Möglichkeit, die von Jahwe zugesagte Gnade aufs neue zu erlangen, besteht in der gehorsamen Befolgung seiner Gebote. Rettung gibt es allein durch die Erfüllung des Gesetzes.

Damit aber war der Weg in die Restauration beschritten.

Nehemia und Esra haben die bereits im babylonischen Exil beginnende Restaurationsepoche entscheidend bestimmt und Israel so auf den Weg in das »Judentum« geführt. In der Fremde hatte man sich gegen die heidnische Umgebung abgrenzen und dabei zugleich ohne den Tempel auskommen müssen. So trat an die Stelle der Opferhandlung der Wortgottesdienst. Die Sabbatfeier wurde zum wichtigsten Ersatz des Kultus und die Beschneidung zum Zeichen und Unterscheidungsmerkmal gegenüber der babylonischen Umwelt, die den Ritus nicht kannte.

Ohne Übertreibung kann man das babylonische Exil daher als die Geburtsstunde des Judentums bezeichnen. Nach Palästina zurückgekehrt, drangen die Exulanten darauf, daß sich die begonnene Entwicklung in der Heimat fortsetzte. Das aber bedeutete, daß das »Gesetz« endgültig ins Zentrum der Religion rückte und alle Frömmigkeit bestimmte.

Die Thora bildete die Grundlage des gesamten Lebens – von der Geburt bis zum Tod, vom frühen Morgen bis zum späten Abend und noch bis in die Nacht hinein. Sämtliche Lebensvorgänge waren durch das Gesetz peinlich genau geregelt: Empfängnis, Geburt und Begräbnis ebenso wie Almosengeben, Beten und Fasten oder Essen, Trinken, Schlachten und Kochen. Alles war eingefaßt in das Gesetz – das Gesetz war die Religion.

Auf den Gehorsam kam es an, auf den Gehorsam allein. Da gilt kein Fragen und kein Unterscheiden: »Bei eurem Leben, nicht der Tote macht unrein, und nicht das Wasser macht rein; aber es ist eine Verordnung des Königs aller Könige. Gott hat gesagt: ›Eine Satzung habe ich festgelegt, eine Verordnung habe ich verordnet; kein Mensch ist berechtigt, meine Verordnung zu übertreten, denn es heißt: Dies ist die Satzung der Thora, die Jahwe geboten hat‹.«

Um die Erfüllung aller Gebote auf jeden Fall zu sichern, machte man einen »Zaun um das Gesetz«. So gab es schließlich 613 Einzelvorschriften, und zwar 248 Gebote und 365 Verbote. Die Auseinandersetzung darüber, was im täglichen Leben geboten und verboten, was gerade noch erlaubt oder nicht mehr erlaubt war, verführte zu einer gefährlichen Kasuistik.

Der fromme Jude aber war stolz auf das Gesetz. Er empfand es nicht als eine Last, sondern als eine gute Gabe; denn es wies den Weg durch das Gericht hindurch zum Heil. Darum hatte er »Lust zum Gesetz und sann über es nach Tag und Nacht«. Ein Rabbinenwort lautete: »Wer sich des Nachts mit der Thora beschäftigt, über den zieht Gott den Faden seiner Huld am Tage.«

Kein Prophet ist mehr da – und niemand weiß, wie lange noch

Die Aufgabe, das Gesetz für die jeweilige Situation und das hieß für die vielfältigen Einzelfälle des täglichen Lebens auszulegen, lag in der Hand der Schriftgelehrten und verlieh ihrem Stand seine wachsende Geltung. Sie waren die Gesetzeskundigen, Theologen und Juristen in einer Person; und weil an der Erfüllung des Gesetzes Wohl und Wehe des Volkes hing, waren sie die eigentlichen Führer, bald schon angesehener und mächtiger als die Priester.

In dem Maße, in dem die Bedeutung des Gesetzes zunahm, begann der Wortgottesdienst den Opferkult zu überflügeln. Bis zu seiner Zerstörung (70 n. Chr.) blieb der Tempel aber noch der zweite Pfeiler, auf dem die jüdische Religion ruhte. Vor allem bildete er den religiösen Mittelpunkt für die in der ganzen Welt zerstreute Judenschaft und verlieh Jerusalem damit den Anschein der ideellen Hauptstadt.

An der Spitze der streng hierarchisch gegliederten Priesterschaft stand der Hohepriester. Infolge der Übereinstimmung zwischen Gottesgemeinde und Bürgergemeinde vereinte er in seiner Hand die geistliche und weltliche Gewalt. Die Zukunft aber gehörte nicht dem Tempel und damit der priesterlich-theokratischen Richtung, sondern den Schriftgelehrten und mit ihnen der Synagoge.

Die Einhaltung des Gesetzes verlangte nicht nur eine strenge Abgrenzung gegen alles Fremde und Heidnische nach außen, sondern zog auch innerhalb der Judenschaft selbst eine Grenze zwischen jenen, die das Gesetz streng zu befolgen suchten und sich deshalb als den »heiligen Rest« dünkten, und der Masse, die das Gesetz nicht verachtete, aber vor lauter Arbeit und Daseinsvorsorge seine zahlreichen Einzelvorschriften nicht zu studieren und deshalb auch nicht einzuhalten vermochte.

Nehemia und Esra – der Weg Israels in das Judentum

Insgesamt ergab sich aus der strengen Gesetzesobservanz eine »gesetzliche Daseinshaltung«. Ein charakteristisches Zeugnis dafür bietet das Fazit, mit dem Nehemia den Bericht über seine Statthaltertätigkeit in Juda schließt: »So habe ich das Volk von allem gereinigt, was fremd war. Für Priester und Leviten habe ich Ordnungen aufgestellt, die jedem seinen Dienst zuteilten. Auch habe ich angeordnet, wie man an den festgesetzten Zeiten das Brennholz liefern und die ersten Erträge bringen soll. Denk daran, mein Gott, und halte es mir zugute!«

Es war ein anderes Israel, das während der Restaurationsepoche unter Nehemia und Esra entstand – nicht mehr das »Volk Israel« im Sinne des einstigen Zwölfstämmeverbandes, sondern eine theokratische Kultgemeinde unter dem Machtwort der Thora, mit dem religiösen Stadtstaat Jerusalem als lokaler Zentrale. Damit vollzog sich zugleich eine Individualisierung der Frömmigkeit. Nicht mehr die Zugehörigkeit zum Volk, sondern das Verhalten des Einzelnen entschied über sein Verhältnis zu Gott. Fortan gehörte zu Israel, wer sich dem Gesetz Jahwes unterwarf.

Gleichzeitig mit dem Fortschritt der kultisch-rituellen Gesetzesfrömmigkeit verlagerte sich der Schwerpunkt der göttlichen Autorität von der mündlichen Vermittlung, etwa durch das prophetische Wort, auf den geschriebenen Text. Die Thora wurde als der schriftgewordene Wille Gottes verstanden. So begann Israels Glaube zur »Buchreligion« zu werden. Die überlieferten Texte wurden überarbeitet und geordnet und auf Grund der ihnen zugeschriebenen göttlichen Herkunft für heilig gehalten. Der Buchstabe galt! Statt »Höret des Herrn Wort!« hieß es jetzt: »Suchet in der

Kein Prophet ist mehr da – und niemand weiß, wie lange noch

Schrift und lest darin!« Mit der Schrift- und Buchwerdung der Offenbarung beginnt die Prophetie zu verstummen. Und so klagt der Psalmist: »Zeichen für uns sehen wir nicht; es ist kein Prophet mehr da, und niemand von uns weiß, wie lange noch.«

Die endzeitlichen Hoffnungen wurden immer wieder enttäuscht! Deuterojesajas prophetische Verkündigung fand wohl ein kräftiges Echo, aber keine Erfüllung – mag sein, daß die beiden letzten Lieder vom leidenden Gottesknecht das Scheitern widerspiegeln.

Die religiöse Stimmung der Zeit blieb zwiespältig. Die einen meinten, nach all dem vielen Unheil werde jetzt eine neue Heilszeit anbrechen, während die anderen noch nichts davon erkennen konnten. »Gott, warum verstößt du uns für immer und bist so zornig auf die Schafe deiner Weide?«, klagt der Psalmist, und der Prophet Joel stimmt ein: »Warum soll man bei den Völkern sagen: Wo ist nun ihr Gott?« Der Tritojesaja genannte Prophet schließlich sieht sein Leben in einem Zwielicht, das aber eher dunkel als hell ist:

> »Wir hoffen auf Licht, doch es bleibt finster,
>   wir hoffen auf den Anbruch des Tages, doch wir wandeln im Dunkeln.
> Wir tasten an der Wand entlang wie Blinde
>   und tappen dahin, als hätten wir keine Augen.
> Wir stolpern am Mittag wie in der Dämmerung,
>   wir sind im Dunkeln wie die Toten . . .
> Wir hoffen auf unser Recht, doch es gibt keins,
>   auf unser Heil, doch es bleibt fern.«

Nehemia und Esra – der Weg Israels in das Judentum

Immer wieder suchte die endzeitliche Hoffnung sich an konkreten Ereignissen und Personen festzumachen – und wurde doch immer wieder enttäuscht. Mit der Wiederherstellung des Tempels, hoffte man, würde auch eine neue Heilszeit beginnen – der Tempel erstand, aber das neue Heil blieb aus. Nicht anders erging es dem Propheten Sacharja mit seiner messianischen Hoffnung. Er verteilte die Funktionen des Messias auf zwei Personen und hielt den Davididen Serubbabel für den weltlichen, den Hohenpriester Josua für den geistlichen Messias – aber auch dies war umsonst.

Am eindrücklichsten gibt der 126. Psalm die religiöse Stimmung jener Tage wieder. Aus ihm spricht die Sehnsucht, daß aus dem Klagelied eines Tages ein Loblied werden möchte:

»Wenn der Herr die Gefangenen Zions
    erlösen wird,
    so werden wir sein wie die Träumenden.
Dann wird unser Mund voll Lachens
    und unsere Zunge voll Rühmens sein.
Dann wird man sagen unter den Völkern:
    Der Herr hat Großes an uns getan! . . .
Die mit Tränen säen,
    werden mit Freuden ernten
Sie gehen hin und weinen
    und streuen edlen Samen
und kommen mit Freuden
    und bringen ihre Garben.«

Schließlich schwieg die Prophetie, und die eschatologischen Hoffnungen gingen in der Apokalyptik auf. Was »Eschatologie« und »Apokalyptik« voneinander unterscheidet, ist ihr verschiedenes Zeit- und Geschichtsverständnis. Die eschatologische Weissagung entwirft zwar ein kräftiges Gegenbild zur vorhandenen Wirklichkeit, bleibt mit ihm jedoch in der hiesigen Geschichte und verkündet nur ihren Fortgang unter neuen Bedingungen. Die Apokalyptik sagt dagegen das Ende aller Geschichte an. Sie sprengt den bisherigen israelitisch-geschichtlichen Rahmen und weitet die endzeitliche Hoffnung ins Universal-Kosmische aus. Ihr geht es nicht mehr nur um die Rettung Israels, sondern um das künftige endgültige Schicksal der ganzen Welt. Entsprechend spielt sich das Heilsdrama nicht nur zwischen Israel und Jahwe, sondern zwischen Himmel und Erde ab.

Die Schriften der Apokalyptiker richteten sich nicht an die ganze jüdische Gemeinde, sondern nur an kleine esoterische Gruppen in ihr. Das mosaische Gesetz galt für alle, die apokalyptische Geheimwissenschaft nur für Erwählte.

Die Apokalyptik ist aus dem Iran in das Judentum eingedrungen. In ihr verband sich der Dualismus der iranischen Religion mit dem jüdischen Monotheismus. »Der Höchste hat nicht einen Äon geschaffen, sondern zwei.« Entsprechend wird der Weltlauf in zwei gegensätzliche Zeitabschnitte geteilt: in den gegenwärtigen alten Äon, der vom Bösen, von Sünde, Schuld und Leid beherrscht ist und deshalb vergeht – und den zukünftigen neuen, der kommen und die Erlösung bringen wird.

Dem zeitlichen Dualismus zwischen diesen Äonen entspricht die transzendentale räumliche Vorstellung von oben und unten. Im Himmel sind die künftigen Heilsgüter vorbereitet; von dort werden sie auf die Erde herabkommen.

Nehemia und Esra – der Weg Israels in das Judentum

Die erlösende Wende steht nahe bevor; denn »die Welt hat ihre Jugend verloren, die Zeiten nähern sich dem Alter.« Die wachsenden Bedrängnisse der Gegenwart sind ein Zeichen dafür, daß die »Wehen der Endzeit« bereits begonnen haben – die Geburt des neuen Äons ist gleichsam schon eingeleitet. Der endgültige Zeitpunkt ist freilich nur Gott bekannt.

Dies ist die Stunde der Apokalyptiker. Darum verfassen sie ihre Schriften. Sie spähen nach Vorzeichen aus, um den Eintritt und Ablauf der kommenden Dinge zu berechnen; sie haben Träume und Gesichte und malen die künftigen Ereignisse, Wunder wie Katastrophen, in entsprechenden phantastischen Bildern. Nur Eingeweihte vermögen die Zeichen der Weissagungen zu entschlüsseln. Die Apokalyptiker bieten Gnosis; ihr Bereich ist die Esoterik. Während die Propheten Gottes Worte und Taten öffentlich verkündigten, hüten sie seine Geheimnisse unter dem Siegel der Verschwiegenheit und sind noch nicht so geschwätzig wie heute. Um ihre Autorität zu legitimieren, berufen sie sich auf die ehrwürdigen Gestalten der biblischen Vergangenheit. Ihre Weissagungen stammen angeblich von Henoch, Mose, Baruch, Esra, Daniel, den Zwölf Patriarchen oder anderen Vätern der Vorzeit.

Ihre Bücher sind Buß- und Trostschriften. Sie wollen die Zeitgenossen trösten, daß sie sich von den wachsenden Leiden und Verfolgungen in ihrer Hoffnung nicht beirren lassen, und wollen sie zugleich ermahnen, daß sie umkehren von ihren gesetzlosen Wegen und bis ans Ende ausharren, sei es auch bis zum Martyrium. Sie können nur warten und unterdessen das Gerechte tun. Sonst ist nichts zu machen – Gottes Kommen bestimmt allein Gott selbst.

Kein Prophet ist mehr da – und niemand weiß, wie lange noch

Wenn die Bosheit ihren Höhepunkt erreicht hat, bricht das Ende herein. Es wird eingeleitet von der allgemeinen Totenauferstehung. Darauf folgt das Gericht. Die Frommen und Gerechten gehen in das ewige Leben in himmlischer Herrlichkeit ein, die Gottlosen und Sünder in die ewige Verdammnis in der Hölle. Der Vollstrecker und Herrscher der Endzeit ist im apokalyptischen Schrifttum nicht mehr der irdische Messias, sondern eine himmlische Gestalt – meistens der »Menschensohn« genannt, der jetzt bereits im Himmel bei Gott verborgen ist und zu der vorbestimmten Stunde erscheinen wird. Die Apokalyptik bildet den weltanschaulichen Hintergrund Jesu und seines Jüngerkreises.

Zwar bietet die apokalyptische Weltschau eine universale Deutung der Geschichte; diese aber hat keinerlei Anhalt an irgendwelchen konkreten Daten, Ereignissen und Personen. Zwischen Gegenwart und Zukunft gibt es keine Kontinuität; zwischen den beiden Äonen herrscht ein schroffer Bruch, sie haben nichts miteinander zu tun.

Der Grund dieses totalen geschichtlichen Leerlaufs ist ein rigoroser Determinismus. Der Lauf der Welt ist von Ewigkeit her unverrückbar festgelegt. In Israel war die Geschichte ein Ort lebendigen Verkündigens, Glaubens und Handelns; in der Apokalyptik wird sie zum Hohlraum vorbestimmter Abläufe ohne die Möglichkeit irgendeiner Wandlung.

Entsprechend bleibt auch das Gottesbild der Apokalyptik merkwürdig fern und abstrakt, sozusagen »deistisch«. Obwohl alles endzeitliche Geschehen Gottes Werk ist, wirkt dieser selbst fast teilnahmslos, nicht mehr wie der lebendige

Lenker der Geschichte, sondern wie eine dunkle Schicksalsmacht. Die Offenbarung scheint zum Stillstand gekommen zu sein.

Jona – Ein Prophet wider Willen

Gott ist größer – Gnade geht vor Recht

Nach der Rückkehr aus dem babylonischen Exil hatte »Israel« sich zur exklusiven Glaubensgemeinschaft gewandelt, gegründet auf das Gesetz und geschart um den Tempel. Gott selbst galt als ihr Regent, vertreten durch den Hohenpriester, der die Gemeinde in Gehorsam gegen die Thora geistlich und weltlich zu leiten hatte. Der eigenen göttlichen Erwählung bewußt, grenzte man sich streng gegen alles Heidnische und Unreine ab.

Neben der Beschneidung als dem »Bundeszeichen« Israels zwischen Jahwe und seinem Volk und der Heiligung des Sabbats als »immerwährender« Bundesverpflichtung spielten die Reinheitsgebote mit ihrer strengen Unterscheidung zwischen »rein« und »unrein« eine große Rolle. Dazu gehörten nicht nur die Speisegesetze, sondern ebenso das Verbot von Mischehen mit nichtjüdischen Frauen. Mit Verfluchung und Prügeln erzwang Nehemia einen feierlichen Schwur, die vorhandenen Mischehen aufzulösen und künftig keine mehr zu schließen. Die Gemeinde verstand sich als eine Blutsgemeinschaft, obwohl sie es schon lange nicht mehr war, faktisch auch niemals gewesen ist. Durch solche

Jona – Ein Prophet wider Willen

Exklusivität drohte das einstige Volk Israel zum religiösen Stadtstaat Jerusalem und Jahwe zu einem Lokalgott zu werden.

Gegen diesen rigorosen Erwählungsanspruch richtet sich das Buch des Propheten Jona, das etwa um das Jahr 300 v. Chr. entstanden sein mag. Es handelt sich bei ihm nicht, wie sonst, um eine Sammlung von Prophetensprüchen, sondern um eine kunstvolle Lehrerzählung, die mit dem Stilmittel der Ironie, bis hin zum Sarkastisch-Grotesken, theologische Weisheit bietet. Im Verhalten des Propheten Jona bildet der Verfasser die partikularistische, religiös selbstsüchtige Haltung Israels ab und stellt ihr seine Botschaft von dem universalen, alle religiösen und völkischen Grenzen überschreitenden Heilswillen Gottes entgegen.

Es ist eine Dreiecksgeschichte zwischen Gott, Jona und Ninive, die das Buch erzählt.

Jona empfängt von Gott den Auftrag, nach Ninive zu gehen und gegen die Stadt zu predigen, weil ihre Bosheit überhandgenommen hat – der sagenumwobene Name »Ninive« steht als Symbol für eine großmächtige, gottlose Metropole. Aber Jona weigert sich und bricht in die genau entgegengesetzte Richtung auf, statt nach Südosten nach Südwesten. In Jaffa besteigt er ein Schiff nach Tarsis im westlichen Spanien. Nach damaligem Weltbild bedeutet dies: Jona flieht vor Gott bis an das Ende der Erde. Gott aber holt ihn ein und eröffnet die Auseinandersetzung mit ihm.

Kaum auf dem Meer, bricht ein gewaltiger Sturm los und bringt Schiff und Besatzung in Seenot. Die Matrosen geraten in Angst und reagieren »benediktinisch«: Sie beten und arbeiten. Jeder ruft zu seinem Gott – es ist augenscheinlich

Gott ist größer – Gnade geht vor Recht

eine international zusammengewürfelte Besatzung aus Billigländern. Not aber lehrt miteinander beten, und so entsteht an Bord eine Art interreligiöser Ökumene.

Um das Schiff zu erleichtern und so vor dem Auseinanderbrechen zu bewahren, werfen die Seeleute die Ladung über Bord. Nur Jona beteiligt sich weder an der Arbeit noch am Gebet. Er ist in den untersten Raum des Schiffs hinabgestiegen und schläft dort in Seelenruhe. Er wünscht nur eines: so weit wie möglich weg von Gott – koste es, was es wolle, treffe es, wen es wolle.

Dem Kapitän erscheint der merkwürdige Passagier verdächtig. Deshalb steigt er zu ihm hinab, weckt ihn und fordert ihn auf, gleich den anderen zu seinem Gott zu rufen – vielleicht kann der helfen. Die Seeleute sind fromme Heiden, und sie sagen sich: Einer an Bord muß am Unglück des Schiffs Schuld haben! Um den Schuldigen herauszufinden, losen sie – und das Los trifft Jona. Da fragen sie ihn, woher er komme, aus welchem Land und Volk, und was sein Gewerbe sei. Jona stellt sich als »Hebräer« vor und bekennt sich zu dem Gott, der Himmel und Erde, das Meer und das Festland geschaffen hat. Es ist Katechismuswissen, was er anbietet. Er weiß die Wahrheit, aber er tut sie nicht.

Betroffen fragen die Matrosen ihn: »Warum hast du uns das angetan?« Sie spüren instinktiv, daß zwischen Jona und seinem Gott etwas nicht in Ordnung ist – aber was sollen sie tun?

Das Meer wird immer ungestümer, der Schiffbruch immer drohender. Da bietet Jona sich als Opfer an: »Nehmt mich und werft mich ins Meer, so wird es still werden.« Zuerst zögern die Matrosen und versuchen es noch einmal mit kräftigerem Rudern, aber sie schaffen es nicht. Da wer-

Jona – Ein Prophet wider Willen

fen sie Jona schließlich – unter Gebet und Flehen, daß Gott ihnen ihre Schuld nicht anrechne – über Bord. Und tatsächlich beruhigte sich das Meer alsbald.

Die Seeleute aber ergreift eine große Furcht, und sie bringen dem Gott Jonas Opfer und Gelübde dar. Die Heiden sind zum Glauben gekommen, während Jona Gott mit allen Mitteln zu entkommen trachtet.

Aber es gelingt ihm nicht. Gott bleibt ihm auf der Spur, weil er ihn braucht, um Ninive vielleicht zu retten. Darum bietet er jetzt einen Riesenfisch auf, Jona lebendig zu verschlingen. Drei Tage und drei Nächte muß er im Bauch des Fisches ausharren.

Bisher glich Jonas Weg einem ständigen Abstieg: Hinunter zur Hafenstadt, hinein ins Schiff, hinab in seinen tiefsten Raum, schließlich ins Meer – tiefer und weiter von Gott weg geht es nicht. Der Bauch des Fisches symbolisiert die Unterwelt. Tiefste Erfahrungen der Menschheitsgeschichte tun sich hier auf. Das Verschlungen- und Ausgespienwerden durch den Fisch drückt aus, was in Jonas Seele vorgeht. Die ausweglose Verlassenheit wird zum Ort der Wiedergeburt: durch Tod zu neuem Leben.

Der Fisch speit Jona aus ans Land, und er befindet sich wieder an dem Ort, an dem er vom Weg abgewichen ist. Zum zweitenmal ergeht der gleiche Ruf an ihn – diesmal gehorcht er und geht nach Ninive. Man kann Gott wohl davonlaufen, aber man entkommt ihm nicht. Wenn auch mit Verzögerung, er setzt seine Absicht durch und gelangt ans Ziel.

Da ging Jona hinein in die Weltgroßstadt, und als er bis zur Mitte gekommen war, predigte er: »Es sind noch vierzig

Gott ist größer – Gnade geht vor Recht

Tage, dann wird Ninive untergehen.« Noch vierzig Tage bis zum Untergang – das ist ein Ultimatum. Es bedeutet vierzig Tage Gnadenfrist – Raum zur Umkehr. Wie ein Lauffeuer verbreitet sich die Botschaft des Propheten und setzt eine Bußbewegung in Gang: »Da glaubten die Leute von Ninive an Gott, ließen ein Fasten ausrufen und legten Bußgewänder an.«

Der König selbst nimmt die Sache in die Hand. Er ordnet per Kabinettsorder eine allgemeine Bußmobilmachung an. Dabei geht er selbst mit gutem Beispiel voran. Er steht von seinem Thron auf, legt seinen Purpurmantel ab, zieht ein Sackkleid an und setzt sich in den Staub. Wie auch sonst bei Erweckungsbewegungen geht es nicht ohne groteske Überspanntheiten ab. Selbst die Tiere dürfen nicht fressen, weiden und trinken, sondern müssen gleichfalls fasten, Trauerkleider tragen und laut zu Gott schreien.

Über dem allen aber liegt ein tiefer, frommer Ernst. Die Riten sind nur äußere Zeichen. Die Umkehr zu Gott hat sich vor allem am Verhalten gegenüber den Mitmenschen zu erweisen. Darum soll jeder sich von seinem bösen Weg abwenden und von Gewalttat lassen. Wer weiß, vielleicht, vielleicht zeigt Gott Geduld und läßt sich seinen Entschluß gereuen.

Dieses »Vielleicht« bezeugt den Glaubensernst der Niniviten. Sie wissen, daß sie durch keine Buße, weder durch innere noch äußere Reinigung, Gottes Gnade erzwingen können. Indem sie »Vielleicht« sagen, respektieren sie das göttliche Privileg der Reue: Gott kann aus freiem Erbarmen seinen Willen ändern und sein Urteil widerrufen. Und er tut es: »Da reute Gott das Übel, das er angekündigt hatte, und tat es nicht.«

Jona – Ein Prophet wider Willen

Jona aber mißfällt dies. Darum bricht jetzt aus ihm heraus, was er bislang verschwiegen hat: warum er gleich am Anfang vor Gott nach Tarsis geflohen ist: »Ich wußte ja, daß du gnädig, barmherzig, langmütig und von großer Güte bist und läßt dich des Übels gereuen«, schleudert er Gott ins Gesicht. Es sind Worte aus dem Psalter, die er zitiert. Aber in seinem Mund wird aus dem Lobpreis eine Anklage. Gottes Güte macht Jona böse. Wenn es sich so verhält, daß kein Unterschied mehr sein soll zwischen einem, der Gott dient, und einem, der ihm nicht dient, dann will er lieber sterben, als noch länger ein Prophet sein.

Jona ist fertig mit Gott – aber Gott noch nicht mit ihm. Nachdem er Ninive, die heidnische Stadt, vor seinem Zorn gerettet hat, muß er nun zusehen, wie er seinen Propheten von dessen Zorn befreit. Dabei läßt er ihm gegenüber die gleiche Freundlichkeit walten wie gegen Ninive.

Jona aber bleibt wie immer starrsinnig abseits. Er hat sich inzwischen ostwärts von Ninive niedergelassen. Dort hat er sich eine Laubhütte gebaut und sitzt nun in ihrem Schutz mit dem Blick auf die Stadt, gespannt, wie es mit ihr weitergehen wird. Da erteilt Gott ihm freundlich, fast zärtlich eine theologische Lektion. Er läßt eine großblättrige Rizinusstaude wachsen, daß sie ihm Schatten spende und seinen Unmut stille. Und tatsächlich hat Jona Freude daran.

Am nächsten Morgen aber ordert Gott einen Wurm, und der sticht die Staude, so daß sie verdorrt. Zudem sendet er einen heißen Ostwind, so daß die Sonne Jona auf den Kopf sticht und er fast ohnmächtig wird. Da wünscht er sich voll Selbstmitleid wieder den Tod: »Ich möchte lieber sterben als leben.« »Meinst du, daß du wegen der Rizinusstaude zu

Gott ist größer – Gnade geht vor Recht

Recht zürnst?«, fragt Gott ihn. Darauf Jona, unheilbar verstockt: »Ja, zu Recht – bis in den Tod!« Das ist sein letztes Wort.

Gott aber gibt Jona noch einmal Antwort: »Du hast Mitleid mit der Rizinusstaude, um die du dich nicht gemüht hast, hast sie auch nicht aufgezogen, die in einer Nacht entstand und in einer Nacht verging – und ich sollte nicht Mitleid haben mit der großen Stadt Ninive, in der so viele Menschen wohnen, die nicht wissen, was rechts und links ist, dazu auch viele Tiere?«

Mit dieser offenen Frage schließt das Buch.

Für den Glauben seiner zeitgenössischen Landsleute mußte das Buch Jona eine Provokation bedeuten – was ja auch seine Absicht war. Für sie wohnte der wahre Gott allein in Zion, und außerhalb Israels gab es kein Heil. Der eigenen Erwählung bewußt, bestand man nach innen auf Rechtgläubigkeit und Gesetzesgehorsam und mied nach außen, um sich nicht anzustecken, den Kontakt mit Andersgläubigen.

Dieser intoleranten theologischen Engführung stellt der Verfasser des Jonabuchs das Bild eines größeren, in seiner Zuwendung zu den Menschen grenzenlosen Gottes entgegen.

Die Wandlung des Gottesbildes spiegelt sich bereits in dem positiven Bild, das das Buch von den Heiden zeichnet. Die heidnischen Seeleute rackern sich ab, um das sinkende Schiff samt dem unbekannten Passagier zu retten; sie forschen erschrocken nach dem Willen ihres Gottes, bitten, flehen und danken, um sich am Ende zu Jahwe als dem wahren Gott zu bekehren. Und auch die Leute von Ninive

Jona – Ein Prophet wider Willen

gehorchen der Gerichtspredigt des Propheten aufs Wort und bringen sich vor lauter Bußeifer schier um. Sympathischer als die frommen Matrosen und die bußfertigen Niniviten sind Heiden in der Bibel kaum geschildert worden.

Jona dagegen flieht vor Gott, hält sich verdrossen vom Leben fern, läßt die anderen für sich rudern, legt auf Befragen ein kühles Bekenntnis zu seinem Gott ab, ärgert sich über dessen Barmherzigkeit gegenüber Heiden und möchte, aus Mitleid mit sich selbst, gleich dreimal sterben.

Das positive Urteil des Buches Jona über die Heiden ist die Folge einer entscheidenden Korrektur am geltenden Gottesbild. Indem es am Beispiel Ninives die Wandelbarkeit Gottes aufzeigt, durchbricht es den unentrinnbaren Zusammenhang zwischen Tun und Ergehen des Menschen und läßt Gnade vor Recht ergehen. Es ist das Privileg der »Reue Gottes«, sozusagen ein Akt seiner Selbstbeherrschung. In ihm drückt sich das neue Verständnis der Gerichtsprophetie in der exilischen und nachexilischen Zeit aus: Die Ankündigung des göttlichen Gerichts gilt nicht mehr unwiderruflich, sondern dient den Menschen zur Warnung und soll ihre Umkehr bewirken, so daß Gott seinerseits die Androhung nicht zu verwirklichen braucht.

Das Vorrecht der Gnade gründet im Geschaffensein allen Lebens durch Gott, der Menschen so gut wie der Tiere und Pflanzen. Schöpfungsglaube und Gnadentheologie durchdringen sich im Jonabuch wechselseitig. Schon »Leben« bedeutet Gnade. Ob er es weiß oder nicht, ob er es wahrhaben will oder nicht – im Augenblick seiner Geburt tritt der Mensch in eine Gottesbeziehung ein. Damit ist im bloßen Lebendigsein des Menschen, noch vor allem Glauben und Tun, unabhängig von Zeit, Ort, Rasse oder Volk, jenseits

Gott ist größer – Gnade geht vor Recht

aller Religion und entgegen allem besonderen Erwähltsein, Gottes Gnade gegenwärtig.

Weil sie seine Geschöpfe sind, hält Gott auch über die Heiden seine Gerichte zurück und verschont so Ninive. Damit fällt Israels Erwählungsanspruch gegenüber den anderen Völkern dahin oder, richtiger, weitet sich zur Hoffnung für die ganze Welt aus.

In der Bibel erfährt der Glaube die Wandelbarkeit Gottes zu seinem Heil. In der griechischen Tragödie hingegen vollzieht sich der Nomos, das von dem Gott verhängte Schicksal, ohne die Möglichkeit einer Wandlung durch Gnade. Der Schuldige wird in der Mechanik des Geschichtsprozesses gnadenlos zermalmt. Das Höchste, das geschehen kann, ist, daß der »Held« seine Schuld bejaht und durch seinen Untergang die Heiligkeit des göttlichen Nomos demonstriert. Wo das Gesetz waltet, gibt es nur Tragik, aber keine Gnade.

Die Gnade Gottes bezwingt die Macht des Schicksals, und wo Gnade waltet, ist Freiheit möglich. Das ist die Botschaft des Buches Jona vom Triumph der Gnade über das Gesetz. Jesus aus Nazareth wird sie zur Vollendung bringen – und sich dabei den Tod einhandeln.

Jesus aus Nazareth – Anfänger und Vollender des Glaubens

Ich bin gekommen, ein Feuer auf Erden anzuzünden

Die israelitisch-jüdische Religionsgeschichte hat einen doppelten Ausgang genommen. Auf der einen Seite mündet sie in das Judentum der hebräischen Bibel und des Talmuds, auf der anderen in das Christentum des Alten und Neuen Testaments. Am Schnittpunkt von beidem steht Jesus aus Nazareth mit seiner Gottesbotschaft.

Kein anderes Menschenleben ist in den letzten zweihundertfünfzig Jahren historisch so gründlich durchforscht worden wie das seine. Aber ein »Leben Jesu« läßt sich nicht schreiben. Die neutestamentlichen Evangelien geben weder ihrer Absicht noch ihrem Umfang nach den Stoff zu einer »Biographie« her. Sie haben kein historisches oder psychologisches Interesse, sondern wollen Jesu Worte und Taten als Gottes Offenbarung und Heil dartun. Eine vom Glauben freie Überlieferungsstrecke hat es niemals gegeben.

Stellt man die einigermaßen verläßlichen Daten des Lebens Jesu zusammen, so füllen sie kaum eine DIN-A4-Seite. Dennoch muß die Theologie immer neu den Weg von dem in der Bibel verkündigten Christus zu dem historischen Jesus, das heißt zu Jesus selbst zurückgehen, wenn der christliche Glaube nicht seinen Anhalt an der Geschichte verlieren und in einem mythisch-gnostischen Nebel verschwimmen soll. Dabei darf sie aber nicht historische Forschungsergebnisse, mögen sie auch noch so gesichert erscheinen, unmittelbar zur Grundlage gegenwärtigen Glaubens erheben. Zufällige Geschichtswahrheiten können nach wie vor nicht der Grund ewiger Glaubenswahrheiten sein! Ein Bibeltext kann historisch unecht und dennoch religiös wahr sein, wie umgekehrt ein Text historisch echt sein kann und dennoch keine religiöse Wahrheit mehr für uns enthalten.

Zu einem Gesamtbild Jesu gelangt man, nicht anders als sonst in der historischen Arbeit, durch einen Zirkelschluß: Mittels einer kritischen Einzelanalyse der Texte sucht man Stück um Stück ein verläßliches Gesamtbild zu gewinnen und an dem so gewonnenen Gesamtbild wiederum die Einzelanalyse kritisch zu überprüfen, so daß sich Einzelanalyse und Gesamtkonzeption gegenseitig stützen und durchdringen. Wer zum Licht der Wahrheit gelangen will, muß zuvor das Zwielicht der Wahrscheinlichkeit durchschreiten.

Die historisch sicherste Basis der neutestamentlichen Jesusüberlieferung bilden die kleinen literarischen Einheiten, wie sie die formgeschichtliche Forschung herausgearbeitet hat: Aphorismen, Gleichnisse, Streitgespräche, Wundergeschichten, vor allem Worte, die noch ein unwiederholbares Situationsbewußtsein widerspiegeln. Der chronologisch-biographische Rahmen, in den die Einzelüberlieferungen eingefügt sind, stellt die eigene Komposition der Evangelisten dar. Im ganzen wird man mit einem sicheren Boden dort rechnen können, wo eine Tradition weder aus der jüdischen Umwelt noch aus dem Gedankengut der Urchri-

Ich bin gekommen, ein Feuer auf Erden anzuzünden

stenheit abgeleitet werden kann. Aber selbstverständlich kann auch aus dem Mund Jesu »Jüdisches« kommen und umgekehrt eine christliche Gemeindebildung »jesuanisch« sein.

Auch im Fall Jesu gilt, daß das wahrhaft Geschichtliche an einer bedeutenden Gestalt die persönliche Wirkung ist, die der Nachwelt spürbar von ihr bleibt. Und da hat der »biblische Christus« in der Geschichte des Christentums, ja der Menschheit fraglos unvergleichlich stärker gewirkt als der sogenannte »historische Jesus«. Wer vorurteilsfrei an die Evangelien herantritt, gewinnt aus ihnen – trotz aller Unterschiede im einzelnen – den Eindruck einer einheitlichen Erscheinung, wobei die eigene Phantasie des Betrachters gewiß stets kräftig mitmalt.

Insgesamt gibt es für den kritischen Umgang mit der neutestamentlichen Jesusüberlieferung nach wie vor keinen besseren Rat als die berühmten Sätze, die Gotthold Ephraim Lessing bereits vor zweihundertfünfzig Jahren, beim Beginn des neuzeitlichen Streits um Jesus, geschrieben hat: »Die Religion ist nicht wahr, weil die Evangelisten und Apostel sie lehrten; sie lehrten sie, weil sie wahr ist. Aus ihrer inneren Wahrheit müssen die schriftlichen Überlieferungen erklärt werden; und alle schriftlichen Überlieferungen können ihr keine geben, wenn sie keine hat.«

Beim Rückbezug auf Jesus selbst geht es dem christlichen Glauben nicht um einzelne Richtigkeiten, sondern um die Richtung im ganzen: daß der Kernpunkt der Botschaft Jesu von Gott zugleich die Pointe seiner eigenen Existenz bildet. Die gemeinsame Mitte der neutestamentlichen Überlieferung, in der Person und Botschaft Jesu übereinstim-

Jesus aus Nazareth – Anfänger und Vollender des Glaubens

men, ist der von ihm gelebte und verkündigte Glaube an Gott.

Jesus hat nicht sich selbst gepredigt. Er ist nicht durch Palästina gewandert und hat, mit dem Finger auf sich zeigend, gerufen: Ich bin, sondern hat von sich weg auf Gott verwiesen: Gott ist! Es geht ihm nicht um die eigene Selbstverwirklichung, sondern um das Wirklich- und Wirksamwerden Gottes. Jesus ist »radikaler Theozentriker«. Gott zur Sprache zu bringen, dazu weiß er sich ermächtigt und gesandt.

Wie unverbunden auch die einzelnen Stücke der neutestamentlichen Jesusüberlieferung nebeneinander stehen, alle haben ihren gemeinsamen Grund und Sinn in dem, was Jesus, oft sogar ohne jeden Zusatz, »Glauben« nennt. Nirgendwo sonst in der Religionsgeschichte wird der gesamte Inhalt einer Religion so total auf den »Glauben« konzentriert und dieser wiederum so radikal als Vertrauen identifiziert wie im Christentum. Von den vielen Titeln, die Jesus im Neuen Testament beigelegt werden, scheint mir ihn der Name »Anfänger und Vollender des Glaubens« daher am zutreffendsten zu charakterisieren. An seinem Leben und Wirken wird offenbar, was Glaube an Gott heißt.

»Aus Glauben zum Glauben« lassen sich daher Jesu Person und Botschaft zur Einheit verbinden.

Die Grundverfassung der Existenz Jesu bildet seine Gottesbeziehung. Sie ist die Quelle, aus der er lebt, lehrt und leidet. Er ist kein Mächtiger, sondern ein Angewiesener – ohne die Möglichkeit einer steten Ausflucht in die angestammte göttliche Natur. Er ist in die Zweideutigkeiten des Lebens verstrickt, darum im Urteil unsicher, vor Irrtum nicht geschützt, in seiner Macht begrenzt, vor Anfechtun-

Ich bin gekommen, ein Feuer auf Erden anzuzünden

gen nicht gefeit, den Wechselfällen des Daseins ausgeliefert – alles in allem nicht ein schicksalsloser, unverwundbarer Himmelsbote, der nur von oben her über Gott redete, sondern ein lebensvoller, verletzlicher Mensch, der Gott am eigenen Leib erlebt und erleidet.

In demselben Hebräerbrief, der ihn den »Anfänger und Vollender des Glaubens« nennt, heißt es von ihm: »Er hat, obwohl er Gottes Sohn war, an dem, was er litt, Gehorsam gelernt.« Damit ist gesagt, daß Jesus in seiner Gottesbeziehung einen Lernprozeß durchgemacht hat. Er hat gelernt, Gott über alle Dinge zu fürchten, zu lieben und ihm zu vertrauen, und so in seinem Selbstbewußtsein dem Bewußtsein Gottes immer mehr Raum gegeben. Der spätere Sohnesname war nicht ererbt, sondern »erlebt«.

Weil er nichts von sich selbst hat, besitzt Jesus auch kein von Anfang an fertiges Sendungsbewußtsein, sondern hört immer neu auf die Stimme Gottes. Darum spielt das Gebet für ihn eine so große Rolle. Immer wieder flieht er des Nachts oder früh vor Tagesanbruch in die Einsamkeit: Die Zwiesprache mit Gott ist der Ort der Offenbarung Gottes in Jesu Leben.

Ursprung und Kern seiner Verkündigung bildet seine eigene Gotteserfahrung. Er offenbart Gott einfach dadurch, daß er sein persönliches Verhältnis zu ihm öffentlich auslebt. Indem er selbst den Glauben lebt, erweckt er ihn in anderen.

Genau genommen, vermittelt Jesus keine Lehre oder Idee, sondern sich selbst. Indem er Menschen unmittelbar – ohne Zwischeninstanz, ohne Titel, Amt und großen Namen – allein durch sein Wort zum Glauben ruft, versetzt er sie in die Gegenwart Gottes, wie er sie selbst erfahren hat. Die

Jesus aus Nazareth – Anfänger und Vollender des Glaubens

Wahrheit ist für ihn stets persönlich und konkret. Sie steht nicht fest, sondern ereignet sich jeweils neu in der Begegnung. Und wo immer ein Mensch sich von ihm zum Glauben ermutigen läßt, dort ist seine Verkündigung ans Ziel gelangt. Denn der Glaube an Gott ist ihr einziger Inhalt.

Jesus verkündigt nicht einen neuen Gott, sondern den Gott seiner Väter, wie er ihm in seiner Bibel begegnet ist, aber er verkündigt ihn anders und neu. Zwei Symbole stehen für ihn ranggleich nebeneinander. Er nennt Gott »Vater« und spricht vom Kommen des Reiches Gottes. Beide Schlüsselwörter beschreiben übereinstimmend den Kern seiner Verkündigung: die Zusage der unmittelbaren Nähe Gottes.

Der Name »Vater« ist für Jesus der vertrauteste, alles umfassende Ausdruck seiner eigenen Gotteserfahrung. Auch in der hebräischen Bibel wird Gott »Vater« genannt; für die Frömmigkeit des zeitgenössischen Judentums war jedoch nicht Gottes Nähe, sondern seine Ferne kennzeichnend. Jesus spricht dagegen unbefangen von Gott und redet ihn vertrauensvoll mit »Abba« an. Das aramäische Wort »Abba« stammt nicht aus der Kultsprache des Tempels oder der Synagoge, sondern weist in die Alltagssphäre des Hauses und der Familie. Es ist ein familiäres, fast unehrerbietiges Wort. Damit wird das Gottesverhältnis entscheidend als Liebe und Vertrauen charakterisiert.

Zugleich aber warnt Jesus vor aller biederen »Vertraulichkeit«. Was er über Gott als Vater sagt, übersteigt alle irdische Vaterschaft, überhaupt alle menschliche Art. Jegliche Analogie streng abweisend, sagt er: »Ihr sollt niemanden unter euch ›Vater‹ nennen auf Erden, denn nur einer ist euer Vater: der im Himmel ist.«

Ich bin gekommen, ein Feuer auf Erden anzuzünden

Daß Gott »Vater« genannt wird, umschließt alles, was überhaupt von Gott an Gutem gesagt werden kann. Es beansprucht die Erfüllung alles dessen zu sein, was Menschen je von Gott geglaubt und für die Menschheit erhofft haben.

Das führt zu dem anderen religiösen Symbol, das die Zusage der unmittelbaren Nähe Gottes ausdrückt: »Die Zeit ist erfüllt, das Reich Gottes ist herbeigekommen. Kehrt um und glaubt an das Evangelium!« Mit dieser Zeitansage tritt Jesus in die Öffentlichkeit. Sie hat sich nicht erfüllt. Das Reich Gottes ist nicht so gekommen, wie Jesus und seine Jünger es erhofft hatten. Sie waren in der apokalyptischen Weltsicht ihrer Zeit befangen. Aber mit dem Wegfall des weltanschaulichen Gewandes ist der Inhalt der Botschaft nicht hinfällig geworden. Die andrängende Nähe des Reiches Gottes gilt weiterhin. Wer auf Jesu Ruf hört, hat keine Zeit mehr. Jeder geschichtliche Augenblick kann zur »erfüllten Zeit« werden, zum »Kairos«, in dem das Ewige in die Zeit einbricht und es wiederum heißt: »Das Reich Gottes ist nahe herbeigekommen. Kehrt um und glaubt an das Evangelium!«

Jesus radikalisiert die biblische Gottesverkündigung, und zwar beide Seiten, sowohl die Forderung des Gesetzes als auch den Zuspruch der Gnade, das Tun-Sollen wie das Sein-Dürfen des Menschen. Dieses Paradox von radikaler Forderung und radikaler Gnade ist das wesentlich Neue, das die zeitgenössische jüdische Frömmigkeit qualitativ übersteigt.

»Wenn eure Gerechtigkeit nicht besser ist als die der Schriftgelehrten und Pharisäer, so werdet ihr nicht in das Reich Gottes kommen. Ihr habt gehört, daß zu den Alten gesagt ist – ich aber sage euch.«

Jesus aus Nazareth – Anfänger und Vollender des Glaubens

Jesus stößt durch den Wortlaut des Gesetzes hindurch auf seinen Sinngrund, den Willen Gottes, und deckt auf, was ein Gebot jeweils meint. Die in der Bergpredigt jedesmal wiederkehrende Formel lautet: »Nicht erst, sondern schon«. Sie bezeichnet keine Steigerung, sondern einen Überstieg: Nicht erst wer mordet, tötet, sondern schon wer seinem Nächsten zürnt – Nicht erst wer die Ehe leiblich bricht, begeht Ehebruch, sondern schon wer eine Frau begehrlich anblickt – Nicht erst wer einen falschen Eid schwört, verstößt gegen das Gebot der Wahrhaftigkeit, sondern schon wer ein Gelübde oder Zeugnis mit einem Schwur bekräftigt.

Den Höhepunkt bilden jene beiden Antithesen, in denen Jesus dem mosaischen Gesetz das Gebot des Gewaltverzichts und der Feindesliebe entgegenstellt: »Ihr habt gehört, daß zu den Alten gesagt ist: Auge um Auge, Zahn um Zahn. Ich aber sage euch, daß ihr dem Bösen überhaupt nicht widerstehen sollt . . . Ihr habt gehört, daß gesagt ist: Du sollst deinen Nächsten lieben und deinen Feind hassen. Ich aber sage euch: Liebt eure Feinde und betet für eure Verfolger.«

Im gleichen Maß, wie Jesus das Gesetz bis zur Unerfüllbarkeit verschärft, entschränkt er zugleich die Gnade bis zur Unglaublichkeit.

Schon die Einleitung zur Bergpredigt mutet wie eine Gegendarstellung zur Sinaigesetzgebung an. Während Jahwe sich in seiner ganzen Herrlichkeit unter Blitz und Donner auf dem Sinai niederläßt, Mose zu sich herauf bescheidet und ihm das Gesetz übergibt, damit er es dem unten wartenden Volk verkünde – steigt Jesus, umgeben von seinen

Ich bin gekommen, ein Feuer auf Erden anzuzünden

Jüngern, auf einen Berg, setzt sich und fängt an, dem Volk zu predigen.

Die Bergpredigt beginnt nicht mit einem Katalog von Geboten und Verboten – »Du sollst«, »Du sollst nicht« –, sondern mit lauter Heilrufen, den sogenannten »Seligpreisungen«, »Heil den Armen im Geist, denn ihrer ist das Reich Gottes«, steht wie eine Überschrift über dem Ganzen.

Das Wort »Arme« bezeichnet zugleich eine religiöse Haltung und einen sozialen Zustand. Es sind alle jene, die an die Grenze ihrer Möglichkeiten geraten sind und darum Gottes Hilfe brauchen, denen aber vor lauter Daseinsvorsorge Zeit und Kraft fehlen, um die verzwickten Bestimmungen des Gesetzes zu erfüllen und die deshalb vor Gott nichts vorzuweisen haben.

Zu ihnen zählen für Jesus die Leidtragenden, die sich von der Gesellschaft ausgeschlossen fühlen; die Demütigen, die von den Starken an die Wand gedrückt werden; die nach Gerechtigkeit Hungernden und Dürstenden, die erleben müssen, daß Macht vor Recht geht; die Barmherzigen, die erfahren, daß Undank der Welt Lohn ist; die reinen Herzens sind und deshalb betrogen werden; die Friedensstifter, die zwischen die Fronten geraten; die um der Gerechtigkeit willen Verfolgten, die sich fragen, ob aller Einsatz nicht vergeblich ist.

Für diese alle ergreift Jesus im Namen Gottes Partei und sagt ihnen die Teilhabe an seinem Reich zu, ohne Vorleistung, einfach aus Liebe und Erbarmen – weil sie »arm« sind.

Auf die Frage, wo Gott in der Welt anzutreffen sei, antwortet die Bergpredigt: Überall dort, wo Menschen in Ar-

Jesus aus Nazareth – Anfänger und Vollender des Glaubens

mut, Leid und Enge sitzen, wo Menschen sich für das Recht der Entrechteten einsetzen, wo Menschen an Menschen Barmherzigkeit üben, wo Menschen sich gegenüber Menschen menschlich verhalten, wo Menschen etwas für den Frieden in der Welt tun und wo Menschen um all dessen willen von anderen Menschen verlacht, verspottet und verfolgt werden – überall dort bricht Gottes Herrschaft an. Gott also geschieht zwischen den *Menschen*, aber es ist *Gott*, der zwischen den Menschen geschieht.

»Die Gesunden bedürfen des Arztes nicht, sondern die Kranken. Ich bin gekommen, die Sünder zur Umkehr zu rufen, nicht die Gerechten«, beschreibt Jesus seine Sendung. Er veranschaulicht dies in einer Reihe von Gleichnissen, die vom Verlorengehen, Suchen und Finden und von der Freude über das Wiederfinden des Verlorenen handeln, und appelliert dabei jedesmal an die Einsicht der Zuhörer: »Wer unter euch, der hundert Schafe hat und eines von ihnen verliert, läßt nicht die neunundneunzig in der Wüste und geht dem einen verlorenen nach, bis er es findet? . . . Welche Hausfrau, die zehn Silbermünzen besitzt und eine davon verliert, zündet nicht eine Lampe an, kehrt das ganze Haus um und um und sucht so lange, bis sie die Münze findet?« Und schließlich: »›Dieser mein Sohn war tot und ist wieder lebendig geworden, er war verloren und ist gefunden worden.‹ Und sie fingen an, fröhlich zu sein.« »So wird auch im Himmel«, zieht Jesus aus den Gleichnissen den Schluß, »mehr Freude sein über *einen* Sünder, der umkehrt, als über neunundneunzig Gerechte, die der Umkehr nicht bedürfen.«

Ich bin gekommen, ein Feuer auf Erden anzuzünden

Mit seiner Gottesverkündigung reißt Jesus den Horizont der Religionsgeschichte auf. Während sonst in aller Religion, sichtbar oder unsichtbar, ein Priester am Tempeltor steht und nach der Erfüllung der Einlaßbedingungen fragt – Gott darf sich nur nahen, wer des Tempels würdig ist –, lädt Jesus jede und jeden ohne Vorbedingung zu Gott ein: »Kommt her, alle Mühseligen und Beladenen« – »Wer zu mir kommt, den werde ich nicht ausstoßen.«

Indem die Einladung an alle ergeht, richtet sie sich besonders an die, die sonst nicht eingeladen werden, die sich an der unteren Kante der Gesellschaft bewegen und deshalb ausgeschlossen scheinen von Gottes Heil und Reich. Aus diesem Grund zeigt Jesu Verkündigen und Verhalten deutlich einen Zug nach unten: Er preist die »Armen« selig, ruft die Unbehausten von den Straßen und Zäunen herein, stellt die Frauen an Recht und Würde den Männern gleich, läßt die Kinder zu sich kommen, tröstet die Mühseligen und Beladenen, nimmt die Schwachen vor den Mächtigen in Schutz, stellt die Heiden den Juden als Vorbild hin, verkehrt mit moralisch Verdächtigen und politisch Unzuverlässigen und droht den Schriftgelehrten und Pharisäern, daß die Zöllner und Prostituierten vor ihnen in das Reich Gottes eingehen werden.

Im Vergleich dazu repräsentiert Johannes der Täufer den Allgemeinfall der Religionsgeschichte. Er läßt die Menschen zu sich in die Jordansteppe kommen. Sein Zeichen ist die Worfschaufel des Gerichts, die Gott in seiner Hand schwingt, um die Spreu vom Weizen zu scheiden.

Jesus geht zu den Menschen hin, geht ihnen nach, bis in ihre Häuser hinein. Sein Zeichen ist – noch vor dem Kreuz – die Sandale. In seinen Wanderungen kreuz und quer

Jesus aus Nazareth – Anfänger und Vollender des Glaubens

durch die Städte und Dörfer Palästinas spiegelt sich seine Gottesverkündigung topographisch wider. Es ist die Erdenspur der nachgetragenen Liebe Gottes. Der Bruch mit Johannes dem Täufer war unvermeidlich.

Das andere Symbol, das Jesu Gottesverkündigung charakterisiert, ist das gemeinsame Mahl, das in seinem Leben einen auffälligen Platz einnimmt und von seinen Gegnern als Affront empfunden wurde: »Er ißt mit den Zöllnern und Sündern.« Daß Menschen, die sonst durch vielerlei Schranken – religiöse, politische, soziale und rassische – voneinander getrennt sind, an einem Tisch zusammensitzen und miteinander essen, trinken, beten und erzählen – darin verdichtet sich der Kern des Evangeliums Jesu zum Sinnbild, und es ist nicht verwunderlich, daß aus diesen gemeinsamen Mahlzeiten später in der Kirche das Abendmahl geworden ist. Seine sogenannte »Einsetzung« bedeutet nur die nachträgliche kultische Sakralisierung und theologische Legitimation.

Wenn Jesus Gott, auf Grund seiner Verbundenheit mit ihm, Vater nennt oder wenn er in der Hoffnungssprache seiner Zeit das Kommen des Reichs Gottes ankündigt, dann meinen beide religiösen Symbole die Bejahung des Menschen durch Gott, die durch keine Tat und Leistung zu erringen, aber auch durch keine Schuld oder Angst zu entkräften ist. Es ist das Ja Gottes, das von Anbeginn über der Welt und Menschheit steht, seine eigene Vorherbestimmung, daß er gnädig und nicht ungnädig sein will.

Das beweist nun aber doch den Überschwang der Gnade gegenüber dem Gesetz. Am Anfang des Weges zu Gott steht nicht das Gebot des Tun-Sollens, sondern das Angebot des Sein-Dürfens: Der Weg des Menschen zu Gott beginnt bei Gott, nicht beim Menschen.

Ich bin gekommen, ein Feuer auf Erden anzuzünden

Der Mensch muß nur bejahen, daß er von Gott bejaht ist. Nur wie ein Echo auf Gottes Ja ist die Umkehr des Menschen. Wer sich von Gott bejaht weiß, so wie er ist und wie er selbst vielleicht gar nicht sein möchte, bleibt nicht, wie er ist, sondern fängt an, sich zu ändern und so zu werden, wie er – ach, so gerne! – wäre. Die ihm gewährte Gnade des Sein-Dürfens befreit ihn zu sich selbst.

Mit dem Vorrang der Gnade wird alles fromme Leistungsdenken und Lohnstreben, durch das ein Mensch sich religiös und sittlich darstellen und so vor Gott angenehm machen möchte, durchgestrichen: »Die Letzten werden die Ersten und die Ersten die Letzten sein.« Nicht der Pharisäer, der sich im Tempel vor Gott aufbaut und ihm seine guten Werke vorzählt – und er meint es aufrichtig damit! –, sondern der Zöllner, der in der Ferne stehen bleibt, seine Augen nicht aufzuheben wagt und nur um Gnade bitten kann, ist vor Gott recht. Und nicht für den daheimgebliebenen Sohn, der seinem Vater vorhält, wie viele Jahre er ihm treu gedient habe – und er hat es wirklich getan! –, sondern für den heimgekehrten verlorenen Sohn, der sein Erbteil in der Fremde vergeudet hat und nur ein Schuldbekenntnis mit nach Hause bringt, schlachtet der Vater ein gemästetes Kalb und richtet ein Freudenfest aus.

Als Bild für das richtige Verhalten gegenüber Gott wählt Jesus die Erwartungshaltung der Kinder dem Leben gegenüber. Nicht weil ein Kind angeblich rein, unschuldig und naiv ist, sondern weil es nichts vorzuweisen hat und deshalb ganz aufs Empfangen gestellt ist, wird es zum Gleichnis und Vorbild des Glaubens. Darum: »Wenn ihr nicht umkehrt

Jesus aus Nazareth – Anfänger und Vollender des Glaubens

und werdet wie die Kinder ...« Was hast du, das du nicht empfangen hast?

Dies ist der geschichtliche jesuanische Grund der späteren oft so komplizierten Rechtfertigungslehre in allen ihren Entfaltungen und Verzweigungen von Paulus über Augustin und Luther bis in die Gegenwart.

Die Vorrangstellung der Gnade vor dem Gesetz zerreißt den strengen Zusammenhang zwischen Tun und Ergehen, zwischen Schuld und Schicksal des Menschen. Damit stellt sich das Theodizeeproblem – die Frage nach der Liebe und Gerechtigkeit Gottes angesichts des Laufs und Leids der Welt – noch einmal neu. Die Evangelien bieten dafür eine aufschlußreiche Szene.

Einmal kommen Leute zu Jesus und berichten ihm, daß Pontius Pilatus einige Galiläer beim Opfern im Tempel habe niedermetzeln lassen. Sie möchten wissen, wie es sich bei dieser Bluttat mit der Gerechtigkeit Gottes verhalte: ob die Ermordeten womöglich eine besondere Schuld auf sich geladen hätten und Gottes Strafe sie dafür getroffen habe.

Darauf antwortet Jesus ihnen mit der harschen Gegenfrage: »Meint ihr, daß diese Galiläer mehr gesündigt haben als alle anderen Galiläer, weil sie das erlitten haben? Oder meint ihr, daß die Achtzehn, auf die der Turm von Siloah fiel und sie erschlug, schuldiger waren als alle anderen Menschen, die in Jerusalem wohnten?« Und er gibt selbst darauf die Antwort: »Nein, sondern wenn ihr nicht umkehrt, werdet ihr alle gleichfalls so umkommen.«

Damit werden die Fragesteller zur Selbstbetrachtung angehalten. Statt wie Zuschauer allgemein und distanziert nach dem Zusammenhang von Schicksal und Schuld in der

Ich bin gekommen, ein Feuer auf Erden anzuzünden

Welt zu fragen und dann womöglich das Walten eines göttlichen Strafgerichts über andere festzustellen, sollen sie auf sich selbst, auf ihre eigene Schuld blicken. Das fremde Leid soll ihnen zum Anstoß werden, nicht abstrakt und allgemein über Gott und die Welt, sondern betroffen und konkret über Gott und sich selbst nachzudenken und daraus Konsequenzen für ihr Leben zu ziehen. Es soll sie zur Umkehr bewegen, daß sie Gott mehr vertrauen als bisher und ihre Nächsten lieben wie sich selbst.

Wie radikal Jesu Gottesverkündigung jedes fromme Lohn- und Leistungsschema zerbricht, dafür bietet das Gleichnis von den Arbeitern im Weinberg den klassischen Beweis.

Ein Weinbergbesitzer stellt früh am Morgen Arbeiter ein und vereinbart mit ihnen den üblichen Tageslohn von einem Denar. Im Laufe des Tages wirbt er noch mehrmals Leute an, ein letztes Mal sogar nur eine Stunde vor Arbeitsschluß. Am Abend weist er seinen Verwalter an, allen Arbeitern ihren Lohn auszuzahlen und damit bei den letzten zu beginnen. Als diese den vollen Tageslohn empfangen, hoffen die ersten, mehr zu bekommen. Aber auch sie erhalten für ihre Arbeit nur einen Denar. Da protestieren sie, daß sie, die die Last und Hitze des ganzen Tages getragen hätten, denen gleichgestellt werden, die nur eine Stunde gearbeitet haben.

Darauf antwortet der Weinbergbesitzer einem von ihnen: »Mein Lieber, ich tue dir kein Unrecht. Haben wir uns nicht auf einen Denar geeinigt? Nimm den und geh! Es ist nun einmal mein Wille, dem letzten ebensoviel zu geben wie dir. Habe ich denn nicht das Recht, mit dem, was mir gehört, zu tun, was ich will? Bist du neidisch, weil ich gütig bin?«

Jesus aus Nazareth – Anfänger und Vollender des Glaubens

Zu diesem Gleichnis Jesu gibt es aus späterer Zeit eine jüdische Parallele, die ganz ähnlich lautet, jedoch mit einem diametral entgegengesetzten Schluß: Ein König hat viele Arbeiter gemietet. Als ihm einer unter ihnen durch seinen besonderen Fleiß auffällt, ruft er ihn zu sich und geht mit ihm den ganzen Tag spazieren. Trotzdem erhält auch er am Abend den vollen Lohn. Darüber murren die anderen Arbeiter: »Wir haben den ganzen Tag gearbeitet, dieser aber nur zwei Stunden, und dennoch bekommt er den gleichen Lohn wie wir.« Darauf rechtfertigt der König sein Verhalten mit dem Hinweis auf die Leistung jenes Arbeiters: »Dieser hat in zwei Stunden mehr gearbeitet als ihr während des ganzen Tages.«

In den beiden Gleichnissen stehen sich zwei unterschiedliche Gottesbilder gegenüber. Jesus zeigt gewiß keinen neuen Gott. Es ist der Gott des jüdischen Volkes – aber er zeigt ihn seinem Volk neu. Auch die Juden wußten viel von der Gnade Gottes, aber für sie war die Gnade nur eine Seite an Gott, während sie für Jesus dem ganzen Gottesbild Wesen, Farbe und Kontur verleiht.

Jesus hat zwar das Verhältnis zwischen menschlicher Leistung und göttlicher Gnade und damit zwischen Moral und Religion umgekehrt, aber er hat es nicht aufgehoben, sondern im Gegenteil neu motiviert. Durch seine Güte beschämt und ermutigt Gott den Sünder, es ihm gleichzutun. Und so findet das göttliche Vergeben seine Fortsetzung im menschlichen Verzeihen.

Jesu Gottesverkündigung zieht ein neues Selbst- und Weltverständnis nach sich. Der Glaube macht frei. Jesus selbst ist liberal. Um ihn weht eine unvergleichlich freiere Luft als in

Ich bin gekommen, ein Feuer auf Erden anzuzünden

der Synagoge seiner Zeit und später oftmals in den Kirchen. Es ist, als gelangte man aus der Enge in einen weiten Raum – es ist die Weite der Schöpfung Gottes.

Der freie Zugang zu Gott erschließt ein mündiges Verhältnis zur Welt. Wer furchtlos »Abba, lieber Vater« sagen kann, der kann auch frei und angstlos mit der Welt umgehen. Für ihn ist die Welt »weltlich« geworden.

Dafür drei Beispiele:

1) »Was zum Mund eingeht, das macht den Menschen nicht unrein, sondern was aus dem Mund herauskommt. Denn das kommt aus dem Herzen.«

Diese Sätze sind in ihrer befreienden Wirkung kaum zu überschätzen. Sie markieren eine religionsgeschichtliche Wende. Mit ihnen polemisiert Jesus nicht nur gegen das auf Mose zurückgeführte Zeremonialgesetz, sondern hebt die für die gesamte antike Religionspraxis grundlegende Scheidung zwischen einer sakralen und einer profanen Sphäre auf. Dies bedeutete eine Entkrampfung des Lebens durch die Befreiung von der dauernden Angst, sich zu verunreinigen und deshalb immer neuer Entsühnung zu bedürfen.

2) »Die Tempelsteuer mag man, obwohl die Söhne grundsätzlich frei sind, um des lieben Friedens willen zahlen.«

An Recht, Ritus und Kult zeigt Jesus sich auffällig uninteressiert. Er bricht nicht die betreffenden Gebote; manchmal erfüllt er sie, manchmal setzt er sich über sie hinweg. Solch gleichgültiges Bestehenlassen kann ein stärkeres Freiheitssignal bedeuten als ein offener Bildersturm. Denn wer Bilder stürmt, richtet ein neues Gesetz auf – und es ist sicher kein Gesetz der Liebe.

3) »Der Mensch ist nicht um des Sabbats willen da, sondern der Sabbat um des Menschen willen.«

Jesus aus Nazareth – Anfänger und Vollender des Glaubens

Alle Ordnungen, ob sakral oder profan, sind nur dazu da, um dem Leben der Menschen zu dienen; und keine Ordnung ist so heilig, daß ein Mensch für sie geopfert werden dürfte. In den meisten Fällen hat sich der Streit um die Sabbatheiligung an Jesu Krankenheilungen entzündet. Fast alle geschehen an einem Sabbat, und es ist keine darunter, die nicht Zeit gehabt hätte. Auf diese Weise findet jedesmal eine doppelte Befreiung statt: von der Krankheit und vom Joch des Gesetzes: »Was ist, soll man am Sabbat Gutes oder Böses tun, Leben erhalten oder töten?« Die Liebe ist des Gesetzes Erfüllung.

Jesu neues Gottes- und Weltverständnis brachte auch eine neue Wertschätzung der Frau mit sich. Das Judentum war eine ausgesprochen männliche Religion. Die Frauen waren religiös mißachtet und gesellschaftlich unterprivilegiert. Alles in allem wurde ihnen von den Männern die Partnerschaft verweigert. Zwar hat es in Israels Geschichte eine Reihe bedeutender Frauengestalten gegeben, aber die Bibel enthält keine einzige Biographie einer Frau, in der sich ein Wandel des Gottesbildes widerspiegelte.

Jesus teilt nicht die Animosität seiner jüdischen Geschlechtsgenossen gegen die Frauen, sondern begegnet ihnen unbefangen. Er nimmt sie als Partnerinnen ernst und stellt sie an Recht und Würde den Männern gleich.

Auch dafür ein Beispiel: Als Jesus im Haus der Schwestern Maria und Martha einkehrt und Martha sich darüber beschwert, daß sie allein für die Bewirtung des Gastes sorgen müsse, während Maria ihm zu Füßen sitzt und zuhört, da entgegnet Jesus ihr: »Maria hat das bessere Teil erwählt, und das soll nicht von ihr genommen werden.« Diese Par-

Ich bin gekommen, ein Feuer auf Erden anzuzünden

teinahme Jesu für die kontemplative Maria kündet einen tiefgreifenden Wandel an. Dienende Frauen gab es auch im zeitgenössischen Judentum, aber daß eine Frau einem Rabbi zuhört und dieser ihr sogar noch recht gibt, ist etwas Neues, Anstößiges.

Bisweilen erscheinen die Frauen, die Jesus folgen, tatkräftiger und mutiger als die Männer. In jedem Fall haben sie Jesus bis zum Ende die Treue gehalten, unter ihnen seine Mutter Maria, die es mit ihrem ungewöhnlichen Sohn gewiß nicht leicht gehabt hat.

Die Orientierung im weltlichen Handeln gibt die Liebe. Ob Gottes- oder Nächstenliebe – die Liebe ist unteilbar. Es ist eine und dieselbe Liebe – sie hat nur jeweils ein verschiedenes Gegenüber. Darum das Doppelgebot: »Du sollst Gott, deinen Herrn, lieben von ganzem Herzen ... und deinen Nächsten wie dich selbst.« Das Verhältnis des Menschen zu Gott muß sich in der Beziehung zum Mitmenschen widerspiegeln. Darum soll er seinen Nächsten lieben wie sich selbst. Wenn Jesus die Nächstenliebe an der Selbstliebe mißt, dann macht er die Selbstliebe damit nicht zur notwendigen Voraussetzung der Nächstenliebe. So richtig die psychologische Erkenntnis sein mag, daß nur, wer sich selbst angenommen hat, auch seinen Nächsten annehmen könne – dies ist nicht Jesu Problem. Ihm geht es ohne alles Wenn und Aber um die Erfüllung des göttlichen Liebesgebots. Deshalb erhebt er den äußersten Maßstab, ja geradezu die Maßlosigkeit zum Maß der Nächstenliebe – und das ist nun einmal die Selbstliebe des Menschen. Darum ist, wer seinen Nächsten liebt wie sich selbst, selbstvergessen – und wer sich selbst vergißt, ist wahrhaft frei.

Jesus aus Nazareth – Anfänger und Vollender des Glaubens

Alles, was die vier Evangelien über Jesu Person und Botschaft aussagen, läßt sich in zwei Versen aus zwei verschiedenen Gleichnissen Jesu konzentrieren.

Im Gleichnis vom verlorenen Sohn heißt es: »Als der Sohn noch fern war, sah ihn sein Vater, und er jammerte ihn, er lief und fiel ihm um den Hals und küßte ihn.« Dieser Satz kehrt im Gleichnis vom barmherzigen Samariter fast wörtlich wieder: »Ein Samariter kam des Wegs, und als er ihn sah, jammerte er ihn . . ., und er ging hin und hob ihn auf.«

Beide Male ist von einem Weg die Rede, von einem Sehen und Sich-Erbarmen und Sich-auf-den-Weg-Machen. Die Zuwendung des Vaters zum heimkehrenden Sohn setzt sich spiegelbildlich fort in der Hinwendung des Samariters zu dem halbtot am Wege Liegenden. Wie der Vater sich über den heimkehrenden Sohn herabbeugt und ihn an sich zieht, so geht auch der Samariter zu dem unter die Räuber Gefallenen hin, beugt sich über ihn und nimmt ihn mit sich.

Dies ist das »Zweiwegeschema« des Christentums. Es bildet das Paradox der Gottesverkündigung Jesu ab, wobei die Gnade des Seindürfens den Vorrang vor dem Gesetz des Tunsollens hat.

»Und als er das gesagt hatte, ging er voran und zog hinauf nach Jerusalem.«

Nicht um für die Sünden der Menschheit zu sterben, ist Jesus nach Jerusalem hinaufgegangen, sondern um im religiösen und nationalen Zentrum seines Volkes die endgültige Entscheidung für oder gegen seine Botschaft von Gott herauszufordern. Wer so redet und handelt wie Jesus, ist für

Ich bin gekommen, ein Feuer auf Erden anzuzünden

jedes religiöse und politische Establishment ein Risikofaktor. Und so wird der Unruhestifter ausgeschaltet. Ein politischer Prozeß – aber ein Fehlurteil?

Die Art des Sterbens Jesu weist auf sein Leben zurück – es war die logische Konsequenz seines Verkündigens und Verhaltens. Schließlich ist Jesus auf Golgatha gekreuzigt worden und nicht zufällig im See Genezareth beim Fischen ertrunken. Sein Glaube war es, der ihm seine Freiheit zum Wort gab, und seine Freiheit zum Wort war die Ursache seines Todes. Jesus aus Nazareth ist als Zeuge der Wahrheit Gottes gestorben – und damit nun doch »für uns«. Zu Recht ist das Kreuz deshalb zum Zeichen der Christenheit geworden.

Was immer den Jüngerinnen und Jüngern nach dem Tod Jesu widerfahren sein mag – es verdichtete sich für sie schließlich zu der Gewißheit: Jesus ist nicht tot – der Gekreuzigte lebt! Für sie bedeutete es die Beglaubigung seines Glaubens durch Gott selbst. Damit erfuhren sie nichts Neues über Gott, nichts, was ihnen Jesus nicht schon zu seinen Lebzeiten gesagt hätte, aber es galt für sie jetzt ein für allemal: Gott ist in der Tat so, wie Jesus ihn geglaubt und verkündigt hat. Künftig gehören Gott und Jesus unwiderruflich zusammen. Darum ist die Geschichte Jesu aus Nazareth – trotz der Kreuzigung – nicht zu Ende, sondern geht weiter. Ob sein Grab nun voll oder leer war – jedenfalls ist kein Gras darüber gewachsen. Die von Jesus entfachte Glaubensbewegung setzt sich fort bis zu ihrer Vollendung. Die Botschaft gilt: Jesus bleibt.

Der holländische Religionshistoriker G. van der Leeuw schreibt einmal: »Es gibt Erlebnisse, die wie ein Funke im

Jesus aus Nazareth – Anfänger und Vollender des Glaubens

Pulverfaß wirken. Diese nennen wir ›Stiftung‹.« Genau dies ist durch Jesus aus Nazareth geschehen. Er hat selbst von sich gesagt: »Ich bin gekommen, ein Feuer auf Erden anzuzünden« und hinzugefügt: »Was wollte ich lieber, als es brennte schon!«

Jesus steht als der Urcharismatiker am Anfang des Christentums. Mit seiner Verkündigung hat er das Bild Gottes gründlicher und nachhaltiger verändert als irgendein biblischer Zeuge vor ihm. Damit hat er den Grund zur Kirche gelegt. In der Nachfolge des »Anfängers und Vollenders des Glaubens« setzt die Kirche die von ihm entfachte Glaubens- und Sammlungsbewegung fort und wird so zum »Aufgebot des Glaubens« in der Welt.

Leiden an dem ohnmächtigen Gott

Wir sind Petrus: Glauben zwischen Bekennen und Verleugnen

Auf der Brücke zwischen Judentum und Christentum steht Simon Petrus, der erste und angesehenste Jünger im engsten Kreis um Jesus. Wie überall in der Evangelientradition mischen sich auch in den Berichten über ihn Geschichte und Legende. Wagt man, beides zum Ganzen zu fügen, ergibt sich das Bild eines Mannes, der in seinem Leben den Schritt vom Judentum zum Christentum vollzogen hat.

Seine eigene Kontur erhält dieser Weg durch den schwankenden Charakter des Petrus. Bald stürmt er begeistert voran, dann wieder fällt er zurück und reagiert ängstlich, ja feige. Auf Stunden hochfahrender Erhebung folgen alsbald tiefe Abstürze. Alles in allem ist es ein Glaubensweg zwischen Bekennen und Verleugnen.

Simon Petrus stammt aus Galiläa. Er ist ein Mann aus dem Volk, von Beruf Fischer, sein Leben daher vom See Genezareth bestimmt. Fest im jüdischen Glauben wurzelnd, gehörte er vielleicht jenen frommen Kreisen an, die auf den »Trost Israels«, den Messias, warteten. Über die Bußpredigt Johannes des Täufers scheint er zu Jesus gelangt zu sein.

Leiden an dem ohnmächtigen Gott

Seine Berufung zum Jünger ist in der neutestamentlichen Überlieferung mit der symbolhaften Erzählung von einem wunderbaren Fischzug verbunden. Obwohl die Tageszeit nicht günstig ist und er überdies die ganze Nacht vergeblich gearbeitet hat, fährt Simon, auf Jesu Wort hin, auf den See hinaus und wirft die Netze aus. Und der Fang ist so über die Maßen groß, daß die Netze zerreißen und selbst zwei Boote die Fülle kaum zu fassen vermögen. Das Wunder überwältigt Simon Petrus. Mitten im beruflichen Alltag ist die Macht des Heiligen in sein Leben getreten und läßt ihn seine eigene Nichtigkeit erkennen. Erschrocken stürzt er Jesus zu Füßen und bittet: »Herr, geh von mir weg! Ich bin ein sündiger Mensch.« Jesus aber beruft ihn in seine Nachfolge und erteilt ihm den Auftrag: »Von nun an wirst du Menschen fangen.«

Schon bald rückt Petrus an die Spitze des Jüngerkreises und gilt als Sprecher der »Zwölf«. In allen Jüngerlisten der Evangelien wird sein Name an erster Stelle genannt. Ob diese Auszeichnung seiner Person schon von Jesus stammt oder erst, auf Grund seiner späteren Vorrangstellung in der Jerusalemer Urgemeinde, eine nachträgliche Glorifizierung ist, bleibt umstritten.

Den Höhe- und zugleich Tiefpunkt seines Jüngerdaseins hat Petrus erfahren, als Jesus seine Jünger bei Cäsarea Philippi nach ihrer Meinung über ihn fragte, für wen sie ihn hielten. Da antwortete Simon Petrus: »Du bist Christus, der Sohn des lebendigen Gottes.«

Mit diesem Bekenntnis hat Petrus das Geheimnis Jesu, Gottes Gegenwart in ihm, erkannt. Solche Erkenntnis aber hat kein Mensch aus sich selbst; sie muß ihm von Gott

Wir sind Petrus: Glauben zwischen Bekennen und Verleugnen

offenbart sein. Darum nennt Jesus Simon »selig« und verleiht ihm den Beinamen »Fels« (aramäisch Kephas, griechisch Petrus): »Du bist Petrus. Auf diesen Felsen will ich meine Gemeinde bauen, und die Tore des Totenreichs sollen sich niemals hinter ihr schließen.«

Aber kaum hat Petrus Jesus als den Christus Gottes bekannt, da eröffnet dieser seinen Jüngern, welches Geschick ihm bevorsteht: »Der Menschensohn muß viel leiden und verworfen werden.« Leidenschaftlich protestiert Petrus dagegen: »Gott behüte dich davor, Herr! Das widerfahre dir nicht!« Jesus aber herrscht ihn an: »Weg von mir, Satan! Du stehst mir im Weg. Denn du denkst nicht, was Gott will, sondern was die Menschen sich wünschen.«

Daß der, den er für den Christus Gottes hält, leiden soll, kann und will Petrus nicht einsehen; das erscheint ihm als ein ganz und gar unmöglicher, gotteslästerlicher Gedanke. Für ihn bedeutet Gott Allmacht, Kraft und Stärke – darum muß auch der Messias ein Sieger und darf kein Verlierer sein. Petrus hängt – am Kreuz vorbei – einer »Theologie der Herrlichkeit« an. Mit diesem Gottesbild im Herzen geht er auf die letzte Station seiner Wanderung mit Jesus. Er wird lernen müssen, statt der eigenen Gottes Gedanken zu denken.

Als Jesus auf dem Weg vom letzten Abendmahl zum Ölberg seinen Jüngern voraussagt, daß sie alle noch in dieser Nacht an ihm irre würden, da begehrt Petrus wieder auf und beteuert: »Und wenn sie alle von dir abfallen – ich nicht!« Petrus meint es ehrlich; er ist sich seines Glaubens sicher und dünkt sich deshalb gegen jede Anfechtung gefeit. Jesus warnt ihn: »Ich sage dir; noch ehe der Hahn kräht, wirst du mich dreimal verleugnen.« Doch nur noch leidenschaftli-

Leiden an dem ohnmächtigen Gott

cher versichert Petrus Jesus seine Treue. »Und wenn ich mit dir sterben müßte, so werde ich dich doch nicht verleugnen.«

Es kommt, wie Jesus es vorausgesagt hat, jedoch anders, als Petrus es sich vermutlich vorgestellt hat. Kein großer Auftritt, überhaupt keinerlei Öffentlichkeit, sondern im Dunkel des hohenpriesterlichen Palasthofs – und nur eine Magd, die ihn erkennt, aber noch nicht einmal beschuldigt. Petrus jedoch leugnet sofort: »Ich kenne ihn nicht.« Die Umstehenden werden aufmerksam und treten näher heran. Aber wieder leugnet Petrus, und aus lauter Verlegenheit schwört er sogar: »Bei Gott, ich kenne den Menschen nicht!« Als andere ihn schließlich an seinem galiläischen Dialekt erkennen, da fängt er an zu fluchen und zu schwören: »Ich kenne den Menschen überhaupt nicht, von dem ihr redet.« Und in demselben Augenblick kräht ein Hahn. Da erinnert Petrus sich an Jesu Voraussage: »Ehe der Hahn kräht, wirst du mich dreimal verleugnen.« Da geht er hinaus und weint.

Der Fels, auf dem die Kirche ruhen soll, die Säule der Jerusalemer Urgemeinde, wankt. Petrus hat Angst. Aber nicht nur aus Feigheit verleugnet er Jesus – schließlich hat er sich nie kleinmütig gezeigt. Mehr als an Charakter fehlt es ihm an Glauben. Wie in ein Bild gefaßt, steht ihm in der Gestalt des stumm sich ergebenden Jesus vor Augen, was seiner Vorstellung von Gott stracks widerspricht: ein leidender Messias – ein ohmächtiger Gott. Und eben darum verleugnet er Jesus.

Aber der Verleugner wird zum Bekenner und zum Wortführer der Jerusalemer Urgemeinde. Petrus' neue Autorität

Wir sind Petrus: Glauben zwischen Bekennen und Verleugnen

beruht darauf, daß der auferstandene Jesus ihm als erstem von allen Jüngern erschienen ist. Das bedeutete mehr als nur eine formale Rehabilitation. Für Petrus war es ein »Erfahrungsereignis«, durch das ihm Gott neu aufgegangen ist. Er hatte Jesus verleugnet und sich von ihm feige abgesetzt. Gott aber hat ihn eingeholt und damit so an ihm gehandelt, wie Jesus behauptet hat, daß er an den Menschen handle: Er sucht die Sünder, stärkt die Kleingläubigen und geht den Gottlosen nach. Und so ist aus dem Verleugner ein Bekenner und Verkündiger geworden.

Durch seine öffentlichen Predigten führt Petrus die Gemeinde aus der Abgeschiedenheit heraus und gewinnt ihr neue Anhänger. Als er verhaftet wird und sich vor dem Hohen Rat zu verantworten hat, tut er dies ohne Scheu und setzt sich über das angedrohte Redeverbot freiheraus hinweg: »Man muß Gott mehr gehorchen als den Menschen ... Wir können's ja nicht lassen, von dem zu reden, was wir gesehen und gehört haben.«

Als einziger aus dem Kreis der Zwölf treibt Petrus Mission. Dabei beschränkt er sich nicht nur auf die Juden, sondern öffnet die Kirche auch für die Heiden. Diese Ausweitung ist dem Judenchristen nicht leicht geworden. Die Apostelgeschichte erzählt seine innere Wandlung in legendärer Form als ein persönliches Bekehrungserlebnis.

Eines Tages hat Petrus auf einer Missionsreise in der am Mittelmeer gelegenen Stadt Joppe eine Vision. Er sieht den Himmel sich öffnen und ein großes Tuch, an vier Zipfeln gefaßt, auf die Erde herabkommen. Darin befinden sich allerlei Vierfüßler und Kriechtiere sowie Vögel. Eine Stimme spricht: »Auf, Petrus, schlachte und iß!« Der aber ent-

Leiden an dem ohnmächtigen Gott

gegnet: »O nein, Herr, ich habe noch niemals etwas Gemeines und Unreines gegessen.« Darauf die Stimme noch einmal: »Was Gott für rein erklärt hat, das nenne du nicht unrein!« Und so noch ein drittes Mal. Dann wird das Tuch wieder hinaufgezogen.

Während Petrus noch darüber nachdenkt, was die Vision bedeuten mag, überbringen Boten ihm eine Einladung in das Haus des römischen Hauptmanns Kornelius in Cäsarea. Dort findet er wider Erwarten eine Hausgemeinde vor, Verwandte und Freunde des Hausherrn. Überrascht beginnt er seine Predigt: »Nun weiß ich wahrhaftig, daß Gott nicht die Person ansieht, sondern ihm aus jedem Volk willkommen ist, wer ihn fürchtet und tut, was recht ist.« Und während er noch predigt, kommt der heilige Geist auf alle herab. Die Judenchristen, die Petrus begleiten, vermögen es kaum zu fassen. Er aber zieht daraus die Konsequenz: »Wer könnte das Wasser zur Taufe denen verwehren, die gleich uns den heiligen Geist empfangen haben?«

Nach Jerusalem zurückgekehrt, muß Petrus sein Verhalten vor der Gemeinde verantworten. Er rechtfertigt sich, indem er einfach berichtet, was ihm widerfahren ist. Da verstummen die Kritiker und preisen Gott, daß er auch den Heiden die Umkehr zum Leben geschenkt hat.

Die entscheidende Auseinandersetzung zwischen Judenchristen und Heidenchristen aber stand noch aus. Sie hatte zwei Seiten, eine theologische und eine praktische, beide aufs engste miteinander verquickt. Theologisch ging es um die Frage nach dem verläßlichen Grund des göttlichen Heils: ob es allein durch Gottes Erlösungstat in Jesus Christus verbürgt ist oder es darüber hinaus noch der Erfüllung

Wir sind Petrus: Glauben zwischen Bekennen und Verleugnen

bestimmter Satzungen wie Reinheitsgebot, Sabbatheiligung und Beschneidung bedarf. Die Einheit der Kirche stand auf dem Spiel und mit ihr die Zukunft des Christentums.

Unter den Judenchristen gingen die Meinungen auseinander: Die einen verlangten nach wie vor auch von den Heidenchristen die Einhaltung der Ritualgebote; die anderen hingegen bestanden nur noch für die Judenchristen auf der Erfüllung des Gesetzes, die Heiden sollten davon befreit sein. Petrus suchte zwischen beiden Parteien zu vermitteln, trat selbst aber für die Befreiung der Heidenchristen vom jüdischen Gesetz ein. Als Mann des Kompromisses hatte er keinen leichten Stand.

Zur gemeinsamen Aussprache kam es auf dem sogenannten »Apostelkonzil« in Jerusalem (um 48/49 n. Chr.). Die judenchristliche Seite war durch die »Säulenapostel« Petrus, Jakobus und Johannes vertreten, die heidenchristliche durch den Apostel Paulus. Beide Seiten kamen überein, daß weiter so verfahren werden solle wie bisher: Die Heidenchristen sollten vom jüdischen Ritualgesetz, insonderheit vom Zwang zur Beschneidung frei bleiben, die Judenchristen das ganze Gesetz nach wie vor halten. Entsprechend wurden die Missionsgebiete abgegrenzt: Paulus und seine Leute sollten unbehelligt unter den Heiden arbeiten, Petrus und die Seinen gleichfalls unbehindert unter den Juden. Sonst verpflichtete Paulus sich nur, in den heidenchristlichen Gemeinden eine Kollekte für die Urgemeinde in Jerusalem einzusammeln, zu ihrer finanziellen Unterstützung, aber auch als ein Zeichen der bleibenden Rückbindung an den geschichtlichen Ausgangspunkt der christlichen Offenbarung. Zur Besiegelung der getroffenen schiedlich-friedlichen Abmachung gaben sich beide Seiten die Hand. Damit

Leiden an dem ohnmächtigen Gott

schien die Freiheit des Glaubens gesichert und die Einheit der Kirche gewahrt zu sein.

Aber wenn der Heide nicht mehr Jude werden mußte und der Jude nicht sein Judentum aufgeben – wie sah dann die praktische Handhabung der grundsätzlichen Entscheidung in einer aus Heiden- und Judenchristen gemischten Gemeinde aus?

Über diesem Problem sollte der Apostel Petrus in der Gemeinde von Antiochia zu Fall kommen. Dort hatten Judenchristen und Heidenchristen von früh an miteinander Tischgemeinschaft gehalten, und als Petrus zu einem Pastoralbesuch kam, schloß auch er sich ohne Skrupel an. Dann aber trafen Abgesandte der Jerusalemer Gemeinde ein und erhoben gegen diese Praxis Einspruch: Geborene Juden dürften auch als Christen nicht mit unreinen Heiden Tischgemeinschaft haben. Darauf sonderten sich die Judenchristen tatsächlich ab, und selbst Petrus fiel um und gab ängstlich dem Druck von außen nach. Da redete Paulus ihm mächtig ins Gewissen, nannte ihn zornig einen Heuchler und erinnerte ihn an die von Jesus Christus gebrachte Freiheit. Jedoch vergebens. Die vollzogene Scheidung blieb bestehen, und Paulus ging von da an seine eigenen Wege.

Petrus war alles andere als ein »Judaist« und auch keineswegs nur ein Organisator. Auf ihn aber läßt sich höchstwahrscheinlich die älteste Christologie zurückführen. Auffällig ist nämlich, daß ausgerechnet in den Petrus zugeschriebenen Predigten und Gebeten der Apostelgeschichte Jesu Person und Botschaft, so häufig wie nirgendwo sonst, mit dem deuterojesajanischen Bild des leidenden Gottesknechts ge-

Wir sind Petrus: Glauben zwischen Bekennen und Verleugnen

deutet wird. Augenscheinlich hat sich darin der christologische Kern seiner Theologie erhalten. Das aber bedeutet, daß sich sein Gottesbild entscheidend gewandelt hat. Er, der es nicht ertragen wollte, daß der Christus Gottes leiden mußte, und Jesus eben deswegen verleugnete, hat als erster Jesu Leiden und Sterben als Gottes Heilswillen erkannt und zur Mitte allen Christusglaubens gemacht.

Nach dem Apostelkonzil taucht der Name des Petrus in der Apostelgeschichte nicht mehr auf. Fortan ist in ihr nur noch von Paulus und seinem Missionswerk die Rede. Das entspricht dem Gang und Gewicht der Geschichte. Die letzte Nachricht über Petrus ist, daß König Herodes Agrippa ihn habe einkerkern lassen, er aber auf wunderbare Weise entkommen sei und Jerusalem verlassen habe.

Außerordentliches ist über Petrus danach nicht mehr zu berichten. Als verantwortlicher Leiter der judenchristlichen Mission hat er, übrigens begleitet von seiner Frau, seine Reisetätigkeit fortgesetzt und ist dabei bis nach Rom gelangt. Lange Zeit hat man, von der Konfessionen Haß und Gunst verführt, darüber gestritten, ob Petrus überhaupt je römischen Boden betreten habe. Heute besteht in der wissenschaftlichen Forschung kaum noch Zweifel daran. Aber wie immer das historische Ergebnis ausfiele – ob der lückenlose Nachweise gelänge, daß Petrus sich niemals in Rom aufgehalten hat oder daß er dort tatsächlich fünfundzwanzig Jahre Bischof gewesen ist – das römische Papsttum würde so oder so nicht aus den Angeln gehoben oder an seinem dogmatischen Selbstverständnis auch nur irre werden.

Wie Petrus in Rom gelebt oder was er dort getan hat, wird nirgendwo berichtet. Viel spricht dafür, daß er im Jahr

Leiden an dem ohnmächtigen Gott

65 n. Chr. während der neronischen Christenverfolgung das Martyrium erlitten hat. Auch hier mischen sich, wie in allen Berichten über ihn, Geschichte und Legende.

Die Legende seines Martyriums entspricht seinem Leben zwischen Bekenntnis und Verleugnung. Zuerst gibt Petrus dem Drängen seiner besorgten Freunde nach und verläßt Rom, um sich in Sicherheit zu bringen. Da begegnet ihm auf der Via Appia Jesus. Auf die Frage des Petrus: »Wohin gehst du, Herr?« antwortet dieser, er gehe nach Rom, um sich kreuzigen zu lassen. Beschämt kehrt Petrus um und wird, auf eigenen Wunsch mit dem Kopf nach unten, ans Kreuz geschlagen.

Was es an guten und schlechten Eigenschaften, an Stärken und Schwächen in einem Jüngerdasein gibt, in der Gestalt des Petrus scheint es verkörpert zu sein.

Als die Jünger eines Abends auf dem See Genezareth in Seenot geraten und Jesus über das Wasser zu ihnen kommt, will Petrus, impulsiv, wie er ist, zu ihm hin: »Herr, bist du's, so befiehl mir, zu dir zu kommen.« Darauf Jesus: »Komm!« – und Petrus geht über das Wasser auf ihn zu. Als er aber rings um sich her den Wind und die Wellen wahrnimmt, erschrickt er und beginnt zu sinken, und er schreit: »Herr, hilf mir!« Sogleich streckt Jesus die Hand nach ihm aus und führt ihn zurück ins Schiff.

Es ist der Glaube, der Petrus über Wasser hält. Solange er auf Jesus blickt, hat er festen Grund unter den Füßen. Sobald er aber angesichts des Windes und der Wellen zu zweifeln beginnt, wird er nicht mehr getragen und geht unter, und Jesus muß ihm helfen.

Dieses Bild vom Wandeln auf dem Wasser ist für alle

Wir sind Petrus: Glauben zwischen Bekennen und Verleugnen

Zeiten zum Sinnbild der christlichen Existenz zwischen Glaube und Zweifel, zwischen Bekennen und Verleugnen geworden: *Wir* sind Petrus.

Der Weg des Christentums in die Völkerwelt

Der Apostel Paulus führt die Christen in die Freiheit

In der Geschichte des christlichen Glaubens kommt dem Apostel Paulus wie keinem anderen Zeugen Jesu eine Schlüsselstellung zu. Durch ihn ist das Christentum zur »Weltreligion« geworden.

Paulus war nicht der einzige, schon gar nicht der erste christliche Missionar. Andere haben bereits vor ihm, auch unter den Heiden, gearbeitet. Aber er hat räumlich am weitesten in die griechisch-römische Welt hinausgegriffen und diese Ausweitung zugleich theologisch am gründlichsten durchdacht. Durch ihn wurde die christliche Religion davor bewahrt, weder eine judaisierende Sekte zu werden noch in der synkretistischen Religionswelt des Hellenismus aufzugehen.

Wie eng Mission und Theologie zusammenhingen, beweisen die Konflikte, die Paulus lebenslang durchzustehen hatte. Hinter der Loslösung des Christentums von seinem religiösen Mutterboden stand beherrschend die Frage nach der künftigen Geltung des mosaischen Gesetzes: Mußten die Heiden erst den Vorhof des jüdischen Ritualgesetzes – Beschneidung, Sabbatheiligung und Reinheitsgebote –

Der Weg des Christentums in die Völkerwelt

durchschreiten, bevor sie in das Heiligtum der Gnade eintreten durften? Hier mußte es unausweichlich zu Kampf und Konflikt mit den »Judaisten« kommen, die die Befolgung des jüdischen Gesetzes auch für die Heidenchristen zur Bedingung des Heils machen wollten. Würde es gelingen, die Freiheit vom jüdischen Gesetz zu erringen, ohne die kirchliche Gemeinschaft zu zerstören?

Für Paulus bedeutete dies zugleich einen lebenslangen Kampf um die Anerkennung seines Apostelamts: Apostel oder Apostat? Um seiner Vollmacht zur gesetzesfreien Heidenmission den Boden zu entziehen, suchten die Gegner ihm immer wieder seine Apostelwürde abzusprechen. Dadurch sah er sich ständig genötigt, seine Gleichrangigkeit mit den Jerusalemer »Säulenaposteln« unter Beweis zu stellen.

So sind Persönliches und Berufliches, Apostolat und Mission, Biographie und Theologie, Selbstverständnis und Gottesglaube im Leben des Paulus unauflöslich miteinander verquickt. Wie in einem Prisma sammeln sich alle diese Züge in seinem *Brief an die Galater*. Es sind die Grundzüge seiner theologischen Existenz, konsequent durchdacht, kurz gefaßt und leidenschaftlich formuliert.

Irrlehrer sind in die von Paulus gegründeten Gemeinden eingedrungen und versuchen, seine Autorität zu untergraben. Um die Gunst der Galater billig für sich zu gewinnen, habe er ihnen verschwiegen, daß zum wahren Christsein die Befolgung des mosaischen Ritualgesetzes, vorab der Beschneidung gehöre. Damit habe er sich als ein unechter Apostel erwiesen, kein unmittelbarer Jünger Jesu, sondern abhängig von den Uraposteln in Jerusalem – ein second

Der Apostel Paulus führt die Christen in die Freiheit

hand man. Und so wollten sie jetzt vollenden, was er begonnen habe.

Sofort ist Paulus bei der Sache. Ohne Anrede gerät ihm gleich der Anfang des Briefs zur apostolischen Selbstvorstellung: »Paulus, ein Apostel nicht von Menschen, auch nicht durch einen Menschen, sondern durch Jesus Christus und Gott, den Vater, der ihn von den Toten auferweckt hat.« Kraft dieser Vollmacht spricht er sogleich zweimal den Fluch über die Irrlehrer aus: »Wenn jemand, sei es auch ein Engel vom Himmel, ein anderes Evangelium predigte, als wir es euch gepredigt haben, der sei verflucht.« Schon hier beginnt das »Damnamus«, das sich seitdem als ein unseliges Erbe bis heute durch die Kirchengeschichte zieht.

Sodann wird Paulus sachlich. Um seine Bindung allein an Gott, unabhängig von jedweder menschlichen Instanz, unter Beweis zu stellen, blättert er seine Lebensgeschichte auf.

Von Geburt und Haus aus strenggläubiger Jude, hat er über die Maßen für die Satzungen der Väter geeifert und darum auch die Christen radikaler verfolgt als viele Altersgenossen – wie sollte er da Unterricht im christlichen Glauben erhalten haben? Gott selbst hat seinen Sohn in ihm offenbart und ihn zugleich zum Verkünder des Evangeliums berufen. Damit spielt Paulus auf sein sogenanntes »Damaskuserlebnis« an.

Als er vom Hohen Rat in Jerusalem nach Damaskus entsandt wurde, um die dortigen Juden in ihrem Widerstand gegen die neue Sekte der Nazarener zu stärken, brach unterwegs in ihm durch, was ihn im Innern schon länger bewegt haben mochte. Kurz vor Damaskus hatte er eine Christusvision. Der Auferstandene erschien seinem Verfolger und berief ihn in seine Nachfolge.

Der Weg des Christentums in die Völkerwelt

Was Paulus zu einem so leidenschaftlichen Gegner der Christen gemacht hatte, war ihr Anspruch, daß Jesus aus Nazareth der erwartete Messias sei. Das widersprach sowohl seinem Glauben an Gott als auch seiner Vorstellung vom Messias. So stand für Paulus Gott gegen Gott. Sollte er seine Feindschaft gegen die Christen überwinden, dann müßte er zwar nicht dem Gott seiner Väter abschwören, wohl aber im innersten Kern seines Glaubens eine radikale Wende vollziehen. Und eben dies ist geschehen, nach seiner Überzeugung durch Gott selbst.

Die Hinwendung zum christlichen Glauben bedeutete für Paulus den Beginn eines neuen angstfreien Gottesverhältnisses. Niemals würde er später den Glauben an Jesus Christus mit solcher Leidenschaft verkündigt haben, wenn er zuvor nicht mit solchem Eifer Jude gewesen wäre.

Aber wenn Gott für alle Menschen vorbehaltlos dasein will – warum dann nicht auch für die Gesetzlosen, die Heiden? Und so wird Paulus in demselben Augenblick, in dem er Christ wird, ein Missionar für die Heidenwelt. Die Bekehrung zum christlichen Glauben und die Berufung zum Heidenapostel haben bei Paulus eine und dieselbe Wurzel. Fortan widmete er sein Leben der Heidenmission, – dreißig Jahre lang.

Um zu beweisen, daß er vor Beginn seiner Missionsarbeit keinerlei Kontakt zur Gemeinde in Jerusalem gesucht, ja sich überhaupt mit keinem Menschen besprochen hat, zählt er die Stationen seiner bisherigen Reise- und Wanderwege, fast nach Art eines Itinerars, mit genauen Orts- und Zeitangaben auf und fügt ausdrücklich hinzu: »Gott weiß, ich lüge nicht.«

Der Apostel Paulus führt die Christen in die Freiheit

Von Damaskus ist er zunächst nach »Arabien« gezogen und von dort wieder nach Damaskus zurückgekehrt. Erst zwei bis drei Jahre später kam er – zum erstenmal als Christ – nach Jerusalem, um Petrus kennenzulernen, blieb aber nur zwei Wochen und sah auch sonst niemand außer Jakobus, den Bruder Jesu.

Erst nachdem er dreizehn Jahre lang in Syrien und Cilicien – selbständig und ohne Kontakt zu judenchristlichen Gemeinden – als Missionar gearbeitet hat, besucht er wieder Jerusalem, diesmal anläßlich des »Apostelkonzils«, auf dem das strittige Verhältnis zwischen judenchristlicher und heidenchristlicher Mission grundsätzlich und praktisch geklärt werden sollte.

Wieder betont Paulus, daß er auf Grund einer Offenbarung Gottes und nicht etwa auf eine Vorladung der Urapostel hin nach Jerusalem gekommen sei. Und auch sein Urteil über den Verlauf des Konzils ist einzig durch die Tatsache bestimmt, daß die »Säulen« der Jerusalemer Gemeinde, die Apostel Jakobus, Petrus und Johannes, ihm seine Freiheit in allen Stücken zugestanden haben: Wie Petrus das Apostelamt unter den Juden anvertraut ist, so ihm gleichrangig das unter den Heiden.

Entsprechend wurden auch die Missionsgebiete abgegrenzt. Sonst gab es keinerlei Auflagen, nur daß Paulus sich verpflichtete, in den heidenchristlichen Gemeinden regelmäßig eine Kollekte für die Urgemeinde in Jerusalem einzusammeln. Zur Besiegelung der getroffenen schiedlich-friedlichen Vereinbarung gaben sich beide Seiten die Hand.

Aber bald schon mußte Paulus die den Heidenchristen zugebilligte Freiheit vom jüdischen Gesetz gegenüber Pe-

Der Weg des Christentums in die Völkerwelt

trus verteidigen. Zuerst hatte dieser sich in Antiochia an der dort geübten Tischgemeinschaft zwischen Judenchristen und Heidenchristen ohne Skrupel beteiligt. Als aber Leute des Jakobus aus Jerusalem eintrafen, sonderte er sich ab und mit ihm auch die anderen Judenchristen; selbst Barnabas, Paulus' langjähriger treuester Gefährte, wurde verführt. Man meint beim Lesen fast noch Paulus' zornige Stimme zu vernehmen: »Da widerstand ich Kephas ins Angesicht: Wenn du, der du ein Jude bist, selbst heidnisch lebst und nicht jüdisch, warum zwingst du dann die Heiden, jüdisch zu leben?«

Aber dann greift Paulus im Galaterbrief über alle persönliche Polemik hinweg theologisch mächtig aus und entfaltet, als Antwort auf die gegnerische Propaganda, die Botschaft von der Rechtfertigung des Menschen vor Gott allein durch den Glauben.

Die Quintessenz der paulinischen Rechtfertigungslehre läßt sich in den Satz fassen: Der Mensch wird vor Gott nicht gerecht durch Werke des Gesetzes, sondern durch den Glauben an Jesus Christus. Oder anders ausgedrückt: Die Rechtfertigung des Menschen vor Gott besteht in der Erkenntnis des Glaubens, daß die gewöhnliche Frage: »Was sollen wir tun?« beantwortet werden muß mit der ungewöhnlichen: »Von wo empfangen wir etwas?« Das aber bedeutet: Die Religion ist zuerst eine geöffnete Hand, um Gaben entgegenzunehmen, und erst danach eine tätige Hand, um die empfangenen Gaben auszuteilen. Für den Apostel Paulus drückt sich in diesen Sätzen der zentrale Inhalt seines Gottesglaubens aus.

Der Apostel Paulus führt die Christen in die Freiheit

Nach seiner Überzeugung gibt es für den Menschen nur zwei Möglichkeiten, um der Bestimmung seines Lebens gerecht zu werden: Entweder wählt er den Weg des »Gesetzes« und sucht dieses durch eigene gute Taten zu erfüllen – oder er hört auf die Stimme des »Evangeliums« und vertraut der ihm von Gott zugesagten Gnade.

Der Weg des Gesetzes bedeutet Selbsterlösung durch sittlich-religiöse Normerfüllung. Wer sich zumutet, aus eigener Kraft gemäß dem Gesetz vollkommen zu leben, darf keine Auswahl treffen, sondern muß es insgesamt, bis in den einzelnen Buchstaben hinein, befolgen. Wer aber vermöchte das? Auf diese Weise wird die Religion zum Joch und macht das Leben zur Qual – dies ist der Fluch des Gesetzes.

Aber gleich den Juden leben auch die Heiden unter dem Gesetz. Sie unterwerfen sich den »Elementen der Welt« – Göttern, die in Wahrheit keine sind, sondern nur schwache, dürftige Wesen. Und so treiben sie Götzendienst, verehren die Kräfte der Natur, lassen ihr Leben vom Lauf der Sterne bestimmen, feiern Neumond und Sonnenwende, halten feste Zeiten ein, Tage, Monate und Jahre. Es ist der gleiche Fluch des Gesetzes, unter dem sie leben.

Aber wenn das Gesetz so fatale Folgen zeitigt, wenn es nur Fluch und Knechtschaft bewirkt, warum hat Gott es dann überhaupt erlassen – was ist dann sein Sinn? Darauf antwortet Paulus mit einem heilsgeschichtlichen Entwurf und erläutert diesen mit Hilfe eines Bildes: Im Heilsplan Gottes bedeutet das Gesetz nur ein »Zwischenspiel« für die Zeit der Unmündigkeit. Wie der künftige Erbe in einem Hause, solange er noch nicht mündig ist, einem Erzieher untersteht, der ihn zurechtweist und züchtigt, geradeso ist

Der Weg des Christentums in die Völkerwelt

das Gesetz ein »Zuchtmeister« auf Christus hin. Seine Aufgabe besteht darin, den Menschen seine Unfähigkeit zum Guten erkennen zu lassen und ihm so das Herz für die Gnade Gottes zu öffnen.

»Als aber die Zeit erfüllt war, sandte Gott seinen Sohn, geboren von einer Frau und unter das Gesetz getan, damit er die freikaufte, die unter dem Gesetz standen, und wir so die Sohnschaft empfingen.« Die Zwischenzeit der Unmündigkeit und mit ihr der Vormünder ist zu Ende. Mit der Sendung seines Sohnes hat Gott in der Heilsgeschichte einen neuen Anfang gesetzt und mit dem neuen Anfang zugleich ihr endgültiges Ziel. Härter und knapper, als Paulus es tut, läßt es sich nicht ausdrücken. Es ist das kürzeste »Leben Jesu«, das je geschrieben wurde.

»Geboren von einer Frau« — das heißt, biologisch gesehen, was Fleisch und Blut betrifft, ist Jesus wie unsereiner: durch die Liebe eines Mannes und einer Frau gezeugt, in einer Familie mit Geschwistern aufgewachsen und einem bestimmten sozialen Milieu verhaftet.

»Unter das Gesetz getan« — das heißt, historisch gesehen, was sein Geschick betrifft, ist Jesus in die Geschichte verstrickt, gleich wie wir, eingeschlossen in die Welt mit ihren Notwendigkeiten und ohne die Möglichkeit einer Ausflucht, Zwang und Anspruch zugleich.

Beide christologischen Aussagen beweisen, daß Paulus die Christusoffenbarung nicht metaphysisch versteht, wie es später das altkirchliche Dogma mit Hilfe der griechischen Philosophie getan hat, sondern geschichtlich, dem Denken seiner Bibel gemäß. Entsprechend interpretiert er auch die Gottessohnschaft Jesu nicht mit der kausal-naturhaften Ka-

Der Apostel Paulus führt die Christen in die Freiheit

tegorie der »Zeugung«, sondern mit der personal-geschichtlichen der »Sendung«: Der Vater sendet, und der Sohn gehorcht. Das aber bedeutet: Jesus ist nicht der Sohn auf Grund einer besonderen physischen Abstammung und Qualität, sondern infolge eines bestimmten geschichtlichen Verhaltens. Er ist der Sohn, weil er Gott ganz und gar seinen Vater sein läßt. Von einer Jungfrauengeburt weiß der Apostel Paulus noch nichts.

Kraft der Offenbarung des Vaters durch den Sohn wird der Mensch in ein neues Verhältnis zu Gott versetzt. Dieses neue Gottesverhältnis ist der »Glaube«. Und so setzt Jesu Sohnschaft sich fort in der Sohnschaft derer, die an ihn glauben. Paulus beschreibt diesen Fortgang so: »Weil ihr denn Söhne seid, hat Gott gesandt den Geist des Sohnes in unsere Herzen, der schreit: Abba, lieber Vater! So bist du nicht mehr Knecht, sondern Sohn; wenn aber Sohn, dann auch Erbe durch Gott.«

Jesu Ankündigung, daß Gott Vater sein will und die Menschen darum nicht mehr Knechte, sondern Töchter und Söhne heißen sollen, beansprucht die Erfüllung alles dessen zu sein, was Menschen je von Gott geglaubt und für die Menschheit erhofft haben. Als Sohn erweist der Mensch sich darin, daß er sich mit allem, was er ist, hat und kann, dem Vater verdankt und sich darum in vorbehaltlosem Vertrauen mit seinem ganzen Wesen auf ihn verläßt. Damit hat er das tiefste Wissen um sich erreicht und ist endgültig zu sich selbst gekommen.

Im Sohnsein liegt beides beschlossen: ein neues Verhältnis zu Gott und ein neues Verhältnis zur Welt: Als Sohn des Vaters ist der Mensch Erbe der Welt. Damit steht er richtig

Der Weg des Christentums in die Völkerwelt

zwischen Gott und der Welt. Wie ein Sohn, wenn er mündig geworden ist, vom Vater das Erbe übertragen bekommt, so wird dem Menschen die Welt als sein Erbe übertragen. Als der Mündiggewordene hat er die Schöpfung in selbständiger Verantwortung zu hüten.

Zwischen den Söhnen und Töchtern Gottes bestehen keine Unterschiede mehr: »Hier ist nicht Jude noch Grieche, nicht Knecht noch Freier, nicht Mann noch Frau; denn ihr seid allzumal *einer* in Jesus Christus.« Und so gilt auch weder Beschneidung noch Unbeschnittensein etwas. Das Christentum verkündigt nicht eine neue Religion, sondern eine neue Wirklichkeit, ein neues Sein: Versöhnung mit Gott und Wiedervereinigung alles Getrennten.

Von sich selbst bekennt Paulus: »Ich bin mit Christus gekreuzigt. Ich lebe, doch nicht ich, sondern Christus lebt in mir. Denn was ich jetzt lebe im Fleisch, das lebe ich im Glauben an den Sohn Gottes, der mich geliebt hat und sich selbst für mich dahingegeben.« Ein persönliches Bekenntnis wie dieses zeigt, wie falsch es ist, den leidenschaftlichen theologischen Denker und den geisterfüllten religiösen Mystiker in Paulus gegeneinander auszuspielen. Zertrümmert man die bisweilen harte Schale der rabbinisch-juridischen Rechtfertigungslehre, so trifft man auf einen glühenden mystischen Kern. Es handelt sich dabei aber nicht um eine Identitätsmystik – Christus und der Apostel bleiben zwei getrennte Personen.

Der Glaube wird durch die Liebe tätig. Weil Christus den Fluch des Gesetzes am Kreuz auf sich genommen hat, ist das Gesetz ein für allemal abgetan. An seine Stelle ist die Liebe getreten. Das ganze Gesetz mit seinen zahlreichen Einzelbe-

Der Apostel Paulus führt die Christen in die Freiheit

stimmungen ist in dem *einen* Wort erfüllt: »Liebe deinen Nächsten wie dich selbst.«

Entsprechend unterscheidet Paulus zwischen zwei Lebensweisen: Entweder ist ein Mensch in seinem Wandel vom Geist oder vom Fleisch bestimmt. »Fleisch« bezeichnet nicht, manichäisch gedacht, die in sich böse Materie, meint auch nicht einseitig das Animalische oder Sexuelle im Menschen, sondern den Menschen als ganzen, wie er »von Natur aus« ist: ständig im Aufruhr gegen Gott und getrieben von seiner Angst aus Habsucht, daher stets in Gefahr, zur »Unnatur« zu entarten oder zum »Unmenschen« zu mutieren. In einer Art »Lasterkatalog« zählt Paulus die »Werke des Fleisches« auf. Er nennt insgesamt fünfzehn; sie reichen von Unzucht, Neid und Mißgunst bis zu Götzendienst und Zauberei.

In den Gläubigen dagegen gewinnt Christus Gestalt. Der Indikativ setzt den Imperativ aus sich heraus: »Wenn wir im Geist leben, dann laßt uns auch im Geist wandeln!« Und so heißen die »Früchte des Geistes«: Liebe, Freude, Friede, Geduld, Freundlichkeit, Güte, Glaube, Sanftmut, Keuschheit. Aufschlußreich ist ein Vergleich der genannten neun christlichen Tugenden mit einem zeitgenössischen stoischen Tugendkatalog. Seneca nennt als das »höchste Gut«: Unerschütterlichkeit, Umsicht, Erhabenheit, Gesundheit, Freiheit, Harmonie und Schönheit der Seele. Der entscheidende Unterschied zwischen den beiden Katalogen besteht darin, daß die christlichen Tugenden sich vornehmlich nach außen auf den Nächsten richten, die stoischen hingegen vor allem nach innen auf das Wohlergehen der eigenen Seele.

Der Weg des Christentums in die Völkerwelt

Der gesamte Inhalt des Galaterbriefs ist auf den Ton der *Freiheit* gestimmt; fast könnte man sagen: Der Brief atmet von Anfang bis Ende Freiheit.

Gleich zum Beginn verteidigt Paulus gegenüber dem judenchristlichen Establishment in Jerusalem die Freiheit des von ihm gepredigten Evangeliums: »Ich habe es von keinem Menschen empfangen, sondern durch eine Offenbarung Jesu Christi.« – Mitte und Kern des Briefes bildet die vollmächtige apostolische Begründung und Entfaltung der Rechtfertigungsbotschaft: »Zur Freiheit hat uns Christus befreit.« – Am Ende wiederholt Paulus noch einmal die Warnung, die durch Christus geschenkte Freiheit nicht wieder preiszugeben: »Ihr seid zur Freiheit berufen ... So steht nun fest und laßt euch nicht wieder das Joch der Knechtschaft auflegen!«

Dieser Ruf in die Freiheit weist auf die Gottesverkündigung Jesu aus Nazareth zurück. Obwohl Paulus mit an Sicherheit grenzender Wahrscheinlichkeit Jesus nie gesehen und gehört hat, hat er ihn von allen Aposteln am besten verstanden:

Erstens: Wie für Jesus bildet auch für Paulus der »Glaube« die Mitte seiner Gottesverkündigung, so daß er das Kommen Jesu mit dem »Kommen des Glaubens« gleichsetzen kann. »Aus Glauben zum Glauben« kann er daher den christlichen Heilsweg beschreiben.

Zweitens: Wie für Jesus beginnt auch für Paulus der Weg des Menschen zu Gott bei Gott, nicht beim Menschen. Jesu bedingungslose Einladung aller Menschen zu Gott bildet den einfachen geschichtlichen Grund der paulinischen Rechtfertigungslehre in allen ihren Entfaltungen und Verzweigungen.

Der Apostel Paulus führt die Christen in die Freiheit

Drittens: Wie für Jesus erschließt auch für Paulus der freie Zugang des Glaubens zu Gott ein mündiges Verhältnis zur Welt. Wer furchtlos: »Abba, lieber Vater« sagen kann, der kann auch frei und angstlos mit der Welt umgehen. Für ihn ist die Welt weltlich geworden.

Damit auch die Heiden das Evangelium Jesu verstünden, hat Paulus es ihnen in der Vorstellungs- und Gedankenwelt der hellenistischen Erlösungsreligionen dargeboten. Entsprechend hat er Jesu Geschick zu einem weltumspannenden Heilsdrama ausgeweitet, in dem Himmel und Erde sich miteinander verbinden. Der irdische Jesus interessiert ihn kaum noch. Aus dem endzeitlichen Messias, dessen Wiederkunft die Urgemeinde erst in der Zukunft erwartete, ist – in Analogie zu den Kultgöttern der hellenistischen Mysterienreligionen – der »Kyrios« Jesus Christus geworden, der erhöhte Herr, der schon jetzt vom Himmel aus die Welt regiert und sich in seiner Gemeinde mystisch verleiblicht. Aber trotz aller Anleihen bei der hellenistischen Religions- und Gedankenwelt hat Paulus das Christentum nicht in eine synkretistische Religion verwandelt. Der Apostel war kein zweiter Religionsstifter neben Jesus, wie man ihn gelegentlich verdächtigt hat. Die Anpassung an die neue Umwelt war notwendig, wenn das aus dem Judentum stammende Christentum auch von den Heiden verstanden und angenommen werden sollte. Aber die neue Form hat nicht über den Inhalt gesiegt; das Christentum hat dadurch keinen Schaden an seiner Seele genommen. Wäre es durch Paulus tatsächlich zu einer synkretistischen Religion geworden, so wäre sein historischer Sieg unwahrscheinlich gewesen. Dann hätte es niemals die Auseinandersetzung mit

Der Weg des Christentums in die Völkerwelt

der hellenistischen Geisteswelt bestanden, sondern wäre in ihrem religiösen Synkretismus aufgegangen. Nun aber hat Paulus das Christentum durch alle drohende Judaisierung und Vulgarisierung hindurchgerettet und in die Weite der antiken Welt hinausgeführt. Alles in allem war es ein Leben im Dienst Jesu Christi, voll Arbeit, Leiden, Gefahr, Verfolgung und eigener Krankheit, bis es sich im Martyrium vollendete.

Aber der Apostel ist eine einsame Größe geblieben. Weil er unbequem war und die kirchlich-religiöse Routine störte, wurde er schon in der Alten Kirche bald vergessen, und auch später hat sich die Christenheit seinem Zeugnis immer wieder entzogen. Seine Wirkungsgeschichte bildet keinen durchgehenden Trend, sondern vollzieht sich sporadisch, jeweils nur in einzelnen Schüben.

Aber wann immer es um eine Erneuerung und Vertiefung des gängigen Christentums geht, bricht Paulus mit seinem Christuszeugnis durch alle kirchliche Entstellung und moralische Verflachung hindurch und erinnert die Christenheit an ihren einmaligen Ursprung und bleibenden Grund, an den Anfänger und Vollender des Glaubens: »Zur Freiheit hat uns Christus befreit. So steht nun fest und laßt euch nicht wieder das Joch der Knechtschaft auflegen ... Denn in Jesus Christus gilt weder Beschneidung noch Unbeschnittensein etwas, sondern der Glaube, der durch die Liebe tätig ist.«

Gott in allem – alles in Gott

Am Ende bin ich noch immer bei dir

Der 139. Psalm bildet für mich einen Höhepunkt des biblischen Gottesglaubens. Darum habe ich ihn ans Ende des Buches gestellt. Es ist, als flössen all die vielen verschiedenen, widersprüchlichen Gedanken, die die Menschen in der Bibel über Gott denken, in ihm zusammen und kämen darüber zur Ruhe: Gott ist da – er ist in allem, und alles ist in ihm. Die Allgegenwart Gottes ist die Voraussetzung dafür, daß der Glaube sich von ihm Bilder machen kann.

Die christliche Theologie hat die Glaubenserfahrung des Psalmisten in die Begriffe Allgegenwart, Allwissenheit, Allwirksamkeit gefaßt. Solche theologische Begriffsarbeit ist unvermeidlich, aber wer Gott »auf den Begriff bringt«, läuft zugleich Gefahr, aus ihm ein Objekt und Ding zu machen. Dies war fraglos eine der Hauptwurzeln des neuzeitlichen Atheismus: Allzu gut meinten die Christen über Gott Bescheid zu wissen.

Der Dichter des 139. Psalms redet nicht *über* Gott, sondern *zu* Gott. Er ist von seiner allgegenwärtigen Nähe so überwältigt, daß er im Hymnus davon erzählt:

Gott in allem – alles in Gott

»Herr, du erforschest mich und kennest mich.
Ich sitze oder stehe auf, so weißt du es;
   du verstehst meine Gedanken von ferne.
Ich gehe oder liege, so bist du um mich
   und siehst alle meine Wege.
Denn siehe, es ist kein Wort auf meiner Zunge,
   das du, Herr, nicht schon wüßtest.
Von allen Seiten umgibst du mich
   und hältst deine Hand über mir.
Diese Erkenntnis ist mir zu wunderbar und zu hoch,
   ich kann sie nicht begreifen.«

Kann man umfassender und zugleich eindringlicher von Gott sprechen? Für den Beter befindet Gott sich nicht nur oben im Himmel, wie die einen behaupten, auch nicht nur unten in der Tiefe, wie andere sagen – er umschließt den Menschen von allen Seiten, wie die Luft, die ihn umhüllt, und das Licht, das ihn umfängt. Wohin immer er schaut, er fühlt sich von Gott durchschaut; wie er sich auch wendet und dreht, ob er vor oder hinter sich blickt, er sieht sich wie in einem Spiegel. Auf diese Weise wird alles, was ihm widerfährt, unausweichlich zu einer Gottesbegegnung. Ob wir ruhen oder uns bewegen, was wir erkennen, denken, reden, handeln – immer und überall haben wir es mit Gott zu tun. Er ist der Zeuge unseres gesamten Lebens – auch in diesem Augenblick ist er mir näher als ich mir selbst.

Vor seiner Nähe gibt es kein Entfliehen und Entrinnen!
»Wohin soll ich gehen vor deinem Geist,
   und wohin soll ich fliehen vor deinem Angesicht?
Führe ich gen Himmel, so bist du da;
   bettete ich mich bei den Toten, siehe, so bist du
     auch da;

Am Ende bin ich noch immer bei dir

> Nähme ich Flügel der Morgenröte
> und bliebe am äußersten Meer,
> so würde auch dort deine Hand mich führen
> und deine Rechte mich halten.
> Spräche ich: Finsternis möge mich decken
> und Nacht statt Licht um mich sein –,
> so wäre auch Finsternis nicht finster bei dir,
> und die Nacht leuchtete wie der Tag.
> Finsternis ist wie das Licht.«

Alle Dimensionen der Welt werden durchmessen – aber eine Flucht vor Gottes Allgegenwart gibt es nicht. Kein Ort der Schöpfung führt aus seinem Machtbereich heraus.

Nicht der Aufstieg in den Himmel, das heißt nicht die Ausflucht in die Utopie einer vollkommenen Gesellschaft, einer absoluten Gerechtigkeit oder eines ewigen Friedens – wer hätte solchen Idealen nicht in seiner Jugend angehangen?

Nicht der Abstieg in die Unterwelt, das heißt nicht der Ausweg in den Tod – wer hätte sich nicht schon einmal gewünscht, sein Leben loszuwerden, weil es ihm schier unerträglich geworden schien?

Nicht der Aufbruch zu einer Weltreise, auch nicht der Flug in den Weltraum und schon gar nicht der Versuch, sich im Dunkeln zu verstecken oder mit Hilfe der Magie davonzumachen.

Es gibt keine Ferne und kein Dunkel, die uns vor Gott verbürgen, ja es besteht nicht einmal die Möglichkeit, ihm auch nur in Gedanken zu entkommen, denn jedes Denkziel bliebe im Bereich der göttlichen Allwissenheit. Gott wäre ja nicht Gott, wenn es in der Welt auch nur einen einzigen Ort außerhalb seiner gäbe.

Gott in allem – alles in Gott

Den Psalmisten erfüllt die Erkenntnis der Allgegenwart Gottes nicht mit Entsetzen, sondern mit Erstaunen: »Diese Erkenntnis ist mir zu wunderbar und zu hoch, ich kann sie nicht begreifen.« Aber es ist ein dankbares Erstaunen. Der Beter fühlt sich nicht unter Druck gesetzt, sondern umhegt. Daß Gott zu jeder Zeit und an jedem Ort der Welt da ist, daß sein Auge den Menschen durchschaut, daß seine Hand auf ihm ruht und sein Wille ihn lenkt, bedeutet für ihn nicht Unterwerfung und Knechtschaft, sondern Geborgenheit und Vertrauen. Gottes Allgegenwart umgibt ihn von allen Seiten wie ein Zelt, in dem er sicher wohnt.

Aber gleicht der Mensch damit nicht eher einem Gefangenen, der in seiner Zelle sitzt, scheinbar allein, aber wenn er aufblickt, erkennt er im Guckloch der Zellentür das Auge des Aufsehers? Diese ständige Mitwisserschaft eines Zeugen – ein Spiegel, dem nichts verborgen bleibt, – Tag und Nacht abgehört –, niemals und nirgends allein, nicht nur im Guten und Bösen, auch nicht beim Allerintimsten, über das wir zu niemand zu sprechen wünschen – welcher Mensch hält das aus?

Martin Luther hat in keinem Augenblick seines Lebens an Gottes Dasein gezweifelt, aber in Stunden der Anfechtung seine unausweichliche Nähe bisweilen als so bedrängend empfunden, daß er ihn zu hassen begann: »Du bist nicht Gott, sondern der leidige Teufel! Und ich wollte, daß kein Gott wäre!«

Paul Tillich fragt in einer seiner »Religiösen Reden«: »Wer könnte es ertragen, so völlig bis in die dunkelsten Winkel seiner Seele durchschaut zu werden? ... Wer haßt nicht einen solchen Gefährten, der immer gegenwärtig ist –

auf jedem Weg und an jedem Zufluchtsort? Wer möchte nicht aus diesem Gefängnis einer ständigen Mitwisserschaft ausbrechen? ... Und wer möchte nicht schließlich zum Atheisten werden, um Gott zu beseitigen?«

Der Psychotherapeut Tilman Moser ist Atheist geworden und hat Gott beseitigt. In seinem Buch »Gottesvergiftung« schreibt er im Blick auf den 139. Psalm: »Aber weißt du, was das Schlimmste ist, das sie mir erzählt haben? Es ist die tückisch ausgestreute Überzeugung, daß du alles hörst und alles siehst und auch die geheimen Gedanken erraten kannst ..., daß man sich elend fühlt, weil *du* einem lauernd und ohne Pausen des Erbarmens zusiehst und zuhörst und mit Gedankenlesen beschäftigt bist ..., als gäbe es keine größere Sehnsucht, als immer dein ewig-kontrollierendes Big-brother-Gesicht über uns an der Decke zu sehen.«

Aber bedrängt uns der Gedanke an den stets gegenwärtigen und alles wissenden Gott heute wirklich noch? Überwältigt uns nicht viel mehr, falls uns überhaupt noch etwas religiös überwältigt, die Erfahrung der Abwesenheit Gottes: Wo ist Gott – wohin bist du? Führe ich gen Himmel, so bist du nicht da. Bettete ich mich bei den Toten, so bist du auch nicht da. Nähme ich Flügel der Morgenröte und bliebe am äußersten Meer, so würde ich dich dort gleichfalls nicht finden.

Und noch radikaler gefragt: Vermissen die meisten Zeitgenossen Gott überhaupt noch? Oder fragen sie die Christen vielleicht schon gar nicht mehr nach der Gegenwart Gottes, sondern höchstens noch nach dem Zustand der Kirche? Und stellen die Gläubigen sich die Frage, wer, wo und wie Gott ist, womöglich nur noch untereinander?

Gott in allem – alles in Gott

Also statt allgegenwärtiger Anwesenheit allzeitige Abwesenheit Gottes? Der Psalmist löst das Dilemma, indem er auf beide Möglichkeiten die gleiche Antwort gibt: Er dankt Gott für seine eigene Existenz, für das Wunder des Seindürfens:

»Du hast meine Nieren bereitet
und hast mich gebildet im Mutterleibe.
Ich danke dir dafür
daß ich wunderbar gemacht bin;
wunderbar sind deine Werke;
das erkennt meine Seele.
Es war dir mein Gebein nicht verborgen,
als ich im Verborgenen gemacht wurde,
als ich gebildet wurde unten in der Erde.
Deine Augen sahen mich,
als ich noch nicht bereitet war,
und alle Tage waren in dein Buch geschrieben,
die noch werden sollten und von denen noch keiner da war.«

Der Gott, dem der Mensch nicht entfliehen kann, ist der Grund seines eigenen Seins! Daß Gott die Welt geschaffen hat, daß er sie weise und wunderbar gemacht hat und den Menschen zu seinem Ebenbild, ist das Ja, das vom Beginn an über der Welt und Menschheit steht. Als Gottes Selbstmitteilung ist schon das Leben der Schöpfung Gnade. Gnade macht deshalb die innerste Mitte aller kreatürlichen Existenz aus. Daß ein Mensch sagen kann »Ich bin« – das ist Gnade.

Wenn Gott und die Menschen einander begegnen, so ist dies ein gegenseitiges Erkennen. Denn der Mensch ist das einzige Lebewesen, in dem der Lebensprozeß – im Gegen-

Am Ende bin ich noch immer bei dir

über zu Gott – zum Bewußtsein seiner selbst gelangt, das einzige Geschöpf, das auf die Schöpfung verständig zu antworten vermag. Dies bildet sozusagen den biologischen Kern in der biblischen Rede von der »Gottebenbildlichkeit« des Menschen. Martin Luther hat dies so ausgedrückt: Wir sind »solche Geschöpfe, mit denen Gott auf ewig und unsterblicherweise reden will«, und Heinrich Böll hat daraus die Konsequenz gezogen: »Der Mensch ist der Beweis, daß Gott existiert.«

Der Schöpfer schaut mithin sein eigenes Werk an, wenn er den Menschen durchschaut: Wie könnte ich ihm da verborgen bleiben, wie sollte er mich nicht kennen und wie es nicht gut meinen mit mir? Die Freundlichkeit des Schöpfers überwindet das Grauen und verwandelt das Erschrecken in Erstaunen und Vertrauen: Glaubst du, so hast du; glaubst du nicht, so hast du nicht – wie ein Mensch sich zu Gott stellt, so findet er ihn auch.

Gott ist die Voraussetzung des Menschen – mit dieser Erkenntnis beginnt seine Erlösung. Der Psalmdichter drückt dies in einem mythologisch-poetischen Bild so aus: Alle Tage des Menschen, die vergangenen wie die noch ausstehenden, sind in ein himmlisches Buch geschrieben. Also kein blinder Zufall, auch kein stummes Schicksal, sondern »Vorsehung« – die »Schickung im Zusammenhang«. Das einzelne gewinnt Halt und Gehalt, das Vielerlei fügt sich zum Ganzen.

Weil unser Leben »vorbedacht« ist, können wir über es »nachdenken«. Gottes Weisheit in den Wundern seiner Schöpfung entdecken, heißt in den Dingen den Sinn des eigenen Lebens erkennen. Im Hinblick auf den Erfolg solcher Sinnsuche zeigt sich der Psalmist freilich skeptisch. Er gesteht nach wie vor sein Unvermögen, Gottes Gedanken zu begreifen:

> »Aber wie schwer sind für mich, Gott deine
> Gedanken!
> Wie ist ihre Summe so groß!
> Wollte ich sie zählen, so wären sie mehr als
> der Sand:
> Am Ende bin ich noch immer bei dir.«

Trotz der Unerforschlichkeit Gottes lautet das Fazit seiner vergeblichen Sinnsuche für den Psalmisten nicht: »Am Ende bin ich noch immer bei mir«, sondern: »Am Ende bin ich noch immer bei *dir*.« Daß der Mensch es im Leben und Sterben mit Gott zu tun hat, erscheint ihm als die heimliche Mitte in allen Wahrheiten.

»Am Ende bin ich noch immer bei dir« – damit hätte der Psalmist seine Zwiesprache mit Gott beschließen können. Aber da schießt ihm ein Gedanke durch den Kopf und kommt ihm in die Quere: Wenn Gott allen Menschen unmittelbar gegenwärtig ist – was wird dann aus den Gottlosen? Und er schlägt selbst sogleich eine »Endlösung« vor:

> »Ach Gott, wolltest du doch die Gottlosen töten!
> Daß doch die Blutgierigen von mir wichen!
> Denn sie reden von dir lästerlich,
> und deine Feinde erheben sich mit frechem Mut.
> Sollte ich nicht hassen, Herr, die dich hassen,
> und verabscheuen, die sich gegen dich erheben?
> Ich hasse sie mit ganzem Ernst;
> sie sind mir zu Feinden geworden.«

Am Ende bin ich noch immer bei dir

Ganz wohl ist dem Psalmisten bei seinem Tötungsvorschlag selber nicht. Er sucht sich vorsichtig zu rechtfertigen: »Sollte ich denn nicht hassen, Herr, die dich hassen, und verabscheuen, die sich gegen dich erheben?« – und beruft sich dabei auf die Lauterkeit seines Motivs: daß er nicht aus Rachsucht, sondern um Gottes willen die Gottlosen hasse und vernichten möchte. Aber haben das die Ketzerrichter nicht zu allen Zeiten behauptet und dann nur um so kräftiger gefoltert, geköpft, gehängt, verbrannt und später, nach dem Einspruch der Aufklärung, immerhin noch abgesetzt, verbannt und exkommuniziert?

Der Psalmist aber erkennt noch rechtzeitig seinen Irrweg und kehrt zum Anfang seines Gebets zurück. Dort hatte es geheißen: »Herr, du erforschest mich und kennest mich.« Diese Feststellung wendet der Psalmist jetzt am Schluß in die persönliche Bitte um Gottes Führung und Geleit:

»Erforsche mich, Gott, und erkenne mein Herz;
   prüfe mich und erkenne, wie ich's meine.
Und siehe, ob ich auf bösem Wege bin,
   und leite mich auf ewigem Wege.«

Läßt sich für einen, der sein Leben lang, von Berufs wegen oder als mündiger Laie, über Gott und die Welt nachgedacht und sich an seiner Verborgenheit abgearbeitet hat, ein versöhnlicherer Lebensbogen schlagen?

Nachweis der Bibelstellen

»Ich bin« − Gottes Lebenslauf

S. 12 »Wo ist nun dein Gott?«: Ps 42,4.11; 79,10; 115,2
S. 12 »Warum verstößt du mich?«: Ps 43,2; 44,10; 74,1; 88,15
S. 12 »Warum bist du so fern?«: Ps 10,1
S. 12 »Warum hast du mich vergessen?«: Ps 42,10
S. 12 »Mein Gott, warum hast du mich verlassen?«: Mt 27,46 par

Abraham − Urbild des Glaubens

S. 16 Die Erzählungen von Abraham stehen 1. Mose, 12−25
S. 16 Aufbruch in Haran: 12,1−3
S. 19 Enttäuschung in Kanaan: 12,4−9
S. 19 Blamage in Ägypten: 12,10−20
S. 20 Trennung von Lot: 13,1−13
S. 21 Bundschließungen: 15,1−21; 17,1−15

Nachweis der Bibelstellen

S. 21   Abraham zwischen Sarah und Hagar: 16,1−15; 21,1−7
S. 22   Gottesbegegnung in Mamre: 18,1−15
S. 23   Isaaks Geburt: 21,1−7
S. 23   Gespräch über Sodom: 18,16−33
S. 26   Isaaks Opferung: 22,1−19
S. 28   Abrahams Tod: 25,1−11

Jakob − Zwischen Bethel und Jabbok

S. 34   Esaus und Jakobs Geburt: 1. Mose 25,19−28
S. 34   Verkauf des Erstgeburtsrechts: 26,29−34
S. 35   Erschleichung des väterlichen Segens: 27−28,5
S. 35   Flucht nach Haran − Gottesbegegnung in Bethel: 28,10−22
S. 36   Bei Laban in Haran, Heirat mit Lea und Rahel, zwölf Söhne: Kap. 29−30
S. 37   Flucht aus Haran: Kap. 31
S. 39   Kampf mit Gott am Jabbok: Kap. 32
S. 41   Versöhnung mit Esau: Kap. 33

Mose − Israels Befreier und Zuchtmeister

S. 47   »Mein Vater war ein umherirrender Aramäer«: 5. Mose 26,5−9
S. 49   Offenbarung des Gottesnamens an Mose: 2. Mose 3
S. 52   Mirjamlied: 2. Mose 15,20 f.
S. 52   Offenbarung am Sinai: 2. Mose 19
S. 52   Zehn Gebote: 2. Mose 20; 5. Mose 5,1−22

Nachweis der Bibelstellen

S. 53 »Höre Israel ...«: 5. Mose, 6,4 f.
S. 59 »So laßt uns nun hinausgehen«: Hebräer 13,13 f.

Jahwe Zebaoth – Der Gott der Schlachtreihen

S. 61 Amalekiterschlacht: 2. Mose 17,8−16
S. 63 Deboralied: Richter 4 u. 5
S. 67 Sauls Verwerfung: 1. Sam 16,20
S. 68 »Der Geist Jahwes wich von Saul«: 1. Sam 16,14
S. 68 Saul bei der Totenbeschwörerin in Endor: 1. Sam 28,3−25
S. 68 Sauls Verwerfung: 1. Sam 31

König David – Der Traum vom Reich

S. 74 »Bald darauf befragte David Jahwe«: 2. Sam 2,1−5
S. 75 Einholung der Lade: 2. Sam 6
S. 77 Davids Volkszählung: 2. Sam 24, 1. Chronik 21

Elia – Prophet einer Gotteswende

S. 88 Das Gottesurteil auf dem Karmel: 1. Kön. 18,16−40
S. 90 Elias Gottesbegegnung am Horeb: 1. Kön. 19,1−18
S. 91 Dürre, Hunger und Regen durch Jahwe: 1. Kön. 18,1−6, 41−46
S. 94 »Ich bin gekommen, ein Feuer anzuzünden«: Lk 12,49

Nachweis der Bibelstellen

S. 95 »Wißt ihr nicht, wes' Geistes Kinder ihr seid?«: Lk 9,55 f.

Amos – Bahnbrecher des sittlichen Monotheismus

S. 98 »Ich bin kein Prophet ...«: Amos, 7,14 f.
S. 98 »Der Löwe brüllt ...«: 7,14 f.
S. 99 »Gekommen ist das Ende meines Volkes«: 8,2
S. 99 »Höret, ihr vom Hause Israel«: 5,1−3
S. 100 »Sie verstehen nicht, das Rechte zu tun«: 3,10
S. 101 »Ich bin euren Festen gram«: 5,21−24
S. 102 »Bessert euer Leben und Tun«: Jer, 7,3−6
S. 102 »Seid ihr Israeliten ...«: Amos, 9,7
S. 103 »Der Tag Jahwes ist Finsternis«: 5,18−20
S. 104 »Siehe, es kommt die Zeit«: 8,11 f.
S. 104 »Die zerfallene Hütte Davids ...«: 9,11−15
S. 105 »Suchet mich«: 5,4.6

Jeremia – In der Weite der Welt und in den Herzen Menschen

S. 110 Jeremias Berufung: Jer 1,10
S. 110 »Du hast mich betört«. 20,7
S. 111 »Ach, Gott, du weißt es«: 15,15 ff.
S. 114 »Suchet der Stadt Bestes«: 29,7
S. 114 »An den Wassern zu Babel ...«: Ps 137
S. 115 »Ich weiß wohl ...«: Jer 29,11
S. 116 »Siehe, es kommt die Zeit«: 31,31−34
S. 116 »Die Väter haben saure Trauben gegessen«: 31,29; Hes. 18,2 f.

Nachweis der Bibelstellen

S. 117 »Kann etwa ein Mohr seine Haut wandeln?«: 13,23
S. 117 »Das soll der Bund sein«: 31,33
S. 117 »Keiner wird den anderen lehren«: 31,34

Deuterojesaja – der Evangelist unter den Propheten
(»Deuterojesaja« umfaßt die Kapitel Jesaja 40–55)

S. 123 »Zu Kyros spreche ich«: Jes. 44,28
S. 123 »Tröstet, tröstet mein Volk«: 40,1–3
S. 123 »Ich habe dich einen kleinen Augenblick verlassen«: 54,7 f.
S. 125 »Denkt nicht mehr an das, was früher geschah«: 43,18 f.
S. 126 »Es spricht eine Stimme«: 40,6–8
S. 127 »Wer hat dies hören lassen von altersher?«: 45,21
S. 127 »Bringt eure Sache vor«: 41,21 f.
S. 127 »Mit wem wollt ihr Gott vergleichen?«: 40,18–21
S. 127 »Ich bin der Herr«: 45,6
S. 129 »Jahwe hat mich verlassen«: 49,14
S. 129 »So spricht der Herr«: 45,11 f. 9
S. 130 »Fürchte dich nicht«: 41,10.14; 43,5
S. 130 »Er gibt den Müden Kraft«: 40,29–31
S. 131 »Kann auch eine Frau ...«: 49,14 f.
S. 131 »Meine Gedanken sind nicht eure Gedanken«: 55,8 f.
S. 132 »Fürwahr, du bist ein verborgener Gott«: 45,15
S. 132 Die Gottesknechtslieder stehen 42,1–4; 45,1–6; 50,4–11; 52,13–53,12

Nachweis der Bibelstellen

*Die Entdeckung der Macht und Schönheit Gottes
in der Schöpfung*

S. 150 »Ihr gedachtes es böse . . .«: 1. Mose 50,20
S. 151 »Die Ehrfurcht vor Gott . . .«: Ps. 111,10
S. 153 »Und siehe, es war sehr gut«: 1. Mose 1,31
S. 154 »Herr, mein Gott, du bist sehr herrlich«: Ps. 104,1−2
S. 156 »Herr, wie sind deine Werke so groß«: 104,23
S. 156 »Es warten alle auf dich«: 104,27−29
S. 158 »Die Frevler . . .«: 104,35
S. 159 »Seht die Vögel unter dem Himmel«: Mt 6,26 ff.

Ein Prediger zwischen Bibel und Stoa

S. 164 »Ich tat große Dinge«: Pred Sal 2,4−11
S. 165 »Was hat der Mensch für Gewinn?«: 1,3
S. 165 »Alle Tage sind voll Schmerzen«: 2,23
S. 165 »Die Sonne geht auf und geht unter«: 1,5−9
S. 166 »Geboren werden und sterben . . .«: 3,1−11
S. 166 »Es geht dem Menschen wie dem Vieh«: 3,19−20
S. 167 »Da pries ich die Toten«: 4,2 f.
S. 167 »Da dachte ich in meinem Herzen«: 2,15−17
S. 167 »Da merkte ich, daß es nichts Besseres gibt«: 3,12 f.
S. 168 Ratschläge für Lebenskunst: 9,7−9; 2,25
S. 168 »Ich sprach in meinem Herzen«: 2,1
S. 168 »Alles Mühen des Menschen . . .«: 6,7
S. 168 »Alles, was da ist . . .«: 7,24
S. 168 »Gott ist im Himmel, und du auf Erden«: 5,1

Nachweis der Bibelstellen

S. 168 »Fürchte Gott und halte seine Gebote«: 12,13
S. 169 »Ich sah, daß ein Mensch das Tun Gottes nicht ergründen kann«: 8,17
S. 169 »Es gibt Gerechte«: 8,14
S. 170 »Gott hat alles schön gemacht«: 3,11
S. 170 »Gleichwie du nicht weißt . . .«: 11,5
S. 170 »Gott hat den Menschen die Ewigkeit ins Herz gelegt«: 3,11
S. 173 »Wo viel Weisheit ist . . .«: 1,18
S. 173 »Über dem allen, mein Sohn . . .«: 12,12
S. 173 »Man mühe sich ab, wie man will . . .«: 3,9
S. 174 »Hier ist mehr als Salomo«: Mt 12,42

Hiob – Rebell gegen Gott

S. 175 Rahmenerzählung (Prolog im Himmel): Hiob 1–2
S. 177 »Der Herr hat's gegeben«: 1,21
S. 177 »Haben wir Gutes empfangen von Gott . . .«: 2,10
S. 179 »Gott vergilt dem Menschen«: 34,11
S. 179 »Gehorchen sie . . .«: 36,11–12
S. 180 »So vertrage dich nun mit Gott«: 22,21
S. 180 »Siehe, wir haben es erforscht«: 5,27
S. 181 »Gott achtet nicht darauf«: 24,12
S. 181 »Er macht's, wie er will«: 23,13
S. 181 »Er bringt den Frommen um . . .«: 9,22
S. 181 »Der eine stirbt frisch und gesund«: 21,23 ff.
S. 182 »Das sei ferne von mir«: 27,5
S. 182 »Bin ich in Lüge gewandelt?«: Aus Kap. 31
S. 183 »Der Allmächtige gebe mir Antwort!«: 31,35
S. 183 »Siehe, ich bin zum Rechtsstreit gerüstet«: 13,18 ff.

Nachweis der Bibelstellen

S. 184 »Wo warst du?«: Kap. 38,4 ff.
S. 185 »Siehe, ich bin zu gering«: 40,4 f.
S. 185 »Ich hatte von dir nur vom Hörensagen gehört«: 42,5
S. 186 »Ich erkenne, daß du alles vermagst«: 42,2
S. 187 »Denn dem Menschen nützt es nichts«: 34,9
S. 190 »Sei du selbst mein Bürge«: 17,3
S. 190 »Ich weiß, daß mein Erlöser lebt«: 19,25 ff.

Nehemia und Esra – Der Weg Israels in das Judentum

S. 194 »Lust zum Gesetz . . .«: Psalm 1,2
S. 196 »So habe ich das Volk von allem gereinigt«: Nehemia 13,30
S. 197 »Es ist kein Prophet da«: Psalm 74,9
S. 197 »Gott, warum verstößt du uns?«: Psalm 74,1
S. 197 »Warum soll man bei den Völkern sagen?«: Joel 2,17
S. 197 »Wir hoffen auf Licht«: Jesaja 59,9 ff.

Jona – Ein Prophet wider Willen

S. 206 »Es sind noch vierzig Tage«: Jona 3,4
S. 207 »Da glaubten die Leute von Ninive«: 3,5
S. 207 »Da reute Gott das Übel«: 3,10
S. 208 »Ich wußte ja«: 4,2
S. 208 »Meinst du, daß du zu Recht zürnst?«: 4,9
S. 209 »Du hast Mitleid«: 4,10 f.

Nachweis der Bibelstellen

Jesus aus Nazareth – Anfänger und Vollender des Glaubens

S. 217 »Er hat, obwohl er Gottes Sohn war ...«: Hebr 5,8
S. 218 »Ihr sollt niemand unter euch ...«: Mt 23,9
S. 219 »Die Zeit ist erfüllt«: Mk 1,15 par
S. 219 »Wenn eure Gerechtigkeit nicht besser ist ...« Mt 5,20–22
S. 220 »Ihr habt gehört, daß gesagt ist«: Mt 5,38 ff., 5,43 ff.
S. 221 Die Seligpreisungen: Mt 5,3 ff.
S. 222 »Die Gesunden bedürfen des Arztes nicht«: Lk 5,31
S. 222 Gleichnisse vom Verlieren, Suchen und Finden: Lk 15,4 f., 6 ff., 24,7
S. 223 »Kommt her zu mir«: Mt 11,28
S. 225 »Wer zu mir kommt ...«: Joh 6,37 f.
S. 225 »Die Letzten werden die Ersten sein«: Mt 19,30; 20,16
S. 225 Gleichnis vom Pharisäer und Zöllner: Lk 18,9–14
S. 225 Gleichnis vom daheimgebliebenen Sohn: Lk 15,25–32
S. 225 »Wenn ihr nicht werdet wie die Kinder ...«: Mt 18,3 par
S. 226 »Meint ihr, daß diese Galiläer ...«: Lk 13,2 ff.
S. 227 Gleichnis von den Arbeitern im Weinberg: Mt 20,1 ff.
S. 229 »Was zum Mund eingeht ...«: Mt 15,10 ff. par
S. 229 »Die Tempelsteuer mag man geben ...«: Mt 17,25 ff.
S. 229 »Der Mensch ist nicht um des Sabbats willen da«: Mk 2,27 ff. par
S. 230 »Was ist, soll man am Sabbat ...«: Lk 6,9 par

Nachweis der Bibelstellen

S. 231 »Du sollst Gott, deinen Herrn, lieben«: Mt 22,37 par (vgl. 5. Mose 6,5)
S. 232 »Als der Sohn noch fern war ...«: Lk 15,20
S. 232 »Ein Samariter kam des Wegs ...«: Lk 10,33 f.
S. 232 »Er ging voran ...«: Lk 9,51 par
S. 234 »Ich bin gekommen ...«: Lk 12,49

Leiden an dem ohnmächtigen Gott

S. 236 Fischzug des Petrus: Lk 5,1 ff.
S. 236 Christusbekenntnis bei Cäsarea Philippi: Mt 16,13 ff.
S. 237 Leidensankündigung Jesu: Mt 16,21 ff.
S. 237 Ankündigung der Verleugnung: Mt 26,31
S. 238 Verleugnung des Petrus: Mt 26,69 ff.; Joh 18,15 ff.
S. 239 »Man muß Gott ...«: Apg 5,29; 4,20
S. 239 Vision des Petrus bei Joppe: Apg 10,9−16
S. 240 Im Haus des heidnischen Hauptmanns Kornelius: Apg 10,21−48
S. 240 Rechtfertigung vor der Gemeinde in Jerusalem: Apg 11,1 ff.
S. 244 Seewandeln des Petrus: Mt 14,26 ff.

Der Weg des Christentums in die Völkerwelt

S. 249 »Paulus, ein Apostel ...«: Gal 1,1 f.
S. 249 »Wenn jemand, sei es gleich ein Engel ...«: 1,8 f.

Nachweis der Bibelstellen

S. 249 »Damaskuserlebnis«: 1,11−15 (vgl. Apg 9,1−9; 16,4−18)
S. 250 Eigene Reise- und Wanderwege: 1,16−24
S. 251 Auf dem Apostelkonzil: 2,1−10
S. 252 Konflikt mit Petrus in Antiochia: 2,11−14
S. 254 Das Gesetz als »Zuchtmeister«: 3,23−29
S. 254 »Als aber die Zeit erfüllt war . . .«: 4,4−5
S. 255 »Weil ihr denn Söhne seid . . .«: 4,6−7
S. 256 »Hier ist nicht Jude . . .«: 3,28
S. 256 »Ich bin mit Christus gekreuzigt«: Gal 2,19 f.
S. 257 Leben im Fleisch oder im Geist: 5,16−26
S. 257 Früchte des Geistes: 5,22−26
S. 258 »Ich habe von keinem Menschen empfangen«: 1,12
S. 258 »Zur Freiheit befreit«: 5,1
S. 258 »So steht nun fest . . .«: 5,1 f.
S. 260 »In Jesus Christus gilt weder Beschneidung . . .«: 5,1.6

Gott in allem − alles in Gott

S. 262 »Herr, du erforschest mich«: Ps. 139,1−6
S. 262 »Wohin soll ich gehen?«: 7−12
S. 264 »Diese Erkenntnis ist mir zu hoch«: 6
S. 266 »Du hast meine Nieren bereitet«: 13−16
S. 268 »Aber wie schwer sind für mich . . .«: 17 f.
S. 268 »Ach, Gott, wolltest du doch«: 19−22
S. 269 »Erforsche mich, Gott«: 23 f.

Danksagung

Seit 1985 lektoriert Ulrich Wank meine Arbeiten im Piper Verlag. Von ihm beraten und geleitet, habe ich während dieser Zeit eine Reihe von Büchern herausgebracht. Ihm dafür nach zwölf Jahren auch öffentlich meinen Dank zu sagen, ist mir eine willkommene Pflicht.

Heinz Zahrnt

PIPER

Heinz Zahrnt
Mutmaßungen über Gott

Die theologische Summe meines Lebens. 288 Seiten. Geb.

»Ich versuche in diesem Buch, meinen theologischen Denkweg nachzuzeichnen: wie Glauben und Verstehen, religiöse Erfahrung und theologische Reflexion sich für mich spannungsvoll, oft auch widerborstig, aufeinander bezogen und wechselseitig korrigiert haben.«
Heinz Zahrnt

Heinz Zahrnt war in seinem bald 80jährigen Leben immer beides: erfolgreicher Schriftsteller und Mann der Kirche, Theologe und journalistischer Zeitgenosse. Dies konnte nicht ohne innere Konflikte abgehen – und von ihnen handelt dieses Buch.
Der Begriff »Mutmaßungen über Gott« stammt von Nikolaus von Kues, für den Gott letztlich nicht zu erkennen ist. Der Mensch ist auf Mutmaßungen angewiesen, auf Bilder, die er sich von dem Unerkennbaren macht, und die er immer wieder korrigieren muß. Dieser Aufgabe hat sich Heinz Zahrnt, der große alte Mann der evangelischen Publizistik, unterzogen. Er beschreibt sehr persönlich, wie sich sein Gottes-Bild während seines Lebens immer wieder gewandelt hat und zu welchen Ergebnissen er gelangt ist. Unmerklich liefert er damit auch eine Geschichte theologischen Denkens in unserer Zeit, mit ihren Entwicklungen, aber auch mit ihren Brüchen.

PIPER

Karl-Josef Kuschel
Geboren vor aller Zeit?

Der Streit um Christi Ursprung. 834 Seiten. Leinen
»Karl-Josef Kuschel gehört zu jenen Theologen, die sich an die Öffentlichkeit wenden, die außerhalb ihres Fachs bekannt sind, weil sie ihr Christentum in der Konfrontation mit der modernen Welt erfahren.
Man muß etwas über Kuschel wissen; sonst könnte man angesichts des Volumens seines neuesten Buches kapitulieren: Fast sechshundertneunzig reine Textseiten, fürwahr eine Habilitationsschrift.
Wer sich jedoch gerne in die Gelehrsamkeit hineinbegibt, wer vieles richtig erfahren möchte, der findet hier eine großartige Lektüre. Da werden die bedeutenden Theologen Adolf von Harnack, Karl Barth, Rudolf Bultmann in ihren Grundgedanken skizziert; man erfährt etwas über Lebenszusammenhänge, politische Implikationen, und die Realität des Glaubenskampfes. Wir sehen die Kämpfer vor uns. Das alles wirkt erhellend – und ungeheuer spannend. Was bedeutet liberale Theologie um die Jahrhundertwende? Was die dialektische Theologie des Schweizers Karl Barth, die man metaphorisch einem Naturereignis gleichsetzt: einen Donnerschlag, einer Sturzflut?«
Süddeutsche Zeitung

PIPER

Hans Küng
Das Christentum

Wesen und Geschichte. Die religiöse Situation der Zeit.
1056 Seiten. Leinen

Mit dieser historischen Bilanz legt Küng ein grundlegendes Werk vor, das in seiner umfassenden Darstellung des christlichen Denkweges durch die Jahrtausende und seinen Bezug zur Gegenwart eine neue Ebene der Diskussion erreicht. Wer immer sich an dieser Diskussion beteiligen will, er wird an diesem Buch nicht vorbeikommen.
Was ist das Christentum? Was ist das wirklich Christliche?
Was hält die so vielfältigen und in sich verschiedenartigen christlichen Kirchen, all die so verschiedenen christlichen Jahrhunderte überhaupt zusammen? Hans Küng unternimmt eine Antwort, indem er krititsch 20 Jahrhunderte Christentum offenlegt.

»Nicht nur äußerlich gesehen hat Küngs Buch erhebliches Gewicht. Auch von der Sache her kommt dieser fulminanten Darstellung eine große Bedeutung zu. Jeder Nachfolgeautor wird sich am Anspruch dieses Werkes messen lassen müssen. Der Verleger hat auf seine Weise die Bedeutung des Werkes erfaßt, rückt er es doch – durch das integrierte gelbe Lesezeichen – beinahe schon in die Nähe einer Bibel beziehungsweise eines Gesangbuches.«
Deutsches Allgemeines Sonntagsblatt